Reproduktion
nach einem Original
aus den Sammlungen des

Gleimhauses Halberstadt

Hanns H. F. Schmidt

DURCH DAS ALTE ANHALT

STREIFZÜGE ZWISCHEN SELKETAL UND WÖRLITZER PARK

Fotos:
Gerald Große

dr. ziethen verlag
oschersleben

Die Deutsche Bibliothek - CIP-Einheitsaufnahme

Durch das alte Anhalt: Streifzüge zwischen Selketal und Wörlitzer Park / Hanns H. F. Schmidt. Fotos: Gerald Grosse; Hanns H. F. Schmidt. - Oschersleben: Ziethen, 1992
    ISBN 3-928703-05-6
NE: Schmidt, Hanns H. F.; Grosse, Gerald

© DR. ZIETHEN VERLAG O-3230 Oschersleben
Friedrichstraße 15a

Satz und Layout: DR. ZIETHEN VERLAG
Druck: HALBERSTÄDTER DRUCKHAUS
Litho: LITHO & SCAN MAGDEBURG
ISBN: 3-928703-05-6
Das Buch wurde auf 100% chlorfrei gebleichtem Papier gedruckt.

Inhalt

Im Harz 5

Anhalt auf dem Hausberg 6
Mägdesprung 15
Glück auf, Harzgerode 26
Geschichten aus Alexisbad 35
Vom Ramberg nach Gernrode 47
Auf dem Stubenberg 52
Ballenstedt, Hoym und ein vergessener See 56

Intermezzo 1
Anhalt in der Magdeburger Börde 65

Petrus im Wappen 66

Im Bernburger und Köthener Land 70

Drei Burgen an der Saale 71
Nienburg 71
Plötzkau 79
Bernburg 87
Die Stadt und der Tempel 109
Wäschkes Jeschichten 117
Die Musen in Köthen 123
"Der Neuzeit Dampf kann rasch uns vorwärts bringen" 136

Intermezzo 2
Anhalt in der Magdeburger Börde 143

Grafschaft Mühlingen im Hasenwinkel 144

Von Zerbst in den Dessauer Wasserwinkel 149

Zerbst. Butter, Bier und Bücher 150
Von Hundeluft zur Rosselmündung 161
Von Jessnitz durch den Irrgarten nach Raguhn 173

Gärten und Schlösser
Oranienbaum 182
Mosigkau 188
Luisium 194

Herzogliches Dessau 198
Drahtfigur und Goldkugel tanzten 206
Von Wörlitz nach Coswig 211

Namensregister 226
Ortsregister 230

Selketal bei Straßberg   Schloß Bernburg   Park Wörlitz

Bilder auf dem Umschlag   Tilkerode
Foto Schmidt

Elbaue bei Roßlau   Gernrode   Zerbst

Im Harz

Ludwig Richter: Blick ins Selketal auf Mägdesprung (um 1840)

ANHALT AUF DEM HAUSBERG

> "Wohlauf, ihr Genossen,
> die Zither zur Hand!
> Wir wollen, entsprossen
> herzynischem Land,
> die Berge, die Täler,
> die Flure durchziehn,
> im Lied und im Lobe
> des Harzwalds erglühn."
>
> "Anhaltisches Magazin" (1827)

Um den dunkelgelben Frauenflachs brummen Hummeln und suchen Landeplätze. Tagpfauenaugen und Kaisermäntel gaukeln wie ein zauberischer Farbenwirbel um einen rotvioletten Distelstrauch. Die ersten Herbstzeitlosen stehen im satten Wiesengrün, aber sommerliche Mittagshitze strahlt die Sonne in das Tal. Sie macht träge. Alles scheint beim unablässigen Plätschern und Murmeln der Selke schon in leichten Schlummer gefallen zu sein. Kein Vogelkonzert ist angesagt. Nur eine nervöse Maus kraspelt unterm Blätterteppich, mit dem der Wald auf der südlichen Uferseite beginnt.

Ein Verschnaufen in der dämmrigen Stille vor dem steilen Aufstieg. Im grellen Sonnenlicht wartet die Gaststätte "Selkemühle" auf die Sonntagsausflügler. Als "de molen" am Fuße des Großen Hausberges hat man sie bereits 1331 erwähnt. Und auf diesem Hohlweg, den ich vor mir habe, sind Mehl und Schrot auf den Bergkegel geschleppt worden.

Ich habe mir einen einsamen, kräftezehrenden Weg ausgesucht. Wer sich eine schwere Arbeit vornimmt, will einen sichtbaren Erfolg. Und wer einen Berg besteigt, muß wenigstens mit einer eindrucksvollen Aussicht erfreut werden. Doch es muß sich im Harz herumgesprochen haben, daß mit solchem Lohn auf dem Großen Hausberg nicht zu rechnen ist. Dafür findet man auf ihm - jedenfalls behaupteten das Reisende in den vergangenen Jahrhunderten, überall Jaspis-, grün und ähnlich dem Serpentin, auch braune, rote Stücke mit schönen weißen Adern. Der Braunschweiger Franz Ernst Brückmann hat deshalb wohl in seine "Unterirdische Schatz-Cammer ... aller ... Bergwercke" (1727) die Verse aufgenommen:

"Es ist wohl nie erhört / daß eines Königs Hauß
Auf solchen Grund gebaut / der jenes übertrifft.
Das graue Alterthum in Anhalt weist es aus,
Daß dessen Stammhauß ist auf Jaspis=Grund gestifft.
Die Deutung soll wohl seyn:
Gott lasse es geschehen !
Daß dieses hohe Hauß nie werde untergehen.
Laßt von Kyffhäuser=Berg noch so viel Rühmens machen /
Und setzt den Brocken auch der Riesen=Berge bey:
Gnug ! daß in keinem nicht zu finden solche Sachen /
Denn Anhalts Stammhauß steht auf Jaspis / Gold und Bley."

Wundermalende Poesie, auch wenn sie aus dem Stammhaus Knittel kommt! Ich freue mich bereits, als ich im Heruntergewaschenen, zwischen Erdkrumen und verrottendem Laub, Reste von Kalkmörtel und Ziegelbröckchen entdecke. Bodenveränderungen, immer aufs Neue von Gesträuch und Bäumen überwuchert, werden wohl Wälle und Gräben gewesen sein, vor denen man sogar Reste eines wüsten Dorfes und eine Kapelle ausgegraben hat.

Den Schweiß wische ich vom Gesicht, knöpfe das Hemd auf und nun geht es rasch, auf kürzester Strecke, zum Gipfel bergauf. Nicht das Zerbröselte, das tauender Schnee und Regen hinabschwemmten, liegt jetzt zwischen Moos und Grasbulten, nun sind es Ziegel, Fragmente von Sandstein, und dort buckeln Steinschichten aus der Erde, durch das Buchenlaub treffen Strahlenbündel auf Mauerstümpfe. Sorgfältig behauene Quader - sie müssen zum Bergfried gehört haben, finden sich. Wie Schlangen zwängten Bäume ihre Wurzeln durch die Trümmerhaufen, die allein noch von der Burg Anhalt zeugen.

Schon vor gut einhundert Jahren verkündete eine Tafel an einem Baum: "Ueber den Trümmern, unter den schattenden Bäumen, im Andenken an die Ahnherren und Ahnfrauen, an die Kraft, an die Thaten, die Lieder, die Frömmigkeit und Tugend der Vorfahren, mit Wehmuth, daß das Aeußere vergeht, mit Freude, daß Tüchtigkeit, Recht, Glaube, Hoffnung und Liebe ewig bleiben, blicken aufwärts die Nachkommen."

Und wo ist der Brunnen?

"Über den tiefen Brunnen auf der Anhaltsburg flüsterte mancher Bergbewohner dem andern Unheimliches in das Ohr; aber niemand wußte seine Stelle anzugeben. Da kam eine hochbejahrte Frau und sagte, sie erinnere sich aus frühster Jugend der Stelle recht wohl, ... deutete dieselbe an - und siehe, man fand die gesuchte Öffnung am östlichen Abhange des Berges, ca. 150 Fuß unter seinem Scheitel. Bergleute schlugen ein, räumten auf; schön ausgemauert war das Innere mit keilförmig gestalteten, rot gebrannten Backsteinen über 170 Fuß tief; aber über 280 Fuß Tiefe hatte der durch Grauwackeschiefer und kohligen Tonschiefer getriebene Brunnen... In einer Tiefe von 150 Fuß traf man auf eine bedeutende Schicht vermoderten Strohs, sie barg ein zerfallendes Menschengerippe, dessen Füße nach oben zugekehrt waren, auch Überreste von Bekleidung fand man ... Wasser quoll unten in sehr geringer Menge entgegen; aber das Jahr war ein sehr trockenes. Vielen wäre es wohl erwünscht gewesen, wenn der gereinigte Brunnen hätte offen erhalten und vielleicht durch tieferes Graben so eingerichtet werden können, daß der Pilger im Harze hier einen frischen Labetrank gefunden hätte; er ward jedoch mit einem festen Stein verschlossen."

Über dem Stein errichtete man ein Laubendach und vergaß auch nicht in der Mägdesprunger Hütte eine Eisentafel gießen zu lassen: "Bezeichnung des Brunnens auf Burg Anhalt, welcher früher verschüttet war, im Jahr 1822 auf Befehl des Herzogs Alexius Friedrich Christian geöffnet, untersucht und 270 Anhalt-Bernb. Fuß (= rund 85 Meter; Schmidt) tief, aber ohne Wasser gefunden."

Am 12. Juli trafen Herzog Alexius von Anhalt-Bernburg und Herzog Ferdinand von Anhalt-Köthen einander auf diesem Gipfel. Leider bewies Herzog Leopold IV. von Anhalt-Dessau keinen Familiensinn. So prägte man eine eiserne Medaille im nahen Mägdesprung ohne seinen Kopf.

Und ein Aussichtsplatz?

Ein Turm war zu kostspielig. Auch auf dem Hausberge mußte man haushalten. Man wählte eine "schöne, starke Eiche", über der eine weiß-rote Seidenfahne flatterte, und zimmerte 53 Stufen in ihren Wipfel, um dort von einem Altan aus über den Harz und in sein Vorland zu schauen.

In jenen Jahren der modischen Romantikreisen in das Harzgebirge schrieb Wilhelm von Freygang 1835 in seinen zuerst französisch erschienenen "Lettres sur Alexisbad": "Das alte Schloß von Anhalt war nie der Schauplatz wilder Gewalttätigkeit". Ein Irrtum. Am Nordostrande des Harzes, wo im Mittelalter auf verhältnismäßig engem Raum sechzehn Burgen errichtet wurden, war das argwöhnische Belauern um Besitz und Einfluß, welches schnell zu blutigem Streit führte, ständig auf der Tagesordnung.

Wahrscheinlich wählte der Ballenstedter Graf Esico (er starb 1059) diesen Berg als Bauplatz für seine Burg, denn der Ballenstedter Sitz war für eine Klostergründung abgegeben worden, deren Kirchweihe angeblich 1046 stattfand.

Der Kern der ersten Anlage, von der man die wichtige Straße durch das Selketal, aber auch einen anderen Weg von Ballenstedt nach Harzgerode - sie kreuzten sich an der Mühle - kontrollierte, war eine runde Turmburg von annähernd 18 Meter Durchmesser. Vermutlich entstand zu jener Zeit auch auf dem Kleinen Hausberg (einen halben Kilometer östlich gelegen) eine weitere Burg, die man 1489 "cleine Anhalt" nannte.

Die erste urkundliche Erwähnung der "castella Anahalt" nennt das Datum ihrer Zerstörung: Im Jahre 1140 wurden sie vernichtet. Der Kampf um die sächsische Herzogswürde spielte - wie sooft in dieser Landschaft - auch hier neben anderen Spannungen eine Rolle. 1138 hatten einige Fürsten in Eile Konrad III. (damit Begründer der Dynastie der Staufer) zum König gewählt, um den von Kaiser Lothar III. (er war im Dezember 1137 gestorben) favorisierten Welfen Heinrich den Stolzen als Nachfolger zu verhindern. Heinrich, nicht nur Herzog von Bayern und Sachsen, sondern auch mit umfangreichen Landbesitz bis nach Italien versehen, verweigerte die Huldigung. Seine Herzogtümer wurden ihm abgesprochen. Der Ballenstedter Albrecht der Bär (1100-1170) wurde Herzog von Sachsen. Die Sachsenkriege überzogen auch sein Stammland. Die Burg Anhalt traf es schwer. 1142 legte Albrecht den sächsischen Herzogtitel wieder ab. Und er ließ wohl danach auf dem Großen Hausberg eine neue, größere und prächtigere Burg errichten.

Welche Ursache hatte diese währende Rivalität, die ja nicht nur das Schicksal der Burg Anhalt berührte? Sie gründeten sich in Ansprüchen auf das Herzogtum Sachsen. Als nämlich 1106 die Billunger, die seit 961 die Herzöge gestellt hatten, im Mannesstamm ausstarben, heirateten die "Erbtöchter" Wulfhilde den Welfen Heinrich bzw. Eileke den Grafen Otto den Reichen von Ballenstedt, also den Vater von Albrecht den Bären. Dieser Sohn vergrößerte seinen Einfluß durch die Schaffung der Mark Brandenburg. Der Sohn vom Welfen Heinrich war Heinrich der Löwe, der als Herzog von Bayern sich großen Einfluß in Norddeutschland erwarb; doch als er als vielfach Verklagter 1180 wieder nicht auf dem Reichstag erschien, sprach man ihm unter anderem wieder das Herzogtum Sachsen ab. Wer bekam es nun? Jawohl, der Ballenstedter Bernhard, der von Albrecht der Bär ...

Auch die neue Burg Anhalt muß ein weithin sichtbares Zeichen für den Aufstieg der Ballenstedter gewesen sein. Die Wälle und Gräben umschlossen eine Fläche von 130 mal 220 Meter. Die eigentliche Burg lag in einem Mauerroval von 50 mal 90 Meter, welches aber an der Südecke durch einen rechten Winkel unterbrochen wurde, um eine Gerade von 60 Meter Länge für den repräsentativen Palas zu gewinnen. Während er aus großen Ziegelsteinen gemauert wurde, mußten behauene Sandsteine für den Bergfried auf die Baustelle, die rund 150 Meter über der Selke lag, geschafft werden. Zwischen 1901 und 1907 grub man die Fundamente der hochromanischen Burg aus und sicherte Mauerreste.

Ich wandere über die Trümmer und habe das Bild vom ansehnlichen Burgmodell im Ballenstedter Museum im Kopf. Dort habe ich mir auch die wenigen noch erhaltenen Fundamente angesehen: Einen Ziegelstein mit einer Tierfährte, die Pfeilspitzen und Armbrustbolzen, aber auch Spinnwirtel, Spielsteine, einen Kamm, die Schüssel, Reste von einem gläsernen Becher. Ein Würfelkapitell; andere Architekturteile mußten 1938 in einer nationalsozialistischen "Weihestätte" für Albrecht in Ballenstedt eingefügt werden.

Es fällt schwer, über den verstreuten Steinen sich das alltägliche Leben in der mittelalterlichen Burg vorzustellen, wo die Zeit des Wachdienstes in Hitze oder Kälte schneckenlangsam dahinschlich; wo Mehl aus der Burgmühle im Tal heraufzutragen, volle Wassereimer aus dem Brunnen zu kurbeln, Brotbacken und Bierbrauen notwendig war. Der Geistliche las. Aber wo sind seine Handschriften? Sänger, die ihre Lieder und Sprüche selbst verfaßten, unterhielten. Führte ihre Tournee von der Wartburg aus auch zur Burg Anhalt? Bestimmt. Schließlich war Heinrich I. (um 1170 - 1252) auf beiden Burgen zu Hause, denn er heiratete Irmengard, die Tochter des sängerfreundlichen Landgrafen Hermann (um 1155 - 1217) von Thüringen und Hessen. Und er soll als Zeitgenosse der Minnesänger auch Lieder verfertigt haben, die neuhochdeutsch etwa lauten:

"Ich will den Winter empfahn mit Gesange,
ob still schon schweigen die Vögelein;
nicht soll mir unter dem drohenden Zwange
die Freude der Minne verbittert sein..."

Nach einer Hypothese ist die Jenaer Liederhandschrift auf Anordnung Rudolfs I. (1298 - 1356) - auch aus dem Hause Anhalt - zusammengestellt worden. Die angeführten Verse sind allerdings aus der berühmten Manessischen Handschrift.

In ihr hat ein Illuminator auch dem Herren der Burg Anhalt ein Bild gewidmet: Vier gestikulierende Damen beobachten von einer Zinnenmauer herab den "Her herzoge von Anhalte". Mit einem Arm hält er einen Gegner im Schwitzkasten und schwingt sein hocherhobenes Schwert gegen zwei weitere Turniergegner. Er ist bekleidet, wie es Konrad von Würzburg beschrieben hat - der Helm mit zwei "wunnerlichen stangen" und "wedelen" aus Pfauenschwanzfedern. Und das Wappen wird vorgestellt:

"Sin halbez teil strifehte
von Zobel und von golde was.
daz ander stücke als ich ez las,
erschein durchliuhtic wiz hermin
und was von roten kelen drin
geleit ein halber adeler."

10

Das Stammwappen des Hauses Anhalt ist also ein gespaltener Schild: vorn auf Silber ein halber roter Adler (von Brandenburg), hinten schwarz-golden zehnfach quergestreift (von Sachsen; die Herzöge von Sachsen überlegten diese Balkenteilung mit dem grünen Rautenzweig). Als Helmzier nahm man zwei armartig gebogene, schwarz-golden quadrierte, verschränkte Stangen, die mit Pfauenbüschel besteckt sind. Nach 1863 waren die Landesfarben des Herzogtums Anhalt rot, grün und weiß. Ursprünglich soll nur grün verwendet worden sein (vom Rautenkranz ?), Fürst Johann Georg II. von Anhalt-Dessau (1627 - 1693) hätte weiß hinzugenommen (das Wappen von Askanien war schwarz-weiß geschacht). Rot soll erst durch Leopold Friedrich Franz von Anhalt-Dessau (1740 - 1817) - als Hinweis auf den brandenburgischen Adler - ergänzt worden sein. Allgemein blieben aber Grün und Weiß die Landesfarben Anhalts.

Durch einen entscheidenden Vorgang kam der Name der Burg im Selketal zu einem anderen, starken Klang. Seine sächsische Herzogswürde übertrug bei der Erbteilung 1212 Bernhard seinem Sohn Albrecht I., dessen Söhne die Linien Sachsen-Lauenburg (1689 erloschen) und Sachsen-Wittenberg (1422 erloschen) gründeten. Bernhards Sohn Heinrich I. - also der Minnesinger - nannte sich aber als erster "Fürst von Anhalt" (der "Herzog" der Manessischen Handschrift ist ein Irrtum). Die Hoheit dieser allmählich herangewachsenen Schöpfung erkannte der Kaiser an.

Einst waren die Hauptrichtungen der Eroberung und der christlichen Mission am Nordharz entlang, über Halberstadt zum Elbübergang Magdeburg, und am Südharz entlang, über die Saalefurt Halle nach Eilenburg an der Mulde. Zwischen ihnen lag nun dieses Anhalt, ein schmaler Streifen vom Harz, also von der Burg Anhalt und Ballenstedt über Aschersleben nach Nienburg und Bernburg und Plötzkau an der Saale, über Köthen nach Dessau an der Mulde und vielleicht weiter durch morastiges Niederungsgebiet zur Elbe. Ein Stück Land, das von Norden und Süden leicht zu bedrängen und zu zerstückeln war. Und die mächtige Burg, an deren Vervollkommnung noch Ende des 13. Jahrhunderts gebaut wurde, die Burg Anhalt, lag am äußersten Rande des verwundbaren neuen Fürstentums.

Einfache Überlegungen, die Heinrich I. von Anhalt drängten, sein Land unter seinen drei Söhnen aufzuteilen: den Besitz um Köthen bekam Sigfried I. (1230 - um 1298), dessen Sohn 1307 noch Zerbst dazuerwarb. Bernhard I. (1220 - 1287) erweiterte seine Macht von Bernburg aus. Und der dritte Sohn Heinrich II. (1215-1266) erhielt als Ältester das Stammland um Aschersleben, Wegeleben und Gernrode. Seine Burg an der Eine, auch 1140 in den Kämpfen mit den Welfen zerstört, ebenfalls größer neuaufgebaut, hieß Ascharia. Man hat versucht, den Namen von Esche, Eschenholz, Speerholz abzuleiten. Seit dem 14. Jahrhundert hieß sie Askania. Wenn sie auch 1444 die Aschersleber kauften und abrissen, im Geschlechtsnamen Askanier lebte sie weiter.

Im Jahre 1315 gab es eine neue bedrohliche Katastrophe für Anhalt. Die Aschersleber Linie starb aus. Das Hochstift Halberstadt setzte alte Ansprüche durch und nahm Aschersleben und den nördlichen Teil der Grafschaft Askanien in seinen Besitz. Nur Ländereien um Gernrode, Hoym, Ballenstedt, ein Stück Unterharz verblieben als Reichslehen. Man zettelte von Anhalt aus erbitterte Kämpfe um die Rückgewinnung an. Noch 1547 führte Wolfgang seine Söldner dafür an, noch in den Friedensverhandlungen 1648 zu Münster und Osnabrück brachte man hartnäckig diesen Verlust auf die Tagesordnung. Ohne Erfolg. Der Isthmus, die Landenge um Aschersleben, zerriß den Landbesitz endgültig. Aus dem "Lesebuch für die anhaltischen Volksschulen" (1904) lernten die Schüler: "Unser gesegnetes Heimatland ... erstreckt sich von den Kuppen des Harzes bis zu den sanften Erhebungen des Flämings. Doch füllt es diesen Raum nicht völlig; denn die Gegend von Aschersleben ... ging unserem Lande verloren. So liegt das Hauptland an der Elbe, Mulde und Saale, das Nebenland mit einem Trennstück auf und an dem Harze, während vier andere Trennstücke nördlich von jenem im Preußischen zu suchen sind."

Um das verhängnisvolle Jahr 1315 war die Burg Anhalt noch bewohnt, bald danach begann der Verfall, man verpfändete sie an Kursachsen, löste sie wieder ein, während des Bauernkrieges 1525 war sie unbewohnbar. Erst 1603, als sich die Söhne des Joachim Ernst, der seit 1570 wieder alle anhaltischen Lande vereinigt hatte, den Besitz erneut teilten, beschlossen sie, die Ruinen auf dem Großen Hausberg, der zu Anhalt-Bernburg zählte, als gemeinsamen Stammsitz zu betrachten.

Der Name der verfallenen Burg lebte weiter in den Fürstentümern von Anhalt-Köthen, Anhalt-Bernburg und Anhalt-Dessau (sie nahmen 1806 die Herzogswürde an). Nach der Vereinigung 1863 (nur die Dessauer Linie überlebte) führte Friedrich I. (1831 - 1904) wieder den Titel "Herzog von Anhalt". Mit dem Zusammenbruch des Deutschen Reiches und der Abdankung seines letzten Kaisers endete auch die Existenz des Herzogtumes. Auf seiner Fläche entstand ein Freistaat Anhalt, dessen parlamentarische Einrichtungen Ende März 1933 aufgelöst wurden. Seine Hauptstadt war nun Sitz des Reichsstatthalters für Anhalt und Braunschweig und Hauptstadt des Gaues Magdeburg-Anhalt der Nationalsozialistischen Deutschen Arbeiterpartei (NSDAP).

Am 23. Juli 1945, nach dem furchtbaren Untergang des sogenannten "Dritten Reiches" im Zweiten Weltkrieg, wurde das Territorium der 1816 geschaffenen preußischen Provinz (noch am 1. Juli 1944 aufgelöst) mit dem Freistaat Anhalt zusammengeschlossen. Ab 27. Juli 1947 gab es das Land Sachsen-Anhalt mit eigener Verfassung und der Hauptstadt Halle. Es bestand nur bis zum 25. Juli 1952, als die inzwischen gegründete Deutsche Demokratische Republik dem Föderalismus gewaltsam ein Ende bereitete. Das einstige Anhalt zählte nun beinahe vollständig zum Bezirk Halle, der Rest zum Bezirk Magdeburg.

In den folgenden Jahrzehnten wurde manches versucht, die Erinnerung an Anhalt zu verdrängen. Mit dem Begriff "Kleinstaaterei", der tatsächlich manche politisch sinnvolle Entwicklung in unserem Vaterland zunichte machte oder mit schwerlastenden Folgen verzögerte, wurde stets auch das zweifellos Gute und Fortschrittliche verleumdet und diffamiert. Schon der Ballenstedter Hofmaler Wilhelm von Kügelgen hatte 1865 sehr einsichtsvoll notiert: "Die Kleinstaaten haben Deutschland zum gebildetsten Lande der Welt gemacht, jetzt aber müssen sie großen politischen Notwendigkeiten weichen. Berlin alleine hat jetzt schon 500000 Einwohner, das gesamte, von Preußen gänzlich eingeinselte Anhalt 180000. Und doch wollen wir selbständig sein und 'Nein' sagen können, wenn Preußen 'Ja' sagt. Das hat keine Art mehr."

Nach dem Zusammenbruch der DDR im November 1989 wurde bald der Ruf nach einer föderalistischen Struktur entsprechend dem Vorbild der Bundesrepublik Deutschland laut. Die letzte Volkskammer der DDR gab am 22. Juli 1990 einem Fünf-Länder-Modell den Zuschlag und am 14. Oktober 1990 konnte der Landtag für das neuentstandene Bundesland Sachsen-Anhalt gewählt werden. Gegen die Konkurrenz von Halle und auch Dessau entschied sich die Mehrheit der Abgeordneten für Magdeburg als Landeshauptstadt.

Ein Auf und Ab in unserer Geschichte, von dem manch bedeutendes Königreich zerschlagen wurde und beinah spurlos unterging. Aber das kleine Anhalt, schon früh zerrissen und oft in mehrere Miniaturstaaten aufgeteilt, hat irgendwie immer überlebt, wenn auch in mancherlei Wandlungen. Alles ging einmal von der Burg Anhalt aus, über deren bewaldetem Gipfel nun ein leuchtender Sommerhimmel stillsteht.

Auf einem bemoosten Stein breite ich den Nachdruck einer Karte von "Anhaltinus Principatus" aus dem 18. Jahrhundert aus. Eine Tabelle zeigt an, daß man von "Alt-Anhalt" bis Dessau 10 7/8; Zerbst 10 1/4; "Koten" 8; "Mülingen" 7 1/4; "Bärnburg" 6; Hoym 2; Ballenstedt 1 und "Hartzgerode" 7/8 Meilen zurücklegen muß. Auf meinem Weg durch das alte Anhalt werde ich immer auch an diesen Sommernachmittag auf dem Hausberg denken, und sicherheitshalber stecke ich mir ein Ziegelstückchen in die Tasche. Und nun über Stock und Stein abwärts. Der Harzwanderer Hans Hoffmann schrieb 1899: "Eines ist freilich bei solchen Wanderungen in der Ballenstedter und sonstigen anhaltischen Gegenden ernst zu beachten: etwas wie der Krückstock des alten Dessauers geht hier überall in den Wäldern um; da steht im Wald geschrieben ein stilles, ernstes Wort: 'Verbotener Weg' heißt es und starrt den Wanderer so unzähligemal und an jeder Wegecke dräuend entgegen, daß er allmählich wahrhaft verschüchtert wird ... Zugleich wird man um die Finanzen des anhaltischen Staates etwas besorgt, wenn man die ungeheure Verschwendung ansieht, die mit solchen Inschriften getrieben wird ... So aber scheint es beständig wie der zornige Ruf des wilden Jägers die stille Waldluft zu durchgellen: 'Halt den Mittelweg! Verbotener Weg! Verbotener Weg!' Ein Weg zum Falkenwirtshaus ... ist zufällig erlaubt."

Grelles Sonnenlicht blendet wieder, als ich den Talgrund erreiche. Kinder, die in der munteren Selke waten, kreischen vor Vergnügen und Kälte. Auf einem Platz neben der "Selkemühle" parken Autos, denn zum Glück ist ihnen ein wunderbarer Wanderweg gesperrt, mit ihnen darf man nicht das gesamte Tal durchfahren.

Als die Burg Anhalt aufgegeben wurde, verfiel auch die Mühle. Erst um 1600 fuhr man Holz und Steine für einen Neubau heran, den die Wirren des Dreißigjährigen Krieges wohl verhinderten. 1728 klapperte hier eine "Neue Mühle", die als "Leimufermühle" noch 1833 Mehl und Öl herstellte. Nun kehren Erholungsuchende und Wanderer ein. Ich bleibe am Zaun stehen. Wer sich den beschwerlichen Aufstieg zu den Trümmern ersparen will, findet dort im Garten der "Selkemühle" ein Modell der Burg Anhalt.

Auf der Wiese stehen die hohen Heureiter wie eine dösende zottige Mammutherde herum. An ihnen fließt quirlig die Selke vorüber in ihrem mäanderförmigen Bett, doch die Harzer haben bei der Erfindung des Flurnamens für dieses Stück Tal nicht an den vielgewundenen Fluß in Kleinasien gedacht, sondern "die Lampe" gewählt, weil der vertraute Meister Lampe ebensolche Haken schlägt.

Nicht nur am Großen Hausberg hat man nach wertvollen Erzadern gesucht. In der Nähe der Försterei Scheerenstieg erinnert ein sehenswertes Denkmal an das angestrengte, oft vergebliche Mühen der Bergleute. Aus dem kräftigen Grün der Büsche und Bäume, dem Blätterwald der alten Heilpflanze Pestwurz, die mit anderen Kräutern aus dem feuchten Humus wuchert, leuchtet rot die Fassade eines antiken Tempelchens. Zwei dorische Säulen tragen das flache Giebeldreieck: Gußeisen aus Mägdesprung. Plattenschieferschichten sind dahinter zum Mundloch des Herzog-Alexius-Stollen sorgfältig gefügt. Im Jahre 1830 begann der Vortrieb mit Handarbeit in Richtung Harzgerode und Neudorf. Im Aschersleber Museum werden ovale Täfelchen aufbewahrt, mit denen man die jährliche Leistung markierte: 1849 - 668 5/8 Lachter (1 Lachter = 2,092 Meter) beispielsweise. 738 Meter entfernt von diesem pompösen Mundloch fand man Bleiglanz. In der Harzgeröder Grube "Hoffnung Gottes" hatte man zwischen 1707 und 1735 jährlich bis zu 800 Tonnen silberhaltige Bleierze gefördert. Und der Herzog-Alexius-Erbstollen sollte ja gerade jene Grube besser erschließen. Die hochgespannten Erwartungen wurden jäh enttäuscht, denn man traf danach nur noch auf kleine, nestförmige Erzlagerstätten. Im Jahre 1864 wurde der Stollenbau mit 2256 Meter Länge beendet. Eine vergebliche Anstrengung. Schon 1887 wurde der Grubenbetrieb eingestellt.

Ich stehe am Gitter vor dem Stollen. Wasser kommt aus der Finsternis. Es scheint still zu stehen, aber es fließt unentwegt in das Erdreich, in die Wurzeln. Ein unvergeßliches Bild für die unaufhaltsame Zeit, die wir selbst so schwer begreifen können.

MÄGDESPRUNG

"Die Gegend gehört zu den malerischsten Harzgegenden, und schon das bloße Wort Mädchensprung hat für echte Musensöhne etwas ungemein Anziehendes!"

Karl Julius Weber (1767 - 1832)

Carl Duval: Im Selketal unterhalb der Mägdetrappe (um 1840)

Regungslos steht das sonnendurchglänzte Laubdach über mir. Ich liege und schaue hinauf in das Miteinander von Licht und Schatten, das lebendig und ungeordnet ist, in welchem es kein Muster und keine Ordnung gibt. Und die Ruhe eines ersehnten Innehaltens inmitten aller alltäglichen Unrast senkt sich zu mir herab. Sie bringt einen nicht in eine andere, bessere Welt. Sie läßt uns vielmehr den Teil unseres Daseins erleben, um welchen wir uns oft selbst betrügen. Und unsere Lust zu reisen ist wohl die Sehnsucht, mit dem neuen Stück Erde auch einen vergessenen oder unbekannten Teil unseres Seins zu kräftigem Leben zu erwecken und möglichst zu erhalten. "Wenn ich gut haushalte, kann ich mein ganzes Leben lang meine Gedichte mit Harzbäumen ausstaffieren", hat in diesem befreienden Überschwang Heinrich Heine notiert, als er durch das nahe Tal der Selke schritt. "Mir war es wie ein ewiger Sonntag im Gemüte", ließ Joseph von Eichendorff seinen "Taugenichts", der aus seinem verschlafenen Dorf in die Welt wanderte, erklären. Auch dieser Poet wanderte im Herbst 1805 als siebzehnjähriger Bursche dort drüben auf der alten Harzstraße von Ballenstedt nach Mägdesprung. Ein Vierteljahrhundert später kam Hans Christian Andersen: "O reisen, reisen, das ist doch das glücklichste Los!"

Und alle genannten und unbekannten Reisenden in vergessenen Zeiten) kamen zu Fuß daher. Manche - wie der Brockenbesteiger Carl Bräss 1786 - verklärten ihre Reiseart: "Ich kann kaum begreifen wie ein Philosoph sich entschließen kann anders zu reisen, und wie er sich der Reichtümer entziehen mag, die er mit Füßen tritt ... Wieviele Vergnügungen sammelt man doch durch diese angenehme Art zu reisen! ohne die Gesundheit zu rechnen, die sich befestigt, und die Laune, die lustig wird." Andere - wie August Ey 1855 - sahen mehr auf das Praktische: "Man mache die Harzreise zu Fuß; denn dann ist man im Stande ungehindert und unaufgehalten allenthalben vorzudringen, die Gegenstände mit Ruhe anzusehen, sich daran zu ergötzen, und dies alles ist für wenig Kosten zu haben."

Da ist bereits wieder alles beisammen - "aufgelistet", sagt man modisch -, was ich an diesem milden Augustsonntag außerhalb eines zauberischen Zirkels um mich wünsche: Zeit, Wichtigkeit, Kosten.

Ich entnehme meiner Reisetasche einen Text, den ein Wanderer an meinem Rastplatz auf der Heinrichsburg in sein Tagebuch schrieb und 1795 veröffentlichte: "Aus dem obersten Fenster (= des Jagdhauses, S.) sah ein Mann heraus mit einer Mütze auf dem Kopfe. Unten bei dem Hause stand ein Mädchen mit einem Eimer an jedem Arm; weiter nach der Straße zu stand im Busch ein Jäger, der die Vorübergehenden gleichsam zu belauschen schien. Ich fragte den Jäger nach dem Wege, betrachtete mit einem schnellen Blick das Mädchen und sah nach dem Mann im Fenster hinauf; erhielt aber keine Antwort. Ich fragte noch einmal, bis ich endlich gewahr wurde, daß diese Figuren aus Stein gehauen und bemalt zur Täuschung der Fremden hierher gesetzt waren."

Vom Jagdhaus mit den leblosen Vexierbildern ist gar nichts geblieben. Meine Phantasie muß es aufbauen. Es wird nie so aussehen wie jenes "Lusthaus", das sich der einstige Besitzer der umliegenden Berge und Täler - Friedrich Albrecht von Anhalt-Bernburg (1735 - 1796) - bauen ließ. Das fand 1784 statt, inmitten der auf einem Bergsporn angelegten, aber verfallenden Heinrichsburg, deren Name vermutlich an den ersten Fürsten von Anhalt erinnert.

Die Burgstelle wurde 1290 zum ersten Mal in den erhaltenen Urkunden erwähnt und gehörte den Grafen von Anhalt, die ihren Stammsitz auf dem Großen Hausberg im Selketal hatten. Sie konnten von der Heinrichsburg einen vielbefahrenen Weg durch den Harz überwachen. Auch den Schutz benachbarter Berg- und Hüttenwerke hat man vermutet. Nach den Stolbergern, dann den Hohnsteinern kam die Heinrichsburg nach 1576 wieder zu Anhalt. Bergfried, Mauern, Gräben, ein spitzbogiges Tor verfielen. Ihre Trümmer wirken aus einiger Entfernung heute wie gewachsene Felsen. Es sind eigenartige Reiseerlebnisse, wenn man Orte erreicht, an denen die Zeit alles verändert oder gar ausgelöscht hat, wovon uns doch Aufzeichnungen von Betrachtern überliefert sind.

Schmetterlinge sitzen auf den Blüten, mit denen der Sommer allmählich das Land und dieses Jahr verläßt. Die Flügel des Schachbrettfalters, aufgeschlagen wie Buchseiten, erzählen mit sachlicher Strenge. Das Tagpfauenauge unterhält mit feuilletonistischem Kunterbunt. Ein "Landkärtchen" flattert munter davon, ohne zu verraten, zu welchem Landstrich es die Wege vorzeigt. Mir ist es auch wie ein ewiger Sommer im Gemüte.

Doch das Tuten der Dampflokomotive kommt näher. Ich sehe auf die Uhr: 11 Uhr 35 trifft die Selketalbahn in Mägdesprung ein. Das ist auch mein Ziel.

Himmelblau sind die Glockenblumen an der Straße, die nun zweimal in kurzem Abstand vom Schienenstrang durchschnitten wird. Eine junge Frau flucht über die zerrenden Ranken, mit denen die heranreifenden Brombeeren ihre würzigen Früchte verteidigen.

An einem Augustsonntag des Jahres 1887, vielleicht von gleicher, schöner Unbeschwertheit wie dieser, dampfte zum ersten Mal ein Eisenbahnzug den langen, ansteigenden Ostergrund hinauf zum Harz. Er verschnaufte auf dem Haltepunkt Ramberg in der Nähe des Sternhauses, wo vorher lediglich Postkutschen vorüberkamen, in 413 Meter Höhe. Dann ging es hinab zum Tal der Selke, zu Heinrich Heines "schöner, liebenswürdiger Dame" mit ihrer "edlen Einfalt und heitren Ruhe", nach Mägdesprung, einem gelobten Ort des lieblichen Unterharzes, lediglich 295 Meter hoch gelegen.

In nur zehnmonatiger Bauzeit hatte man den Schienenweg bis Mägdesprung geschaffen. Es war die erste Strecke in das vielbesuchte, romantische Gebirge mit seinen Naturmerkwürdigkeiten, Gasthöfen und Angeboten für Heilungssuchende und eingebildete Kranke. In ein harmonisches Idyll, will es einem scheinen, ratterte und qualmte die sture Dampfmaschine auf eisernen Rädern, quietschte und tutete, bimmelte aufdringlich durch die Waldeinsamkeit. Schon am 1. Juli 1888 hastete sie weiter über Alexisbad hinauf nach Harzgerode.

Das Vordringen der Technik in die Landschaften wurde in jenen Jahrzehnten nicht mit Skepsis betrachtet. Es wurde herbeigesehnt. Das war die Vorbedingung für Tourismus und Industrie. Man erhielt ein entscheidendes Unterpfand für die Hoffnung auf neue und bessere Arbeitsplätze. Und für andere Bürger war die Eisenbahn eine Garantie, daß sich eingesetztes Kapital recht bald vervielfachte.

Gerade im Land zwischen Harz, Elbe und Mulde, reizvollen Gegenden, die einst und noch immer zum Reisen, zu Urlaub und Entspannung verlocken, sind in den vergangenen zwei Jahrhunderten wichtige Industriezweige entstanden, die sich teilweise weltweit verbreiteten.

Heutzutage ist die Selketalbahn trotz aller wichtigen wirtschaftlichen Aufgaben für den Harzreisenden ein Vehikel aus ferner Zeit, liebevoll bestaunt, weil sie tatsächlich vorwärtskommt, ein wenig belächelt, in welchem Tempo. Auf den Straßen, in der Luft, selbst auf den Schienen leben wir inzwischen mit anderen Geschwindigkeiten.

Dagegen im Jahre 1887! Mägdesprung bekam ein zweistöckiges Bahnhofsgebäude. Und hochaufgemauert wurde ein Hotel neben dem Fachwerkhaus, das lange Zeit als vielbesuchter Gasthof völlig genügt hatte.

Der Obelisk und Hüttengebäude in Mägdesprung (um 1910)

"Post im Orte, Hotel Mägdesprung gegenüber", lese ich auf einem blauweißen Emailleschild am Bahnhof, um den mittägliche Ruhe und Trägheit nisten.

Ich gehe vom Bahnhof hinab, um einen Nachfolger des angekündigten Hotels zu suchen. Am Straßenrand ist ein halbkreisförmiger, ansehnlicher Platz mit sorgfältig geschichtetem Plattenschiefer geschaffen. Auf ihm stand das Wahrzeichen Mägdesprungs und der Eisenindustrie im anhaltischen Harz, ehe es 1978 wegen Korrosionsschäden bis auf den Sockel abgebrochen werden mußte - ein Obelisk.

Dieser pyramidenförmig zugespitzte Pfeiler nach ägyptischem Vorbild - auf seinem Platz von Ketten umgrenzt - wurde am 3. August 1812 eingeweiht. Ein rund 22 Meter hohes Denkmal (58 Fuß und 6 Zoll), aus vier Schaftplatten von je vierzig Fuß Länge zusammengefügt und auf einen eisernen Sockel gesetzt, auf dem noch die Widmung zu lesen ist: "Dem Begluecker des Vaterlandes Friedrich Albrecht Fuersten zu Anhalt".

Der regierende Sohn Alexius Friedrich Christian von Anhalt (1767 - 1834) - diesem Bernburger Fürsten war am 6. August 1806, kurz vor dem Ende des mittelalterlichen Deutschen Reiches, vom letzten Kaiser Franz II. die erbliche Herzogswürde verliehen worden- hatte seinem Vater, dem nicht nur das Heinrichsburger Jagdhaus, sondern auch die Hüttenbetriebe in Mägdesprung gehörten, ein Aufmerksamkeit heischendes Erinnerungszeichen setzen wollen. Unter der Leitung des Oberbergrates Schlüter wurde die Leistung bewerkstelligt, die auf die Zeitgenossen wohl weniger durch ihre ausgewogenen künstlerischen Formen als durch die gemeisterte Technik wirkte. Farbige Aquatintablätter und kleine Radierungen und Stahlstiche bildeten den Obelisk ab. Er war auch eine handwerkliche Herausforderung für die Eisenwerker im braunschweigischen Harz: prompt goß man in Zorge ein Jahr später einen Pfeiler, der - einen Meter höher war, aber noch heutzutage in Braunschweig an gefallene Landesfürsten und ihre Soldaten erinnert.

Ich umwandere langsam den erhaltenen Sockel. Das tat auch Hans Christian Andersen (1805 - 1875) im Jahre 1830, und er schrieb - einer ewigen Mode entsprechend - seinen Namen auf das Gußeisen und ins Tagebuch: "Bald werden Schnee und Regen diese bleistiftene Unsterblichkeit auslöschen, und ein neues Geschlecht wird seinen Namen wieder dahin schreiben, bis endlich auch der Obelisk selbst von der Zeit ausgelöscht wird." Ja, da ist die Zeit schon erlebbar vorangekommen ...

Durch Mägdesprung führten alte Verkehrswege nach Straßberg und Stolberg, nach Gernrode oder Ballenstedt, nach Meisdorf; die Straße nach Harzgerode kam erst später hinzu. "Welches Leben, welcher Verkehr durch die sich hier kreuzenden Straßen und durch den starken Hüttenbetrieb!" schwärmte ein Reisender um 1840, "Wie traulich sitzt es sich nicht unter den Linden vor dem ziemlich gentilen Gasthause!"

Natürlich war es bequem, aus dem kühlenden Schatten der Geschäftigkeit zuzusehen. Man beobachtete, machte Notizen und Skizzen, um den Verwandten und Bekannten, die zu Hause bleiben mußten, anschaulich Gesehenes und Erlebtes zu schildern. "Die beste Bildung findet ein gescheiter Mensch auf Reisen", hatte Goethe in seinem Roman "Wilhelm Meisters Lehrjahre" behauptet. Mägdesprung bot solchen interessanten Beobachtungsort.

"Wer der wirtlichen Bedienung mit ländlich einfachen Erfrischungen bedarf, der wählt einen Gartenfleck, dicht vor dem Gast- und Zollhause (das blieb anhaltisch, während man die Poststation früh Preußen überließ, S.), dessen Tische und Bänke die Lindenblüten umduften, um von einer rotwangigten, muntern Croatin, der Gattin des Wirts, die die Liebe eines deutschen Mannes von der türkischen Grenze in sein vaterländisches Tal verpflanzte, sich auftischen zu lassen."

Eine heutzutage wohl befremdliche Stimme um 1840: "Darf es wundern, wenn daher bei so vielen Annehmlichkeiten und Reizen dieses Tales und Fabrikortes Harzreisende lieber hier als im stillen, gekünstelten Alexisbade verweilten, und selbst Badegäste schon wünschten, die Saison hier verleben zu können?" Urlaub und Erholung in einem Industriegelände auf kleinem Raum, in einem Talkessel, aus dem sich die rauschende Selke in Jahrtausenden ihren Weg wusch und tiefer schliff! Auf dem Stahlstich nach Ludwig Richters Zeichnung "Mägdesprung" (um 1836) sieht man nichts vom "lieblichsten Punkte" als wenige Dächer, über denen sich eine mächtige Qualmwolke bläht.

Es gab zwischen 1800 und 1830 kaum einen Landstrich in deutschen Ländern, in dem sich Eisenhütten in dem Umfange vorfanden wie im Harz, wo sie sich zwischen Ramberg und Brocken, in den Einzugsgebieten von Ilse und Bode konzentrierten. Man hat 125 Betriebe gezählt, worunter 21 Hammerwerke, 23 Hochöfen und wenigstens 35 Frischfeuer waren. Und Mägdesprung war eine solche "Wohnung der Industrie, durch das Gewimmel tätiger Menschen und das Getöse der Hammer, der Blasebälge und der Räderwerke belebt ... Junge und alte, schwarzbepuderte Arbeiter umwimmeln diese geräuschvolle Werkstatt; die Frauen bereiten ihnen ein Mahl von den Kartoffelbeeten, die halb mit Waasen (= Reisig, S.), halb mit Steinen eingefaßt, hier am Berge hangen."

Recht einfältig machte der Halberstädter Domänenrat Krieger den wohlhabenden Müßiggängern des nahen Alexisbades den Ausflug nach Mägdesprung schmackhaft: "Gern durchwandelt man, von den sehr gefälligen Hüttenoffizianten begleitet, zwischen dem mit Kohlen durchglühten, dampfenden Eisengestein und den Schlackenhaufen, diesen Sitz der metallurgischen Betriebsamkeit." Und seine unverfrorene Geschwätzigkeit erreicht ihren Höhepunkt: "Ein den Weltmann beschämender Frohsinn wohnt auf den schweißbedeckten Stirnen der halbnackten, geräucherten Hüttenleute, die, in beständigem Kampfe mit Rauch und Hitze und Kohlen-

21

staub, unbekannt mit allem, was die großstädtische Sitte Lebensgenuß nennt, doch zufrieden und vergnügt ihr sauerverdientes Brot essen, und den dicken Wolken ihrer vulkanischen Werkstätte die ihres Pfeifenstummels entgegenschicken."

Die Wegkreuzung in Mägdesprung bot kaum eine Voraussetzung für eine wachsende Ansiedlung, aber die Selke tat es, brausend und strudelnd, voll ungenutzter Energie. Mit der "Mühle unter der Schalksburg" - bereits im 16. Jahrhundert nachweisbar - begann es, und an ihrem Platz, an dem Radkammer und Graben noch zu erkennen sind, wurde nach dem Dreißigjährigen Krieg ein Eisenhammer aufgebaut. Wasserräder trieben dann im 18. Jahrhundert eine fürstliche Papiermühle.

In jenen Jahrzehnten, als der Hammer wie ein dröhnendes Uhrwerk den Arbeitstag begleitete, schürfte man am nahen Großen Hausberg Eisenerz. Um 1686 gewann man in einem ersten Mägdesprunger Hüttenbetrieb das begehrte Metall. Doch die günstig gelegene Lagerstätte war schnell erschöpft. Spateisenstein mußte nun mühselig aus den anhaltischen Stollen um Tilkerode und Neudorf transportiert werden. Holz und Holzkohle kaufte man im braunschweigischen Harz. Aber die billige Wasserkraft gab den Ausschlag. Um 1781 floß Roheisen aus einem Mägdesprunger Hochofen. Spezielle Anlagen, sogenannte Blauöfen, verwerteten Spateisenstein besser als vordem. Es ging aufwärts mit den unter Fürst Friedrich Albrecht modernisierten Hütten. Im Jahre 1803 produzierten 59 Arbeiter in Mägdesprung rund 150 Zentner Eisen in einer Woche, und es wurde, was den Gewinn ausmachte, am Ort oder in der Nähe veredelt.

Ein Augenzeuge beschreibt die Arbeit: "Denken Sie sich nun einen seitwärts vom Herde des Hochofens errichteten Damm ... von Kohlenstauberde und Sand - 1,5 Fuß hoch, zwei Fuß breit und ungefähr zehn bis zwölf Fuß lang. In diesen Wall, dessen obere Fläche völlig geebnet und mit feinem Kohlenstaub bestreut ist, drückt der Formarbeiter alle Formen ... mit größter Genauigkeit ein. Jetzt waren es Ofenplatten ... Sobald das Eisen seine gehörige Flüssigkeit durch die immerwährende Feuerung erhalten hat, so versammeln sich ... mehrere Arbeiter vor dem Walle ... Dieses Öffnen des Ofens ... ist kaum geschehen, so quillt das flüssigglühende Eisen gewaltsam und mit heftigem Zischen heraus, und läuft die Hauptrinne entlang und verteilt sich ... In der Zeit von einer Minute liegen eine Menge glühender Spiegel vor den Augen des Zuschauers da ... Der Anblick dieses Schauspiels ist einzig, die dabei herrschende Hitze aber auch fast unerträglich."

Im großen und ganzen hat Mägdesprung mit seinen Gebäuden und Grundstücken das Bild und den Umfang der Hütten- und Eisenwerkersiedlung aus der Blütezeit nach 1820 erhalten.

Man sollte bedenken, daß zu den schweren Arbeitsbedingungen für sehr viele Männer noch der tägliche Fußmarsch von und nach Harzgerode, ihrem Wohnort, kam. Die heutige Verbindung vom Ortsteil Mägdesprung zur Stadt auf der Hochfläche des Unterharzes - sie beginnt am alten Gast- und Kurhaus "Zur Selke" - wurde erst angelegt, als um 1860 die Harzer Holzkohle-Hochöfen gegenüber den modernen, mit Steinkohle beschickten keine Konkurrenz mehr bieten konnten. Armut und bittere Not zogen in diese kleinen Hüttenreviere. Der Weg nach Harzgerode bekam eine eiserne Tafel mit dem anhaltischen Wappenbären und der nachdenkenswerten Inschrift zur Eröffnung: "Unter der Regierung Ihrer Hoheiten, des Herzogs Alexander Carl und der Herzogin Mitregentin Friederike zu Anhalt wurde diese Straße zur Beschäftigung des nothleidenden Arbeiterstandes in den Theuerungsjahren 1855/57 erbauet."

Daß sich die technische Findigkeit und die Kunstfertigkeit der Eisengießer nicht erst nach den Befreiungskriegen entwickelte, wie man oft nachlesen kann, beweisen die Mägdesprunger, die bereits 1791 das feine Stabwerk für die Eisenbrücke im Wörlitzer Park (nach englischem Vorbild) schufen. Sie ist in Deutschland die älteste, auf dem europäischen Festland die zweitälteste schmiedeeiserne Brücke.

Der Mägdesprunger Kunstguß machte erst nach 1820 von sich reden. Er verdrängte auch nicht das Angebot von Kleineisenwaren, Werkzeugen, Draht (in 36 Sorten), das bei der allmählich wachsenden Industrialisierung zwischen Harz und Elbe einen guten Markt fand. Die Mitarbeiter um den "Herzoglichen Modelleur" Johann Heinrich Kureck, der zwischen 1843 und 1878 in Mägdesprung tätig war, spezialisierten sich auf überlebensgroße Plastiken aus Gußeisen. Die Gipsmodelle der Statuen und Figurengruppen wurden zerlegt, und aus den abgegossenen Teilformen entstand das Kunstwerk. Kureck modellierte zum Beispiel acht Gruppen nach Wilhelm von Kaulbachs Illustrationen zu Goethes "Reineke Fuchs". Er schuf Vasen und Löwen, Bären, Pferde, das Abbild von Leopold I. von Anhalt-Dessau (1676 - 1747), als Generalfeldmarschall unter brandenburgischen Kurfürsten und preußischen Königen "der Alte Dessauer".

Mägdesprunger Kunstguß wurde bis in die USA verkauft. Aber 1945 zerstörten auch amerikanische Soldaten das Modellhaus. Ich betrachte auf einem Gartenfleck noch den "siegenden Hirsch" (zwar nur mit einer Geweihstange) und den von Hunden "besiegten Hirsch". Es gibt auch noch gußeiserne Tafeln "Zutritt verboten".

Um die Mitte des 19. Jahrhunderts wurde der Konkurrenzdruck auf die "Herzogliche Hütte Mägdesprung" immer spürbarer. Schon im Jahre 1846 wurde in der "Magdeburgischen Zeitung" ein Eisenbahnprojekt vorgestellt, das vom gerade installierten Verkehrsknotenpunkt Köthen durch den Harz nach Nordhausen führen sollte. Die umworbenen, zukünftigen Aktionäre lasen unter anderen, daß es "besonders wegen der Gewerbetätigkeit der Hüttenwerke" rätlich sei, "den Bahnhof unter dem Mägdesprunge zu erbauen." Und noch ein lockendes Zukunftsbild dazu: " Manche Hütte, die abgetragen werden müßte, wird in der Nähe palastartig hervorwachsen..."

Als aber der erste Zug erst gut vierzig Jahre später Mägdesprung erreichte, kam er zu spät, um den ersehnten wirtschaftlichen Aufschwung zu befördern.

An einer Plattenschiefermauer am alten, verlassenen Hüttengelände an der Selke entdecke ich noch eine gußeiserne Tafel "Carlswerk". Mein Gewährsmann von 1848 erläutert: "Unterwärts im Tale liegen endlich noch ein Schneidewerk, Frischhammer und Drahtwalzwerk nach englischer Art, von seinem Erbauer, dem Oberbergrat Herrn Carl Zincken, 1828 das Carlswerk genannt". J.L. Carl Zincken war 1821 in anhalt-bernburgische Dienste getreten, und er betrieb zu eigenem Vorteil bald einen einträglichen Mineralienhandel bis nach Übersee. Für das Ballenstedter Schloß mußte er eine Gesteinssammlung anlegen, deren Restbestand heutzutage im Museum Schloß Bernburg zu bewundern ist. Um 1828, als unter seiner Aufsicht in Mägdesprung eine "Directorialwohnung, die jetzt zum Aufenthalt für die höchsten Herrschaften eingerichtet" wurde, erfuhren die anhaltischen Zeitungsleser auch, daß ein neues Mineral "Zinkenit" getauft sei. Ein späterer Chronist urteilte: "An der Spitze der Bergverwaltung stand der Oberbergrat (Johann Ludwig Carl) Zincken, der in hartherziger Behandlung seiner Untergebenen das Menschenmögliche leistete." In den Jahrzehnten der Restauration wuchsen die sozialen Spannungen im anhaltischen Berg- und Hüttenwesen bis zur Unerträglichkeit. Die revolutionären Ereignisse 1848 begannen in Anhalt-Bernburg bereits im Februar mit der Ermordung von zwei Bergbeamten bei Neudorf.

Unweit vom stimmungsvollen Hornsteich, der 1825 angelegt wurde, finde ich die Mägdesprunger Kirche. Auch sie trägt die hier übliche eiserne Tafel, und am 22. August 1830 ist sie in Anwesenheit des Herzog Alexius geweiht worden. Qualm, Ruß, Schlackehaufen des einstigen Hüttenortes sind vergessen, Grün belebt alles. Schlackehalden wurden im ersten Weltkrieg aus dem Harz unter anderen ins Ruhrgebiet transportiert, da sie noch wertvolle Metallanteile enthielten. Dafür brachte die Eisenbahn anschwellende Touristenströme: Auf zum Mägdesprung!

Der Weg auf den Felsen ist kurz, aber sehr steil. Ich schwitze in der frischen Luft mehr als ein Kellner mit seinem Gläser- und Tellersortiment. Die Mädchentrappe, ein fußähnlicher Abdruck im Felsen hoch über dem Tal, ist ziemlich unscheinbar. Doch wunderbar ist die Aussicht über die bewaldeten Gipfel des Unterharzes. Der anhaltische Chronist Bekmann hat vor rund 250 Jahren sogar behauptet, hier erblicke jeder "den schönsten Prospekt von der Welt". Im Umherschweifen der Blicke über das vielerlei Grün vergißt man den alten Streit, wer und warum hier seine Spur hinterließ. Und "Mädchentrappe"? Schon zu Ludwig Richters Zeit urteilte jemand: "Kein weibliches Wesen in der Welt ... würde sich zu diesen Füßen bekannt haben!"

Nun - wenigstens seinen Namen hat Mägdesprung von dieser Form im Felsen, wird mancher Besucher meinen, aber er irrt. Nicht Sprung, sondern Spring, ein veralteter Name für jede Quelle, galt früher als richtig: Maidenspring, die "Mädchenquelle". Und es gab sogar Versuche, neben dem Hüttenort ein Heilbad zu schaffen. "Hinter dem Hochofengebäude am linken Selkeufer unter dem Zettelberge bricht auch wahrscheinlich aus einem alten Stollen zwischen Schwefel- und Kupferkies eine Heilquelle aus dem Tonschiefer hervor. Als gutes, aber doch wenig benutztes Trinkwasser war sie den Hüttenbewohnern schon längst bekannt. Ihr guter Ruf veranlaßte also den Herzog Alexius, auch diese Quelle im Jahre 1828 aufräumen, fassen und überbauen zu lassen ... Und das Brunnenhäuschen zeigte die Inschrift: "Erna's Brunnen." Ich vermute, es war selbstverständlich eine gußeiserne Tafel. Der weibliche Name erklärt sich aus dem Privatleben des anhalt-bernburgischen Herzogs Alexius, der sich 1817 von seiner geisteskranken Gemahlin scheiden ließ, darauf morganatisch mit Dorothea von Sonnenberg zusammenlebte und - da sie bereits 1818 starb - darauf mit deren Schwester Ernestine.

In der Abenddämmerung wanderte ich aus dem Tal der Selke hinauf nach Harzgerode, der ältesten Stadt im Lande Anhalt. Joseph von Eichendorff schrieb von einem seiner Romanhelden: "Mit Mühe arbeitete er sich durch die Rabennacht des Waldes hindurch und kam endlich auf einen weiten und freien Bergrücken, der nur mit kleinem Gesträuch bewachsen war. Der Mond schien sehr hell ... Die Ebene mußte sehr hoch liegen, denn er sah ringsumher eine dunkle Runde von Bergen unter sich ruhen. Von der einen Seite kam der einförmige Schlag von Eisenhämmern aus der Ferne herüber." Das waren zweifellos Erinnerungen an das Selketal mit zahlreichen Eisenwerken, als der Dichter siebzehnjährig und Student in Halle mit seinem Bruder über Bernburg, Ballenstedt und Mägdesprung auf den Brocken wanderte. Nichts belebt mehr, als Erlebnisse einer glücklichen Stunde in der Jugendzeit ...

"Alles geht zu seiner Ruh,
Wald und Welt versausen,
schauernd hört der Wandrer zu,
sehnt sich recht nach Hause.
Hier in Waldes grüner Klause
Herz, geh endlich auch zur Ruh!!'

GLÜCK AUF, HARZGERODE!

"Sobald ich aus dem Gehölz kam, nahm mich eine Allee in ihre grüne Schatten auf und führte mich bis nach Harzgerode. Dies ist ein sehr elender Ort, von dem ich fast weiter nichts zu sagen habe, als daß ich hier gewesen bin."

Heinrich Müller (1795)

Wilhelm Giese: Im Schloßhof Harzgerode

Ein sehr elender Ort! Aber im Dresdner Münzkabinett habe ich seine Ansicht gesehen, über ihr zwei Füllhörner und den Vers: "Dies reiche Feld bringt Korn und Geldt." Und das Bild dieser Stadt war ein silbernes Relief auf einem Harzgeröder Taler von 1693, auf dessen anderer Seite zu lesen ist: "1691 sind die im Fürstenth. Anhalt eine geraume Zeit stille gelegene Bergwercken wiederum aufgenommen und ist dieses von dem daraus gewonnenen Silber zum erstenmahl gepreget word." Glänzende Aussichten! Und nach den ersten Talern kamen auch Medaillen aus der Harzgeröder Münze: 1694 fuhr immerhin der Landesherr mit seiner Gemahlin in die Grube "Albertina"! 1695 verlieh man ihm den dänischen Elefantenorden, und er gründete nördlich der Stadtmauer die "Bergstadt" mit einem Teich, dessen Wasser die technischen Künste der Schächte in Betrieb setzte.

Im Kunstteich, erzählten sich die Leute, wohnten Wassermänner mit ihren Frauen. Als eine Nixe eine schwere Entbindung erlebte, ließ sie eine Hebamme aus Harzgerode holen, die ihr half. Als Dank erhielt die Wehmutter - Kehricht; allerdings von solcher Güte, daß er sich beim Goldschmied verkaufen ließ. Um das Jahr 1900 wurde der Teich zugeschüttet.

Mit der Hoffnung, aus unscheinbarem, wertlosem Gestein könnte plötzlich das ersehnte Edelmetall kommen, ist das schicksalhafte Auf und Ab dieser Ansiedlung auf einer weiten Hochfläche im Unterharz immer unmittelbar verknüpft gewesen. Jahrhundertelang: manchmal prägte man ihr Bild in Silber, oft war es "ein sehr elender Ort".

Wer auf dem stimmungsvollen Marktplatz steht und sich - wie ich - mit Muße umsieht, spürt von jenen Wechselfällen nichts: anheimelndes Fachwerk in vielerlei Muster, der wuchtige Kirchturm mit romanischen Formen und barocker Haube samt Laterne mit blaugrauen Schieferplatten, einige Bäume im Herbstlaub und seidenartigem Himmelsblau ...

Um 1700 befahl der Landesherr den Bau einer Wasserleitung, die aus dem Sauerberger Teich gespeist wurde. Sie verlief zum Schloß, zum Brauhaus und auf diesen Markt. Hier stand der "Röhrkasten", der Brunnen, und ein einheimischer Steinmetz schmückte ihn für 253 Taler mit einer Statue. Ob man dafür einen Heiligen Georg mit Lindwurm oder einen Herkules (seiner "Keile" wegen!) mit Löwen bekommen hatte, konnten bereits die damaligen Chronisten nicht genau erkennen.

Harzgerode - das meint wohl jeder - führt seinen Namen vom Gebirge. Falsch! Aus dem Dunkel der Vorgeschichte tritt die Siedlung als "Hasacanroth", eine Rodung, die an ihren Gründer oder Besitzer Heseko erinnert. Ein Namensvergleich mit dem Ballenstedter Grafen Esico (er starb 1059) liegt nahe. Dieses "Hasacanroth" war gegen Ende des 10. Jahrhunderts die Marktsiedlung der Propstei Hagenrode im Selketal, deren Geschichte - mit der des Klosters Thankmarsfelde (wohl zwischen Gernrode und Mägdesprung gelegen) verbunden - nur sehr dürftig und legendenhaft überliefert worden ist.

Die Marktsiedlung war an einer wichtigen Kreuzung angelegt, in der Wege zwischen Nord und Süd mit der wichtigen Verbindung zwischen Hettstedt und Hasselfelde zusammentrafen. Und es traten überdies Erzgänge, die Silber führten, zu Tage, die in geringen Teufen ausgebeutet werden konnten. Schon in "Hasacanroth" ließen die Benediktiner aus dem Selketal Münzen prägen. Zwar mußte diese Werkstätte 1035 nach Nienburg umsiedeln, um dort silberne "hohle pennige" zu schaffen, aber 1239 ging das Geschäft wieder auf dem Harz weiter. Der Transport des wertvollen Metalles war zu beschwerlich und von gefährlicher Unsicherheit begleitet.

In jener Zeit hatte das Nienburger Kloster die Fürsten von Anhalt zu Vögten dieser Marktsiedlung bestellt. Um ihren Schutz zu garantieren, entstand innerhalb des Mauerringes eine Burg. Überhaupt wurde der gesamten Ansiedlung ein neuer Grundriß gegeben: innerhalb der ovalen Wehrmauer ein Gitternetz mit Straßen und Gassen, Marktplatz und Kirche in seinem Mittelpunkt. Als erste Stadt in Anhalt verfügte Harzgerode 1338 über städtische Rechte! Und man erbaute mit Sicherheit ein Rathaus. Wir besitzen keine Abbildung von ihm oder einem Nachfolger. Eine Brandkatastrophe zerstörte 1635 das Gebäude. Trotz Kriegslasten konnte vier Jahre später ein Fachwerkbau errichtet werden, der drei Türme besaß, Auch das Wappen am heutigen Rathauseingang zeigt sie.

Nach dem schnellen Aufstieg zur Stadt zu Beginn des 14. Jahrhunderts kam - nichts. Gefundenes Silber hatte zu vielen Vorhaben und Spekulationen verleitet. Nun blieb es aus. An der Oberfläche waren die Lager erschöpft. Zwischen 1350 und 1470 gab es keinen Bergbau: ein sehr elender Ort.

Die Sage weiß von allerhand Schatzgräbern, die das Unglück nicht hinnehmen wollten. Mehrere Männer durchwühlten nachts die Wiesen um Harzgerode. Dabei durfte kein Wort über die Lippen kommen. Endlich blinkten im Grund einer Grube Gold und Silber. Doch es stiegen auch Geister aus der Tiefe, die einen Galgen aufstellten und beratschlagten, wer von den Männern zuerst aufgeknüpft werden sollte. Nehmt den Kerl mit der roten Weste! riet ein Unterirdischer. Mich bekommt ihr nie! schrie der Verängstigte, und schon waren Schatz und Spuk verschwunden ...

Auch Harzgerode hatte für die anhaltischen Fürsten erst einmal seinen Wert verloren. Man hatte selbst finanzielle Sorgen und verpfändete die Stadt an die Mansfelder, Hohnsteiner, Thüringer, Stolberger, von denen sie erst 1536 nach vielem Ärger wieder ausgelöst wurde. Warum?

Im süddeutschen Raum, vor allem aber in Sachsen, war die Bergbautechnik erheblich vorangekommen. Man kam tiefer in das Innere des Gebirges. Und im Ostharz, zwischen Mansfeld und Hettstedt, blühte bereits das Geschäft! Neue Schürfungen um Harzgerode versprachen gute Gewinne. Es fehlte lediglich an ausgebildeten Fachkräften, und deshalb gründete der Landesfürst im Osten der bisher vernachlässigten Stadt eine Siedlung für auswärtige Knappen. "Freiheit" hieß sie, nach einer Reihe lockender Vorrechte. 1538 begann das Vorhaben. Im nächsten Jahr arbeiteten zehn Gewerkschaften in der Anlage der ertragreichen Grube "Hoffnung Gottes". Aus dem Silber der Grube "Birnbaum" wurden seit dem 11. Juni 1539 die ersten Taler Anhalts geprägt. Und folgerichtig verfügte man über Kapital, damit auf den alten Fundamenten zwischen 1549 und 1552 ein neues, modisches Schloß erbaut werden konnte.

Ich komme auf den in vormittäglicher Stille liegenden Schloßhof. Auf den Stuhllehnen vor der Freilichtbühne sitzen Spatzen und putzen ihr Gefieder. Inschriften, Wappen und Reliefs am kräftigen Mauerwerk zeigen Renaissanceformen, die auf den Dessauer Architekten und Bildhauer Ludwig Binder zurückgehen sollen.

In der einst vierflügeligen Anlage - der baufällige Südteil mußte bereits 1775 abgetragen werden - steht noch ein mittelalterlicher Rundturm. Um 1780 war das Ganze aber schon nicht mehr zur fürstlichen Haushaltung verwendbar. In einigen Räumen quartierte man im vorigen Jahrhundert das Berg- und Forstamt ein.

Inzwischen haben die Harzgeröder mit Fleiß und Einfallsreichtum dem verwahrlosten Schloß wieder zu Ansehen verholfen. Alle Dächer wurden 1966/68 erneuert. Der 23 Meter lange Wehrgang konnte durch die Unterstützung vom Institut für Denkmalpflege Halle/Saale erhalten bleiben. Steinmetzarbeiten wurden durch Überdachungen geschützt. Der "Rittersaal" mit seinem Parkett aus allen Harzer Holzarten kam zu neuem Glanz, eine sehenswerte Heimatstube entstand, und im Schloßkeller fand eine vielbesuchte Gaststätte Platz.

Der Dreißigjährige Krieg störte die gute Entwicklung der Stadt. Damals änderten sich auch die politischen Verhältnisse grundlegend. Das Schloß, zunächst nur vorübergehend Aufenthaltsort anhaltischer Fürsten, wurde jetzt der Mittelpunkt eines selbständigen Fürstentums Anhalt-Bernburg-Harzgerode. Wie kam es zu diesem Zuwachs in der kunterbunten deutschen Kleinstaaterei?

Eigentlich war anläßlich der 1603 vorgenommenen Aufteilung des anhaltischen Landes zwischen Harz und Elbe eine weitere Zersplitterung untersagt worden, aber ein Unteilbarkeits- und Erstgeburtsrecht galt erst seit 1727. So vererbte Christian I. von Anhalt-Bernburg (1568 - 1630) sein Fürstentum seinem Sohn Christian II. (1599 - 1656), doch er spaltete für seinen Sohn Friedrich (1613 - 1670) einige Ländereien davon ab. Und Friedrich gründete sein Fürstentum, dessen Kern die Ämter Harzgerode und Güntersberge bildeten, zu dem später - gegen Abtretung von Radisleben - die Erbschaft Plötzkau und einige Stiftsgüter um Frose und Gernrode kamen. Im Dreißigjährigen Krieg verdiente der Landesherr einen Teil seines Einkommens als Inhaber eines schwedischen Infanterieregimentes. 1635 brannte seine Hauptstadt Harzgerode nieder. An eine standesgemäße Hofhaltung war unter allen Bedingungen nicht zu denken.

Nach dem Tod der Gemahlin kam der Sohn Wilhelm zur Erziehung an den Dessauer Hof, und der Landesvater vergnügte sich auf ausgedehnten Reisen durch Europa. In Venedig stiftete er beispielsweise eine adelige "Bruderschaft der ewigen Freundschaft". Erst 1656 kehrte Fürst Friedrich nach Harzgerode zurück und starb 1670 in Plötzkau an der Saale.

In den Jahrzehnten nach dem langen Krieg in Mitteleuropa nahm die Technologie im Bergbau erneut einen tüchtigen Aufschwung. Das "Maschinenwesen" wurde erheblich erweitert, aber damit stiegen auch die Anschaffungskosten.

Fürst Wilhelm mußte die Regierungsgeschäfte übernehmen, als er gerade in das brandenburgische Heer eintreten wollte. Nun galt es, Fachleute und Arbeitskräfte zu rekrutieren. Nachdem im Westen der Stadt die Siedlung "Ehrenberg" hinzugekommen war, entstand im Süden seit 1688 die "Neustadt" (bis 1705 auch "Wilhelmstadt, später nach der Gemahlin "Augustenstadt" genannt).

Nach der Sage wohnten im "Ehrenberg" viele Zwerge. Auch sie verfügten wie alle Unterirdischen über Schätze in Fülle. Wer eine Feier besorgen mußte, borgte sich von ihnen Silber- und Zinngeschirr. Ein Harzgeröder gab zwar alles vollständig zurück, hatte aber eine Suppenterrine als Nachttopf benutzt. Die Zwerge liehen ihm trotzdem das Geschirr zur nächsten Kindtaufe, aber um sich zu rächen, vertauschten sie den Säugling gegen ein Zwergenkind.

Während Fürst Wilhelm in Begleitung zweier Hofmeister eine achtjährige Reise durch deutsche Staaten, die Niederlande, Frankreich, Spanien bis Großbritannien unternahm, siedelten sich Bergleute in Harzgerode an. Doch dort fehlte es an Kapital für notwendige Maschinen. Der Fürst nutzte persönliche Kontakte, und Anfang Dezember 1690 kam ein Vertreter holländischer Kaufleute "auf dem Harze" an, um Mutungsrechte zu erwerben.

Erzproben, in Clausthal analysiert, versprachen guten Gewinn. Aufhauerische Versprechungen halfen tüchtig beim Verkauf von Anteilscheinen. Schon 1694 waren in Amsterdam 526, in Hamburg 434, in Berlin 440 Kuxen (ein bescheidener Ausschnitt einer langen Liste!) gegen klingende Münze abgesetzt. Selbst die Harzgeröder Kirche kaufte mit Gottvertrauen und dreihundert Talern aus der Armenkasse!

"Dies reiche Feld bringt Korn und Geldt" Das versprach der Harzgeröder Ausbeutetaler 1693 allen Zweifelnden. Und mit "Korn" (gebräuchlich ja noch in der Redensart "von echtem Schrot und Korn") war sicherlich der Feingehalt des Metalle gemeint, denn der Getreidebau florierte auf dem Harz kaum.

Nun breiteten sich Hast und Hetze aus. An mehr als 52 Stellen wurde geschürft. In der Grube "Elisabeth Albertine" schufteten schon fünfzig Bergleute. Pochwerke und Erzwäschen mußten gezimmert, Brenn-, Treib- und Schmelzöfen gemauert werden. Meiler rauchten. Holzkohle wurde herangekarrt.

Am Kunstteich der "Albertina", erzählt die Sage, pflügte ein Mann und hörte von irgendwoher eine Aufforderung "Kneten!" Da wünschte er sich auch etwas Gebackenes und hatte kaum drei Furchen gezogen, schon stand frischer Pflaumenkuchen vor ihm.

Kaum war der Wunsch "Kauft Anteile!" ausgesprochen, verwirklichten sich die Hoffnungen. Schon zwischen 1697 und 1699 mußte die Kirche umgebaut und erweitert werden. Bis dahin hatte man sich bescheiden mit zwei Glocken begnügt, die angeblich noch von der zerstörten Burg Anhalt stammten. Nun konnte ein Türmer von seiner luftigen Wohnung das ganze Fürstentum überblicken: überall rauchte es aus Essen und Schloten. Und der Fürst saß in seiner Kirchenloge, den "blauwölkigten" Himmel der verbretterten Decke über sich mit vielen goldenen Sternchen, die "angezweckt" waren. Aber es regnete vorerst keine Sterntaler. Zwar waren durch Anteilseigner mehrere Jahre alle drei Monate rund 7 000 Taler nach Harzgerode gezahlt worden, doch die versprochenen Gewinne kamen nicht zurück. Die Anlagen standen nun. Der Bergmann, der 1595 mehr als zwei Taler Wochenlohn erhalten hatte, bekam 1698 noch anderthalb Taler, 1702 einundzwanzig Groschen. Die verheißungsvollen Schürfproben hatten nichts über die Mächtigkeit der Erzlager verraten. In größerer Tiefe fand sich kein abbauwürdiges Gestein. Das "reiche Feld" hatte furchtbar getrogen.

Als Experten das Harzgeröder Gebiet im Auftrag der Geldgeber - dort standen mehr als 300 000 Taler Darlehen zu Buche ! - inspizierten, wurde nur aus drei Stollen noch gefördert, alle anderen standen unter Wasser: ein sehr elender Ort ! Das alte Spiel zwischen uns Menschen kam auf die Tagesordnung: Jeder schob die Schuld allen anderen zu. In Hamburg erschien 1703 sogar eine umfangreiche "Relation von vielen ... zu Harzgerode ... gelegenen Bergwercken ausgeübten erschrecklichen Betrüglichkeiten", natürlich nur, um einige Verantwortliche zu rechtfertigen. Es überstand lediglich die Grube "Albertine", aus der zwischen 1691 und 1728 jährlich bis zu 1 600 Tonnen Erz kamen. Mit verbesserten technischen Voraussetzungen kam es noch einmal zu einer Produktionsperiode von 1822 bis 1850, ehe 1894 der Abbau wegen endgültiger Erschöpfung des Vorkommens eingestellt werden mußte.

Ohne Erben starb 1709 Fürst Wilhelm. Als sein Prunksarg in die Gruft der Stadtkirche gesenkt war, gab es auch das Fürstentum Anhalt-Bernburg-Harzgerode nicht mehr. Aus dem "Regierungsgebäude" gegenüber vom Schloß wurde der "Gasthof zum Bären" mit seiner noch heute erhaltenen, farbigen Wappentafel. Auf die Münzen kam nun das Porträt von Victor Amadeus von Anhalt-Bernburg (1634 -1713), an den der Landbesitz zurückfiel. Aber "Harzgerode" wird für den erblindeten Landesherren bald ein Reizwort geworden sein. Sein Sohn und Nachfolger Karl Friedrich (1668 - 1721) hatte sich nämlich in zweiter Ehe mit der bürgerlichen Harzgeröderin Wilhelmine Charlotte Nüßler heimlich trauen lassen. Und das hatte der dortige Diakon Emanuel Philipp Paris zu segnen gewagt! Und Paris erst! Der hatte tatsächlich drucken lassen, daß ihm Christus vor dem Tode des Fürsten Wilhelm als "hellglänzendes Feuer" erschienen sei mit der Aufforderung: "Sage deinem Fürsten, Ich habe die Gewalttätigkeiten und Ungerechtigkeiten des Landes gesehen und die Tränen und Seufzer der Unschuldigen und Bedrängten erhört, darum habe Ich den Gesalbten des Landes angefasset, und seine Zeit ist da!" Victor Amadeus starb leider, ohne zu erfahren, daß der Kaiser 1719 seine verwünschte, unstandesgemäße Schwiegertochter als Gräfin von Ballenstedt adelte. Der Alte Dessauer Leopold I. (1676 - 1747), der in jungen Jahren ebenfalls eine Bürgerliche ehelichte, hatte diese delikate Angelegenheit befördert. Familienbande.

Im Jahre 1721 bestieg Victor Friedrich (1700 - 1765) den Thron von Anhalt-Bernburg. Um 1746 ließ er sich in der Uniform eines Bergherren - und acht verantwortliche Bergbeamte ebenso - für das Verwaltungsgebäude in Silberhütte malen. Das Gemälde habe ich im Museum Schloß Bernburg betrachtet. Der Betrieb in Silberhütte war 1693 durch das Fürstenhaus gegründet worden. Die absolutistische Struktur ordnete auch wirtschaftliche Verhältnisse in einem Kleinstaat aufs neue: der Landesherr als Unternehmer. Und als sich 1712 die Silberhütte mit Gruben bei Straßberg, Hayn und Schwenda, welche auf Stolberger Grund lagen, durch Pachtverträge unter einer (anhaltischen) Hand vereinigen ließen, begann ein neuer Versuch, aus dem elenden einen reichen Ort zu machen.

Das Pochwerk Silberhütte bereitete im 18. Jahrhundert Erze aus den Schächten um Neudorf auf. Unweit des Ortes, der auch anhaltische Zollstelle war, lagen die wichtigsten Silberbergwerke "Pfaffenberg" und "Meiseberg", "Birnbaum" und "Victor Friedrich", aus denen aber auch andere Mineralien gefördert wurden. Aus dem "Pfaffenberg", der urkundlich bereits 1454 erwähnt wurde, holte man begehrten Bleiglanz mit beachtlichem Silbergehalt. Unter welchen Bedingungen das geschah, hat ein Reisender um 1780 beschrieben:

"Ich bin ehemals, weil es nur aus einem Schachte bestand, hinuntergefahren; zu der Zeit war dieser Schacht beinah 100 Lachter (= rund 200 Meter, S.) tief. Die Fahrten oder Leitern hängen senkrecht, und unterwegs sind einige Bühnen, wo man ausruhen kann. Ich konnte mich bei dieser Fahrt der Furcht, einen Fehltritt zu tun und in Stücken zu zerschmettern, nicht erwehren, zumal da diese Fahrten öfters naß und glitscherig waren, besonders an den Stellen, wo eine ... Röhre der andern mit starkem Brausen das Wasser zugoß, welches durch ein Kunstwerk aus der Teufe heraufgetrieben wird und zuoberst durch einen Stollen unter der Erde fortfließt. Unten kann man aufgerichtet gehen; es ließ sich aber außerordentlich schwer Luft schöpfen ... Die Erze wurden losgeschossen und in Kübeln durch einen Haspel (Winde) zu Tage ausgeschafft, oben klein geschlagen, und die verschiedenen Sorten gesondert; auf dem Pocherich unter Stampfen zermalmet und dann auf bretternen Betten von Kindern mit einem Besen, gewaschen ... unter beständigem Wässern."

Mit dem Auf und Ab des Ostharzer Bergbaues um Harzgerode waren ungezählte Menschenschicksale auf Gedeih und Verderb verknüpft. Im ärmlichen Harzgerode mußte um die Mitte des 19. Jahrhunderts der baufällige Rathausturm abgetragen werden.

Die soziale Unruhe rumorte. Zwar stiftete der Herzog 1848 der Bürgerwehr eine schwarzrotgoldene Fahne, aber die Beschwichtigung half wenig. Trotz Verbotes zog ein großer Zug von Benachteiligten nach Mägdesprung zum verhaßten Oberbergrat Zincken, der über die wenigen Arbeitsplätze verfügte, um ihm "unter furchtbarem Getöse eine Katzenmusik" aufzuspielen. Aber der Unterharzer Bergbau war am Ende. Neue, holzverarbeitende, metallverarbeitende Betriebe entstanden sehr langsam und entwickelten sich mühsam. Das Kapital fehlte. Facharbeiter fanden in den anderen Industriegebieten eher ein Auskommen.

Im Jahre 1899 wurden endlich Rathaus und Ratskeller abgebrochen und der heutige ansehnliche und hübsche Neubau konnte am 6. März 1901 eingeweiht werden. Die Honoratioren veranstalteten einen feierlichen Zug vom Schloß zum nahen Markt. Anhalts grünweiße Fahne flatterte, Schlüsselübergabe, Gebet. Das Geschenk vom Herzog Friedrich I. (1831 - 1904) hing bereits im Sitzungssaal: sein Porträt.

Die hochbetagte letzte Herzogin von Anhalt-Bernburg Friederike (1811-1902) dachte praktischer und stiftete drei farbige Glasfenster. Dann fand das Festmahl im "Gasthof zum Bären" (heutzutage "Stadt Harzgerode") - von 1635 bis 1709 Sitz der "Regierung" des selbständigen Fürstentums - statt. Und noch niemand konnte sich vorstellen, daß 1919 kein Herzogtum mehr existierte und im "roten" Harzgerode die Vertreter der Arbeiterparteien über die demokratische Mehrheit verfügen würden.

Ein "Reiseführer" aus dem Jahre 1864 empfahl, vom sehenswerten Alexisbad gleich über Güntersberge in den Oberharz zu fahren. Über Harzgerode gab es nur die Notiz, dort sei das Straßenpflaster aus Marmor. Die Erklärung "devonische Grauwacke mit Kalkeinlagerungen" aus dem Selketal klingt dagegen sehr poesielos. Und um 1780 meckerte jemand darüber: "Das Pflaster könnte von anderen Steinen immer besser sein, als wie es ist"; folglich ersetzte man es bis 1936. Nur um die Kirche macht ein Regenguß noch die schwarzweiß-geäderten Steine augenfällig.

Ich bin durch das freundliche Harzgerode von heute gegangen, zu dem weitgeschwungenen Kranz seiner umliegenden Laub- und Nadelwälder und wieder durch Gassen und Straßen. Die "Münze" in der Münzstraße prägte bis 1861: zuletzt kupferne Groschen, Vierpfennig-Stücke und Pfennige ... Zwischen 1822 und 1831 tat man das auch im Schloß.

In der Oberstraße, in der "Brauerei", endete einst das Röhrensystem, das gutes Wasser in die Stadt führte. Die Adelsfamilie von Röder besaß das schöne Fachwerkhaus am Markt, dem Rathaus gegenüber ...

Aus dem "sehr elenden Ort" ist im letzten halben Jahrhundert nun endlich ein "reiches Feld" geworden. Ohne Glücksumstände. Die Stadt wurde vor allem nach Norden durch Neubauten erheblich erweitert. Aber gleichzeitig wuchs auch der Ruf als Urlauberort. Die Klinik für Tuberkulose und Lungenerkrankungen - im Bauhausstil um 1930 im Norden der Stadt erbaut - ist großzügig modernisiert worden und widmet ihre fachlichen Leistungen segensreich Kindern und Jugendlichen. Für Einheimische und Urlauber entstanden Schwimmbad und Sportstätten. Viele Wanderwege führen durch das landschaftlich reizvolle ehemalige Miniaturfürstentum. Anlagen des letztlich glücklosen Bergbaues wie die Kunstteiche bei Neudorf und Grabensysteme wie auch bei Silberhütte beleben die waldreiche Gegend. Am Teich der einstigen Grube "Birnbaum" zwischen Neudorf und Straßberg wurde ein herrlicher Campingplatz geschaffen. Und an vielen Wegen erinnern kaum beachtete Hügel, überwuchert und baumbestanden, an Halden, an schweres Mühen, Hoffnungen und oft an E:nttäuschungen im Bergbau um Harzgerode:

"O Gegend, schrecklich und rauh ..
Wo nur der knarrende Karrn von flimmernden Erzen erseufzet,
das Tal von rasenden Pochwerken schallt.
Und wo im ewigen Rauch, gleich einem dampfenden Ätna,
manch' Hüttenwerk weite Gehölze verschlingt ..."

Diese Verse schrieb Friedrich Wilhelm Zachariae, der 1726 in Frankenhausen am Kyffhäuser geboren wurde, oft den Harz besuchte und besang. Sein Wunsch hat sich oft mit dem Blick auf Harzgerode erfüllt: "Der tötende Hüttenrauch flieh! ... Und fröhlich ruf' der Bergmann: Glück auf!" Dem schließt man sich auch als Wanderer aus vollem Herzen an.

GESCHICHTEN AUS ALEXISBAD

"Kennst du das Tal mit seinem Wasserband,
das Flora hold mit ihrem Kranz umwand;
der Felsen Grau mit rosa Flor umwebt,
wenn Phöbus seine Sonnenflügel hebt?
Kennst du das Land?
Dahin ! - dahin !
möcht ' ich so gern mit allen Freunden ziehn ! "

1827 "von einer Dame, welche im
Alexisbade einige Wochen verweilte"

Am Berliner "Königlichen Gewerbeinstitut" schlossen sich im Jahre 1846 eine Reihe von "Zöglingen" - das Wort "Student" kam für angehende Techniker nicht in Frage - zu einem geselligen Verein zusammen, den sie die "Hütte" nannten. Selbstverständlich trafen sich die jungen Männer auch am Biertisch, aber sie kamen überein, durch Vorträge und Diskussionen ihre Weiterbildung über den Lehrstoff hinaus zu betreiben. Das Dampfmaschinen- und Eisenbahnfieber ging um in Europa, aus Werkstätten wuchsen Fabriken in kurzer Zeit, ständig wurden umwälzende Fortschritte in der Metallurgie, im Werkzeugmaschinenbau bekannt. Kaum zu überschauende Entdeckungen in Physik und Chemie mußten auf ihre technologische Umsetzung und Verwertbarkeit überprüft werden.

Vermutlich hatten einige Mitglieder der "Hütte" dann auch Exkursionen nach Mägdesprung, dem Mittelpunkt der Eisenindustrie im anhaltischen Ostharz, unternommen. Schließlich konnte man von Berlin aus seit 1843 auf dem Eisenbahnwege bequem Halberstadt erreichen, und von dort aus war es nicht weit zu Bergwerken und Betrieben in Rübeland, Blankenburg, Goslar, Clausthal-Zellerfeld oder Zorge. Auf jeden Fall reisten ehemalige und gegenwärtige Mitglieder der Berliner "Hütte" zum 10. Stiftungsfest ihrer Vereinigung Pfingsten 1856 nach Halberstadt. Die alte Domstadt ließ sich ja ebenfalls seit 1843 über Oschersleben und Braunschweig bequem aus dem westlichen Deutschland gut erreichen, wo die Industrie an Rhein und Ruhr Maßstäbe setzte.

"Am zweiten Festtag früh", berichtete Richard Peters, Hütteningenieur aus Hattingen an der Ruhr, "wurde die Fahrt nach Alexisbad vorgenommen, und zwar äußerst gemütlich auf Leiterwagen, die mit grünen Maien ausgeschmückt waren; mit etwas verrenkten Gliedmaßen und ohne die Wohltat eines Polsters auf der etwas holprigen Chaussee genossen zu haben, kamen wir glücklich bis zum Fuße der Berge und konnten noch auf dem Wagen selbst in ambulanter Versammlung die wichtigsten Punkte in betreff der Statuten beraten und den Verein förmlich konstituieren."

Auf der langen Leiterwagenfahrt über Quedlinburg und Suderode, neben Erinnern, Essen und Trinken, am qualmenden, lärmenden Mägdesprung vorüber, erörterten die jungen Ingenieure das Programm ihres Berufsverbandes, den sie zu gründen fest entschlossen waren. Es waren dreiundzwanzig Männer, die Pfingsten 1856 den "Verein Deutscher Ingenieure" ins Leben riefen, der in der BRD noch besteht, dessen Nachfolge in der DDR in gewisser Hinsicht die "Kammer der Technik" übernommen hatte.

Der Zusammenschluß sollte "ein inniges Zusammenwirken der geistigen Kräfte deutscher Technik zur gegenseitigen Anregung und Fortbildung im Interesse der gesamten Industrie Deutschlands" bezwecken.

"Mit großem Jubel zogen wir ein (=in Alexisbad, S.) ...", erinnerte sich Richard Peters, "Schnell wurden dort die Statuten noch einmal redigiert im Sinn der auf dem berühmten Leiterwagen gefaßten Beschlüsse, dann um 5 Uhr die Festversammlung eröffnet." Auf ihr wählte man den Vorstand, beschloß die Herausgabe einer wissenschaftlichen Zeitschrift und war auf Zulassung in Mitgliederwerbung in den verschiedenen Staaten des "Deutschen Bundes" bedacht.

An die Gründung des "Vereins Deutschen Ingenieure" erinnert leider heutzutage in Alexisbad nichts mehr. Die Statue eines jungen Mannes, die - auf hoher, kantiger Säule - zum 75. Gründungsjubiläum 1931 aufgestellt wurde, befindet sich seit 1981 vor dem Düsseldorfer Verwaltungsgebäude des Verbandes.

In ihrer jugendlichen Unbekümmertheit, begeistert von ihrem Vorhaben, vermute ich, werden 1856 die Ingenieure und Techniker kaum bemerkt haben, daß sie in einem Alexisbad tagten, von dem der Glanz des einst führenden Modebades im Harz und darüber hinaus längst und gründlich abgeblättert war. Knapp ein Jahrzehnt später schrieb der alte Wilhelm von Kügelgen - er war in Ballenstedt Hofmaler und Kammerherr der beiden letzten Herzöge von Anhalt-Bernburg gewesen - voll wehmütigen Erinnerns: "Wie war das sonst so anders, als der Herzog hier noch mit seinem Hof haushielt! ... jetzt ist alles tot und verlassen, Gebäude und Promenaden verkommen, außer uns und einigen Rüpels von Harzreisenden kein einziger Gast, die Wirtschaft so desolat, daß nichts zu haben war als Schnaps und schlechter Kaffee, und auf dem ehemaligen Lieblingsplatz der Herzogin lag Schmutz und altes Papier herum."

Das Alexisbad (Fotografie um 1910)

Wilhelm von Kügelgen hatte aber wenigstens im Herbst 1855, ein halbes Jahr vor der Tagung der Ingenieure, einen letzten gesellschaftlichen Höhepunkt in Alexisbad erlebt: König Friedrich Wilhelm IV. von Preußen (wegen einer Geisteskrankheit regierte für ihn seit 1858 dann sein Bruder Wilhelm) fuhr auf dem Weg ins Manöver mit seiner sechsspännigen Kutsche durch das romantische Tal der Selke.

Der Kammerherr mußte bei ihm die Abwesenheit des (ebenfalls geisteskranken) Landesherrn Herzog Alexander Carl von Anhalt-Bernburg (1805 - 1863) entschuldigen und zur Tafel den königlichen Gast und sein Gefolge bitten:

"Nach der Bouillon kamen kleine Pasteten. Der König sah Grimm (= den Generalstabsarzt, mit vierspänniger Kutsche, S.) an, doch dieser schüttelte mit dem Kopf ... nun wurden reizende blaue Bachforellen präsentiert; der König warf einen langen Kennerblick auf die leckeren Fische, sah wieder Grimm an ... und als dieser abermals schüttelte, besah der König die Schüssel noch einmal, wandte sich dann ab und stieß einen lauten Seufzer aus ... Eine herrliche kalte Pastete wurde abermals von Grimm abgeschüttelt, und endlich kam Kartoffelbrei, wovon der König etwas genoß. Darauf stand er auf ..." Ein lobendes Wort für die anhaltische - Militärmusik, und weiter ging es nach Stolberg.

Ich warte nicht auf Kartoffelbrei in Alexisbad, sondern auf das Ende des nachmittäglichen Regenschauers. Er wäscht prasselnd das Rot und Beige der Selketalbahnwagen vor der nahen Abfahrt nach Gernrode. Die heutige Gaststätte "Goldene Rose" hat alle Schicksalsfälle des Badeortes, wenn auch mit Umbauten, überlebt. Anfangs hieß sie schlicht "Die Rose" und war - nach der 1819 gedruckten Werbeschrift vom späteren Ballenstedter Hofrat Friedrich Gottschalck und ersten Badearzt Dr. Georg Curtze - "ein Aufenthalts- und Speiseort für Personen geringen Standes und für die Dienerschaft der Badegäste, welche sich hier auch mit Tanzen oder auf einer dabeiliegenden Kegelbahn belustigen können."

Kurzum: die vornehmen Besucher wollten unter sich sein. Nicht umsonst schrieb deshalb ein Reisender 1823: "Noch wäre wohl zu wünschen, daß es je länger, je mehr gelingen möchte, den Unterschied der Stände minder bemerkbar, minder unhold, unbehaglich und drückend zu machen, als solches bis jetzo hat glücken wollen."

Vielleicht waren "die Rüpels von Harzreisenden" die großen Scharen von Touristen, welche die Bahn nach Thale brachte und Pferdeomnibusse auch nach Alexisbad, über welche sich Wilhelm von Kügelgen ärgerte. Sie störten seine Erinnerungen an das exklusive Idyll im Selketal. Aber diese zahlenden Gäste brachten dem "Hotel zur goldnen Rose" wirtschaftlichen Aufschwung. Die Eisenbahn half nach 1887 tüchtig mit. Und zufriedene Besucher schrieben als unermüdliche Reimeriche in das Fremdenbuch:

"Hört ihr Leut und laßt euch raten:
in dieser Rose schmeckt der Braten
und das Gemüse ganz vorzüglich
dasselbe auf das Bier bezüglich.
Jedoch Hauptsache nicht vergessen:
die Kellner bringen schnell das Essen ..."

Nicht weit von der "Goldenen Rose" rauscht die Selke. Der Zug qualmt davon, aber in der würzigen, feuchten Luft und im Widerhall von den hohen Felswänden ist das Pfeifen der Lokomotive noch lange zu hören. Die kräftigen Sonnenstrahlen stechen auf die Haut. Sie glitzern blendend auf dem tropfnassen Blattwerk. Es wird nach uralter Wetterregel bald wieder regnen. In diesem felsigen Tal, am Ufer des Flüßchens, kann sich die Sommerwärme, dieser heiße Hauch von Trägheit und Lümmelei, nie auf Dauer einquartieren. Die Selke schäumt und strudelt um die zahllosen Steinbrocken. Der harzreisende Heinrich Heine schrieb, daß er "in das Bett der schönen, liebenswürdigen Dame" plumpste, sogar einen Pantoffel zurückließ. Und was erzählt er da von Walddornen, die ihm die Beine zerfetzt hätten? Über Alexisbad kein Wort. In seinem Aufzug, bei seiner Reisekasse war das keine Adresse. Und er wäre begegnet denen, vor welchen er in das Gebirge flüchtete: "Lebet wohl, ihr glatten Säle, glatte Herren! Glatte Frauen!"

Vor einen verschlossenen Stollen komme ich, aus welchem ein Rinnsal rostockernen Wassers über das steinige Ufer zur Selke hinab sickert und fließt. Selbstverständlich hatten schon die Bergleute des Spätmittelalters im Selketal Gesteinsproben gebrochen. Die Erfolge waren mäßig, aber Hoffnungen erneuerten sich immer wieder. Hier, am Habichtstein, ließ eine von Holländern finanzierte Gewerkschaft einen Stollen auf Silbererz vortreiben im Jahre 1691. Um diese Zeit schien sich auch im benachbarten Harzgerode, zu welchem heutzutage Alexisbad als Ortsteil gehört, die Silbergewinnung zu lohnen. Mit Schlägel und Eisen waren die Männer nach zwölf Monaten rund 1 500 Fuß in den Felsen vorgedrungen, doch sie stießen stets auf Schwefelkies von äußerster Härte. Nach sechs Jahren gab man enttäuscht auf. 1721 stützte man das verfallende Mundloch ab, ja 1759 wurde wieder Erz abgebaut, aus dem in Silberhütte Schwefel gewonnen werden konnte. Es war kein Betrieb auf Dauer.

Fürst Friedrich Albrecht von Anhalt-Bernburg (1735 - 1796), dem dieser Landstrich gehörte, ließ das dunkelgelbe Wasser, das aus den Stollen rann, von seinem Leibarzt Dr. Paldamus analysieren. Das Ergebnis: eine "arsenführende Eisensulfat - bzw. Vitriolquelle", ein Heilbrunnen! Bereits 1767 reisten die ersten Kurgäste an. In der nahen Konradsmühle - sonst nur für Mehl oder Öl zuständig - wurden Wannen aufgestellt, ein Dachgeschoß neuerrichtet. Wer trotzdem kein Unterkommen fand, wich nach Harzgerode aus, wohin der "Selkebrunnen" zum Baden gebracht wurde. Man mußte nur bezahlen können ...

39

Über dreißig Heilungssuchende (mit zwanzig Domestiken!) standen 1768 in der Gästeliste "des neuen Bades zu Harzgerode", welche in Quedlinburg gedruckt wurde. Und Dr. Paldamus veröffentlichte 1769 eine Abhandlung über beobachtete Heilungen. Die Kurgäste "reiseten über ihre Gesundheitsumstände zufriedner ab als sie angekommen waren; nach der Zeit haben sich doch aber keine wieder eingefunden. Warum? ist mir unbekannt", erklärte ein Reisender um 1780.

Alexisbad

Bains Alexis   **Alexis baths**

Über die Gründe kann man nur spekulieren. "Musik ist um billige Bezahlung zu haben; Spaziergänge hat die Natur in der ganzen Gegend bereitet ... und einen Arzt kann man nicht besser und geschickter verlangen als der Herr Hofmedikus Kühne (= in Harzgerode, S.) ..."

Vor einiger Zeit schaute ich aus dem Zug auf dem Bahnhof Elend. Einige Reisende warteten auf die Harzquerbahn, die aus der Gegenrichtung kommen mußte. Auch ein Mann im Ledermantel neben seinem Gepäck. Einige Wanderlustige kamen vorüber und erkundigten sich zurückhaltend, denn sie vermuteten wohl ein ernstes Ereignis, das zum Abbruch der Ferienzeit nach drei Tagen führte. "Hier ist nischt los!" sagte der Mann und schnippte seine Zigarettenkippe zwischen die Gleise.

Vielleicht war um 1780 für die zahlungskräftigen Badegäste im ruhigen Selketal auch "nischt" los.

Am 18. April 1806 wurde das Fürstentum Anhalt-Bernburg zum erblichen Herzogtum erhoben. Anhalt-Dessau und Anhalt-Köthen schafften das erst in Napoleonischer Zeit. Herzog Alexius Friedrich Christian (1767 - 1834), der seine Rangerhöhung durch den letzten deutschen Kaiser vor dem Zusammensturz des spätmittelalterlichen Reiches erfolgreich betrieben hatte, verfiel auf weitere Pläne, um Kapital in sein kleines Land zu holen. Dabei muß auch der vernachlässigte "Selkebrunnen" wieder ins Gespräch gekommen sein. Der junge Karl Ferdinand (von) Graefe, vorerst bernburgischer Leibarzt, doch seit 1810 dann Berliner Chirurgie-Professor, mußte ihn aufs neue begutachten. Graefe konstatierte das "eisenhaltigste Wasser" in Deutschland. Die Heilquelle sei "für die gesamte Menschheit" wichtig. Und ein 1809 von ihm veröffentlichtes Büchlein "Der salinische Eisenquell im Selkethale am Harz" auf dem die Titelvignette inmitten vieler Bäume ein bescheidenes Fachwerkhäuschen über der Quelle abbildete, verbreitete Vorzüge und Lobpreisung. Der Herzog konnte bürgerliche Geldgeber zu einer Art Aktiengesellschaft bewegen, in welcher sich wohl die Stimmen durchsetzten, die nicht nur zu einem simplen Baden in hölzernen Bottichen rieten.

Das Gelände wurde planiert, man vergab Bauaufträge für Bade- und Logierhaus, für den Salon und Nebengebäude. Zum Richtfest am 8. September 1810 überreichte die "Brunnendirektion" dem Herzog Verse wie:

"Hier ist es, wo im Bunde mit Najaden
auch Hygiea ihren Sitz gewählt;
wo, in der Flut des Heilungsquells zu baden,
der Kranke schmachtend die Minuten zählt."

Vorerst zählte man das knappe Geld. Findigkeit war gefragt. Eine Pumpe zum Fördern des schwefelgelben Wassers war zu kostspielig. Also verschloß man den Stollen mit einer Spundwand, staute an ihr das quellende Wasser bis zu einer Höhe, aus der es mit eigener Kraft durch Röhren "über hundert Schritt weit" zum Badehaus strömte. Ein Fuhrwerk schaffte täglich aus Suderode einige Fässer Sole herbei, um das Kurangebot zu erweitern.

Obwohl schon früh besorgte Gemüter fragten, ob es im kühlen Tal nicht ungesund wäre, kamen 170 Gäste in der ersten Sommersaison und nach sechs Jahren waren es über 700! 1817 wurde ein neues Badehaus gebaut in Alexisbad, denn zur Einweihung des Unternehmens am 12. Juni 1811 - dem Geburtstag des Landesherren - hatte Herzog Alexius der Namensgebung huldvoll zugestimmt.

Bewußt hatten die Unternehmer auf die Lust ihrer zahlungskräftigen Gäste am Amüsement gesetzt und an vielerlei Unterhaltungsmöglichkeiten gedacht. Der rasche Zuspruch gab ihnen recht. Und es darf nicht übersehen werden, daß nach 1812 in Mitteleuropa überall der Krieg tobte. Es gab Entbehrungen, Not und Verwüstung. Aber das abgelegene Alexisbad blieb ein Refugium. Was man entbehrte, weil die Treffpunkte der großen Welt wie Karlsbad oder Spa oder Pyrmont schwer zu erreichen und unsicher waren, bot das abgelegene Selketal, wenn auch im verkleinerten Maßstab.

Jeder Gast wurde mit einem Ständchen begrüßt, für welches die "Bergoboisten aus Eisleben" die Instrumente bereit - und die Hände aufhielten. Für die Tafelmusik pro Woche zusätzlich jeder Herr zwölf Groschen, jede Dame acht. Schwerkranke werden nicht auf Konzert- und Tanzmusik gewartet haben. Auch nicht auf die Spielbank, um "im Faro" (= eigentlich Pharao, S.) und auf dem Roulette das Glück zu prüfen. "Keine gewisse Stunde ist hiezu bestimmt, sondern die Anwesenheit von Freunden solcher Glücksspiele bringt Glücksrad und Karten in Gang. Besonders ist dies sonntags der Fall." Heute würde man sagen: Betrieb rund um die Uhr.

Trompeten riefen zum Tafeln in den Salon, einen Saal von vierzig mal sechzig Fuß Fläche. Ein Mittagsgedeck von vier bis fünf Gängen - zwölf bis sechzehn Groschen. "Weine aller Art ... sind beim Traiteur zu haben."

Für einen Groschen konnte man das gedruckte Verzeichnis der Kurgäste mit deren Zimmernummer in jeder Woche bekommen. Wer sich nur einige Tage aufhielt, wurde ohne Zimmernummer veröffentlicht.

Man konnte Kutschfahrten bestellen und verschiedene Bücher über die Umgebung, eine Karte vom Alexisbad mit "drei Meilen im Umkreise". Aus Quedlinburg kamen hübsche Romane wie "Guntram von der Erichsburg" (Ruine zwischen dem Bad und Friedrichsbrunn, S.) oder "Die warnende Erscheinung auf dem Runenfelsen" oder "Die Blutnelken am Falkenstein" ...

Die Post brachte Nachrichten. Ein Konditor stellte Verführerisches aus, ebenso zwei Modistinnen und ein Schmuckverkäufer. "Besonders angenehm ist es für Badegäste, hier Ansichten vom Alexisbade und den benachbarten Gegenden sowohl im Kupferstich, als auf Tassen, Dosen, Präsentiertellern, Pfeifenköpfen" zu erwerben. Das "Mägdesprunger Magazin" bot "tausend Gegenstände" wie antike Vasen, Leuchter, Kruzifixe oder Reliefs feil.

Jagdausflüge, täglich Tanz, Angeln, Scheibenschießen, Schaukeln - alles, was der Kranke begehrte, wurde - streng nach Preistabelle - veranstaltet. Junge Damen "werfen in hüpfenden Kreisen buntbebänderte Reifen in die Luft, um sie mit Stäben aufzufangen ... Eine Szene, in der die nymphenartige Gestalt mancher liebenswürdigen Dilettantin in ihrer Grazie auftritt." Vielleicht auch ein Kurmittel für ältere Herren. Aber aufgemerkt! - noch entweihen "keine Bajaderen das ehrwürdige Dunkel der abendlichen Promenaden, die nur das Domestiken-Personal belebt, das, nach den Mühen des Tages, die neuen Bekanntschaften in unschuldigen, erotischen Unterhaltungen kultiviert." Aber da traue ich dem reklamesüchtigen Domänenrat Krieger nicht ...

Herzog Alexius, der anfangs in einem rosenumwachsenen Pavillon wohnte, zog 1822 in sein "Schweizerhaus" um. Nach Entwürfen von Karl Friedrich Schinkel war ein modisches Stückchen Alpenwelt im Alexisbad erbaut worden. Es wurde noch während der letzten Kriegswirren 1945 zerstört.

Die Malerin Caroline Bardua (1781 - 1864) kam in jenen Blütejahren mit ihrer ebenfalls unverheirateten Schwester Wilhelmine oft während des Sommers nach Alexisbad. Sie war eine vorzügliche Porträtistin und fand hier wohl auch Kunden mit Geld und Geduld. Noch zu Beginn unseres Jahrhunderts wurden in der Berliner Galerie Gemälde von ihrer Hand als von Caspar David Friedrich (von welchem sie auch ein Bildnis hinterlassen hat) gemalt ausgegeben. Immer wieder zog es beide Frauen in ihre Heimat, nach Ballenstedt. Und im Alexisbad führten sie auch erfindungsreich Regie in "Tableaux", die noch Jahrzehnte später in den Erinnerungen der Teilnehmer und Betrachter erwähnt wurden. Mit kostümierten Badebesuchern arrangierten sie im Saal "lebende Bilder", welche mit effektvoller Kerzen- und Lampenbeleuchtung und unter Musikbegleitung bewundert werden konnten. Sie ersetzten Theateraufführungen, deren Kosten die "Brunnen-Direktion" scheute. Aber der durchreisende Carl Maria von Weber konnte schon einmal ein Konzert veranstalten ...

Zwischen der Selke und einer steilen Felswand gehe ich auch nachdenklich um die kleine Kirche. Der holzverschalte gelbe Rundbau mit flacher, dunkler Kuppel wurde 1815 zunächst als Kaffeehäuschen errichtet.

Vor mehreren Jahren geriet ich im Feudalmuseum Schloß Wernigerode vor das sehr schöne "Selbstbildnis der Caroline". Nach dem Wenigen, was ich über das Leben der einsamen, tapferen Frau wußte, war mir diese Dame im weitdekolletierten, hochmodischen Empire-Kostüm fremd. Caroline Bardua hatte Weihnachten 1846 in Ballenstedt durchgesetzt, daß 143 Arme und Notleidende nicht mit einem Honigkuchen, sondern mit einer warmen Mahlzeit - Fleisch und Reis - gespeist wurden. Im darauffolgenden Jahr (die Revolution kündigte sich an) waren es 600 Bedürftige, und die Malerin sammelte dafür mit ihren "Weihnachts-Tableaux" ... Auf dem Bild sah sie nur aus wie eine seelenlose Schönheit, die sich auch noch einen Eichenlaubkranz aufs Lockenhaupt gesetzt hatte.

Während ich dann über Schein und Sein philosophierte, entdeckte ich über der gemalten rechten Hand und sehr unscheinbar das Kirchlein vom Alexisbad. Das erkennbare Datum - 17. Juli - verriet den Namenstag des Herzogs Alexius, der im Selketal jährlich mit einem Ball und Feuerwerk begangen wurde. Und endlich unterrichtete mich das Tagebuch von "Minchen" Bardua, daß 1822 zur Alexisfeier die Herzogin von Anhalt-Köthen gefordert hatte, "daß die Damen bei Tafel in weißen Kleidern und mit Eichenlaubkränzen erscheinen möchten ... Die Herzogin von Coethen hat Caroline aufgefordert, sie zu malen. Da das Bild zum Geschenk für den Herzog von Bernburg bestimmt ist, will sie sich ganz wie am Alexistag kleiden und mit dem Eichenkranz, der ihr so gut stand, gemalt sein."

Nach 1945 geriet das wertvolle Bild auf das Schloß Wernigerode. Es stellt Julie von Brandenburg (1793 - 1848) dar. Diese Tochter des Preußenkönigs Friedrich Wilhelm II. mit seiner Mätresse Gräfin Dönhoff war mit Herzog Ferdinand von Anhalt-Köthen (aus der Linie Pless) verheiratet. Aber - auch wenn ich mir Mühe gegeben habe - das Gemälde wird als Reproduktion noch lange in Bücher, Kataloge und Ausstellungen geraten als Porträt der Caroline Bardua...

Alexius starb im Frühjahr 1834. Sein geisteskranker Sohn Alexander Carl (1805 - 1863) war regierungsunfähig; aber verheiratet wurde er. Um die bedrohten Geschicke des Alexisbades konnte er sich nicht kümmern. Die Konkurrenz zwischen den Badeorten und zu bereisenden Gegenden nahm zu. Der "Alexisbrunnen", ein "Säuerling", wurde 1829 entdeckt und zusätzlich gepriesen. Doch eine 1846 gedruckte Eisenbahnroute zur Harzdurchquerung, die Alexisbad berühren sollte, kam nicht zustande. Man erreichte ab 1862 Thale direkt von Berlin. Vorher gab es Züge, die von Köln oder Amsterdam Urlauber nach Harzburg brachten. Seesen am Westrand des Gebirges bekam seinen Bahnhof. Aber im Süden, zum Unterharz, fehlte solche bequeme, moderne Verbindung. In Alexisbad bekam man das zu spüren. Die Eisenbahn kam nur bis Erfurt! Von dort brachte ein mit Pferden bespannter "Eilwagen" täglich zweimal die Passagiere nach Nordhausen. Die Postkutsche von dort nach Quedlinburg - auch acht Stunden Fahrt! - fuhr im Sommer über Alexisbad.

Häuser und Promenaden verkamen. Dann pachtete der Berliner Arzt Dr. Richter das herzogliche Unternehmen. Seine "Kaltwasserheilanstalt" nahm Patienten das gesamte Jahr über auf. Wohnung, Speisung und Bäder - zwölf Taler pro Woche. Der alte von Kügelgen jammerte 1856: "Alexisbad ist jetzt an einen 'Wasserheilkünstler' verpachtet und wimmelt von einfältigen Patienten, welche ... sich die ganze Sintflut in den Leib ziehen." Aber in jenem Jahr waren Pfingsten auch die jungen Ingenieure versammelt.

Nach dem Erlöschen der herzoglichen Linie Bernburg im Jahre 1863 übernahm den Landbesitz Anhalt-Dessau und seit dem 1. Oktober 1865 auch wieder das Bad im Selketal. Das Angebot wurde um Fichtennadel-, Sol-, Moor-, Sonnen- und Luftbäder, um Kräuter-, Diät- und Wasserkuren erheblich erweitert. Die "Freundschaftsquelle" wurde geschäftstüchtig in "Schönheitsbrunnen" umbenannt, der den Teint verschönte. Die Selketalbahn brachte nun ein neues, gutbürgerliches Publikum herbei. Wenigstens tausend Badegäste jährlich kamen um 1900 dorthin, wo "kein eingeborener Schmutz oder Armut das Auge betrübt", wie es in Werbeschriften hieß. "Bemerkt zu werden verdient noch, daß Alexisbad von Epidemien bisher gänzlich verschont geblieben ist, und daß dort noch niemals der Blitz eingeschlagen hat ..." Sicherlich sehr beruhigend für nervöse Damen.

Die "Goldene Rose" bekam Konkurrenz. Die "Kurhotel GmbH.", deren Direktor 1913 als "Herzoglich-Anhaltischer Hoflieferant" firmierte, war auch "Station des Kaiserlichen und Magdeburger Automobil-Clubs" und verfügte über "elektrisches Licht". "Hotel Försterling" (sein Direktor war 1903 "Herzoglich-Anhaltischer Hoftraiteur") bot alle Bäder im Haus. Das "Elysium" hielt sich nicht nur für eine "vorzügliche Kaffeestation", sondern bot als Hotel garni Zimmer "von 1 Mark an" ...

Ende der zwanziger Jahre zählte man in Alexisbad, Mägdesprung und Harzgerode jährlich insgesamt rund 2 000 Kurgäste und 3 000 "Passanten". Erst nach 1945 änderte sich die soziale Struktur der Urlauber durch Gewerkschafts- und Betriebsferienheime.

Am späten Nachmittag wird es still in Alexisbad. Ich steige auf einem Weg auf die Felsen am östlichen Selkeufer. Noch zu Zeiten von Herzog Alexius wurde das Tal allmählich zu einer spätklassizistischen Parklandschaft umgestaltet. Man pflanzte Lindenalleen. Ruhebänke standen an Punkten mit pittoresker Aussicht. Die Mägdesprunger Eisenwerker gossen 1823 sechs Säulen mit einer Kuppel, die vergoldet wurde. Dieser "Louisentempel", der an die einzige Tochter des Herzogs erinnerte, bekam einen bevorzugten Platz. Er brach verwahrlost im September 1987 zusammen, wird aber jetzt neu errichtet. Es gab aber auch primitive Ausstattungsstücke. Wer den Aufstieg zu einer stimmungsvoll gelegenen Kapelle und Einsiedelei auf eine Klippe wagte, stand vor einer Bretterwand, die mit bemalter Kulissenleinwand bespannt worden war.

Ich schaue hinab auf Alexisbad. Ein früheres "Logierhaus" ist noch erkennbar. Viele Besucher betrachten das Ortsbild mit zwiespältigen Gefühlen und Ärger. In den Jahrzehnten der DDR wollte man mit Gewalt vielen Urlaubern im eigenen Land Aufenthaltsorte schaffen. Deshalb wurden Betonhochhäuser geschaffen, die den ursprünglichen Charakter des Ortes völlig zerstörten.

Am "Birkenhäuschen" schlendere ich vorüber und hin zur Klippe, auf dem die "Verlobungsurne" weithin sichtbar steht. Nach den kräftigen Schauern quellen Dunstschleier aus den Tälern, in denen sich die fernen, bewaldeten Bergkuppen allmählich aufzulösen scheinen. Ich setze mich an den Sockel des eisernen Pfeilers mit der Urne aus Mägdesprung. Namen und Daten sollen an sechs Paare erinnern, die sich an vier aufeinanderfolgenden Tagen im September 1845 verlobten: Caecilie - Caroline - Clementine - Friederike - Malwine - Pauline und Alwin - Bruno - Karl - Herrmann - Hugo - Otto; aber wer mit wem? und wann?

Ein rüstiger Herr eilt vor seiner schnaufenden Frau auf die Verlobungsurne zu. Er schleppt eine Videokamera auf der Schulter und schaut unwirsch in den dunstigen, heraufdämmernden Abend.

"Was sieht man denn hier noch?!" fragt er verärgert.

"Wie der Frühherbst mit der Nacht daherzieht."

"So."

Die Frau ist herangekommen, grüßt und klopft an den Eisenguß.

"Ich meine: speziell?" fragt der Videomann.

"Dort Harzgerode!"

"Da reicht das Licht nicht mehr aus ..."

"Nimm doch hier das Denkmal!" sagt die Frau als freundliche Aufforderung.

"Naja!" Der Kameramann mustert die Verlobungsurne und kommt gefährlich dem Abgrund nahe.

"Es ist alles zu still", sagt er schließlich: "Wieder kein Ton aufzunehmen, kein Vogel, nichts; können Sie jodeln?"

"Aber diese Vase ist von 1845!" sagt die Frau schnell, "Wenn das nichts ist!"

"Das ist ein Neuguß von 1962!" erkläre ich.

"Hab ich gleich geahnt!" sagt der Videomann und wendet sich, "Alles Schwindel. Komm!"

Es ist wieder alles still, und im Tal sind die ersten warmen Lichtfunken. Joseph von Eichendorff, der als junger Mensch durch diesen Teil des Harzes wanderte, schrieb später in jener Stimmung:

"Schweigt der Menschen laute Lust:
Rauscht die Erde wie in Träumen
wunderbar mit allen Bäumen,
was dem Herzen kaum bewußt,
Alte Zeiten, linde Trauer,
und es schweifen leise Schauer
wetterleuchtend durch die Brust."

VOM RAMBERG HINAB NACH GERNRODE

"In fremder Länder Ferne
wird Victors-Höh' erblickt
gleich einem neuen Sterne,
der Anhalts Himmel schmückt...
Entglüht wird deinem Fuße
spät Anhalts Enkel nah'n
mit stillem Ehrfurcht-Gruße..."

Friedrich Wilhelm Gutsmuths

Viktorshöhe (um 1860)

Zum Rambergmassiv quoll im Tertiär Magma pilzförmig an die Erdoberfläche und erstarrte. Nachdem weiche Schichten verwitterten und von Wind und Wasser abgetragen wurden, ist der kuppelförmige Granitkern übrig. Auf ihm wandere ich stundenlang durch frühherbstliche Buchenwälder, in derem flirrenden, rauschenden Blätterwerk erste gelbe und rotbraune Töne aufleuchten, und durch das feuchte Dunkel hoher Fichten.

Die Viktorshöhe ist nur 561 Meter hoch, belohnt aber mit einer gemütlichen Gaststätte den Wanderer. Und: die Viktorshöhe war einmal höher - 22 bis 27 Meter. Leider haben die Reiseschriftsteller vor der Meterkonvention - vermute ich - sich nicht geeinigt, ob sie den Aussichtsturm in rheinischem, preußischem oder anhalt-bernburgischem Fuß messen sollten. Letzteres wäre richtig gewesen, denn auch hier ließ der auf Fremdenverkehr bedachte Herzog Alexius zimmern, und 1829 taufte er das schlichte Balkenwerk nach seinem Großvater Victor Friedrich (1700 - 1765). Wer sich 107 Stufen hinaufwagte, hatte die im vorigen Jahrhundert - neben Brocken und Hexentanzplatz - berühmteste Harzsicht. Zu Anhalt gehörte zwar nur ein Zwölftel des Unterharzes, aber von diesem Turm aus sah man, wenn den begeisterten Fernsehern getraut werden darf, die Residenzen Zerbst, Köthen, Dessau, Bernburg und weiter bis Coswig, Erfurt, Magdeburg und Wolfenbüttel! Vorbedingung: Petrus hatte das richtige Programm eingestellt ...

> "Ward nicht die Hoffnung unsres Landes,
> die Zierde seines hohen Standes,
> Prinz Friedrich Albrecht auch durch
> Huld für uns bewegt,
> daß er, aus Trieb zu stillen Freuden,
> die nicht der Großen Höfe leiden,
> jen' Einsiedlei hier angelegt?"
> Johann Friedrich Leberecht Reupsch (1760)

Der Gernröder Poet meinte ein schlichtes Jagdhäuschen an der großen und kleinen Teufelsmühle unweit der späteren Viktorshöhe. Bei jenen übereinandergetürmten Granitblöcken hatte schon der Vater des erwähnten Prinzen, also wieder Victor, ein schmales Bretterhäuschen mit einer Treppe als Lug-ins-Land bauen lassen. Aber mit der entscheidenden Tat Alexius' kam nun auch die Sage von der Teufelsmühle in Umlauf. Nach allerlei Untersuchungen war der Ramberg schon seit alters eine verrufene Gegend. Sein Name wurde von Raben hergeleitet, Raben, die hier auf einer Gerichtsstätte grausiges Mahl hielten. Schon hieß es, der große Felsbau wäre der Richterstuhl des Satans gewesen, vom kleinen hätte sein Henkersknecht die unbotmäßigen Mitarbeiter hinuntergestürzt. Nach der Turmtaufe nutzte Friedrich Bartels die Konjunktur und ließ 1837 seinen zweibändigen Schauerroman "Die Teufelsmühle auf dem Ramberg" erscheinen. Und heute erzählt man von dem Müller, der sich von einem willigen Teufel eine Mühle auftürmen ließ, aber ihn betrog, so daß der rußige Gesell mehr als bockbeinig die Bausteine verstreute. Fabelhaft alles. Und überhaupt - eine Mühle auf der Granitkuppe? Nein. "Steingemülle" ist der später falschverstandene, spätmittelalterliche Begriff für herumliegenden, steinigen Schutt...

> "Victorshöhe, Victorshöh'
> grüßt die Havel und die Spree
> Schwinge deine Tannenfahnen!
> Bernburgs, Zollerns Bären-Ahnen
> jauchzen: Deutscher Kaiser Heil!"
> Oberpfarrer Rauh, St.Nicolai, Potsdam (1871)

Im Südwesten der Viktorshöhe treffe ich auf die stille Rambergstraße, verlasse sie aber gleich wieder, denn am "Bärendenkmal" beginnt der "Bärweg", der durch ausgedehnte Wälder zum Haltepunkt Sternhaus-Ramberg führt.

Der Stein erinnert an den letzten Bären, der im anhaltischen Harz am Ende des 17. Jahrhunderts erlegt wurde. Obwohl das Tier allgemein als Wappenfigur Anhalts noch bekannt ist, führten es die Askanier keineswegs in den ersten Jahrhunderten ihrer Herrschaft. Der Bär läßt sich erst 1323 auf einem Wappenschild nachweisen. Zumeist in Verbindung mit Mauer und einem bis fünf Türmen geriet der anhaltische Bär in Stadtwappen wie Güsten, Gröbzig, Güntersberge, Radegast, Roßlau; aber nicht auf den Schild von "Bärnburg".

> "Oftmals hört er hier im Mondenschein
> friedevoll die Abendmelodein
> liebetrunkner Vögel im Gesträuche
> und der Frösche Schwarm im fernen Teiche."
> Gotthelf Wilhelm Christoph Starke (1793)

Der Ballenstedter Hofprediger, denke ich, wird ein Idyll wie den Bremer Teich am Bärweg auch in seiner Erinnerung gehabt haben, als er die Verse schrieb. Wasser und Wald, Licht und Dunkel, Offenes und Verborgenes in Harmonie.

"Herrschaftliche Häuser", wenn auch nur kleine Jagdhütten, ließ sich der Adel anlegen. "Das Spiegelsche Haus ist ... nett; die Benennung hat es daher, daß es vorzüglich dem Herrn Domdechanten etc. von Spiegel zu Halberstadt gewidmet, welcher auch oft, winters und sommers, hier seinen Aufenthalt nimmt; ohne alle Komplimente nach seinem Gefallen mit seiner Bedienung ankommt und solange bleibt und sich mit der Jagd vergnügt, als ihm gefällig ist."

Es gab um 1780 auch ein "Russisches Haus", ein Blockhaus, und den landwirtschaftlichen Hof "Dammersfelde" besorgten Schweizer Mennoniten, die in Anhalt Zuflucht gefunden hatten: "Die Männer scheren sich den Bart nicht" und "machen da Schweizerkäse; von der Milch, die dazugenommen wird, wird keine Butter vorher abgezogen."

Im ausgehenden 18. Jahrhundert hatte die Aufsicht über den einsamen Spiegelshof der Wirt des "Sternhauses". An jenem Kreuzungspunkt von sieben Wegen lohnte schon der Betrieb eines Wirtshauses, als man noch nicht als Ausflügler - wie heutzutage - mit dem Auto oder der Eisenbahn anreisen konnte. Die Selketalbahn erreicht hier - sieben Kilometer nach Gernrode - mit über 400 Metern den höchsten Punkt ihrer Streckenführung. Die Bahn - immerhin wurde ihr Bau öffentlich bereits 1846 angeregt - entstand ab 1886. Ihren Namen trägt sie zu Recht, denn sie begleitet rund 25 Kilometer lang den Flußlauf, aber ursprünglich sollte sie von Aschersleben aus über Meisdorf das gesamte Selketal durchfahren. Doch die Asseburger auf Schloß Meisdorf und dem Falkenstein waren dagegen, und - dort war Preußen!

Durch die stillen, wildreichen Wälder des Ramberggebietes komme ich zum "Neuen Teich". Alle Wasserläufe plätschern nun schon nach Norden, und im Kalten Tal immer schneller vom Gebirge herab, hinein in das fruchtbare Vorland. Die gegenüberstehenden Preußischen und Anhaltischen Saal(Sattel-)steine erinnern, daß man (vergessenes) Grenzgebiet erreicht.

Bad Suderode, dessen Kurpark sich in das Kalte Tal erstreckt, und Gernrode sind inzwischen derart miteinander zusammengewachsen, daß der Ortsfremde Schwierigkeiten hat, die Trennungslinie zu finden. Das sind die Feriengäste und die Kurpatienten aus dem bedeutenden Kliniksanatorium "Willi Agatz" (eingeweiht am 1. Mai 1962). Und in diesem Zusammenhang muß man wieder anhaltische Historie bemühen:

Im Kliniksanatorium behandelt man vorwiegend Lungenerkrankungen, wobei auch Sole aus einer alten Bohrung, ständig im "Quellenlabor" untersucht, zur Anwendung (auch zur Inhalation) kommt. Eine heilkräftige Quelle in dieser Gegend ist schon aus dem Jahre 1480 bekannt. Im benachbarten Stecklenberg kann man im Vorüberspazieren ebenfalls aus einem Heilbrunnen trinken. Die Suderöder Quelle kam aus einem aufgegebenen Salzbergwerk. Es verursachte Streit zwischen dem Stift Quedlinburg und Hoym, der 1570 durch Vergleich beendet werden konnte:

das Bergwerkgelände behielten die Stiftsdamen. Als der Kurfürst von Sachsen 1697 heimlich das Stiftsgebiet an Brandenburg verkaufte, wurde 1701 alles königlich-preußisch; Suderode sowieso. Friedrich II. versuchte, den Ort durch eine nach ihm benannte Kolonie zu vergrößern, aber das behinderte das nahe Anhalt. Im Jahre 1820 wurde die Sole analysiert. Ergebnis: "zwei Teile Küchensalz, zwei Teile saurer Kalk". Durch Heilungsberichte wurde Herzog Alexius, dessen Alexisbad hervorragend florierte, aufmerksam. Er ließ täglich Sole über das Ramberggebiet in sein Bad fahren, um das Gesundbrunnen-Angebot zu vergrößern.

Auf die Dauer war das Verfahren wohl zu aufwendig. Und am 31. März 1827 kaufte der Herzog die Quelle samt umgebendem Forstrevier und Flur (14 Morgen 15 Quadratruten) von Preußen, ließ Grenzsteine setzen, den Brunnen reinigen, eine Pumpe und übliche Inschrifttafel anbringen. Die Kurgastliste gab es bereits seit 1826. Eine "anhaltische" Untersuchung ergab jetzt: Keine Quelle Europas enthält mehr "salzsauren Kalk"! Aber erst nach dem Niedergang von Alexisbad stieg Suderode durch private "Kur- und Bade-Localitäten, geschmackvolle Zimmer und Säle" zu einem vielbesuchten Ort auf. "Mein zunächst dem Bahnhofe gelegenes Hotel mit neuangelegtem Garten, Billardsalon und anderen Annehmlichkeiten (Wiese, Spielplätze, grosser Teich zum Schwimmen und Baden eingerichtet)" empfahl der eine Besitzer 1887, der andere "Garten, Veranden, Balcons, eigene Badeanstalt" für "civile Preise".

1898 wurde die Sole, die der bernburgische Alexius pietätvoll Beringerquell getauft hatte, durch eine Röhrenleitung in das "Kommunal-Badehaus" geleitet. Man konnte sie - mit "pikant und salzig-bitterem" Geschmack - auch trinken. Aber die nach den Gründerjahren reichgewordenen Bürger kamen ja nun nicht der Sole allein wegen. hier ist ein Suderöder Stimmungsbild um 1890: "Wo das eigentliche Dorf aufhört, beginnt das aus Villen, Gasthöfen, Verkaufsbuden, Wegweisern, Ruhebänken, Schokoladeautomaten, betressten Hausknechten, Omnibussen und sonstigen Sehenswürdigkeiten sich zusammensetzende Suderode ... Die Fortsetzung bilden ... stanniol- und papierbesäte, stark ausgetretene Promenadenwege, deren Ränder mit buntblusigen Mägdlein garniert sind, welche da lesen, Feldblumensträuße binden, mit den knallroten Sonnenschirmen sinnige Figuren in den Sand zeichnen und jedesmal überrascht aufblicken, wenn mal ein Mannestritt die traumhafte Stille stört."

Neue medizinische Erkenntnisse werteten 1910 die Chlorkalziumquelle auf, 1911 wurde das Inhalatorium eingerichtet, 1913 kam die Anerkennung "Bad Suderode", im darauffolgenden Kriegsjahr gab es erstmals Trinkkuren zur Kalziumtherapie.

Auf dem Stubenberg

"... und folge mir in jenes Waldrevier
zum Stubenberg, den Alpenluft umflügelt ...
Südwestlich, Poussins Zauberbildung wert,
türmt sich der Harz zu Pyrenäengröße,
dort neben Ziegen weiden ungestört
gemskühne Lämmer an der Felsen Blöße;
im Blachfeld trägt, von Stürmen unempört,
der Bode Silberfurche Tannenflöße ..."

Friedrich Albrecht Franz Krug von Nidda (1820)

Ludwig Richter: Der Stubenberg bei Gernrode (um 1835)

Auf dem Stubenberg stand - nach Ludwig Richters Stahlstich - ein hohes "Lusthaus", von dessen Veranda man hinab auf die ehrwürdige Stiftskirche und weit ins Harzvorland blickte. Im Vordergrund hält eine fröhliche Gesellschaft aus alt und jung Picknick (eine Magd bringt Kanne und Schüssel vom Wirtshaus herüber) oder spielt Blindekuh. Hier war der "Vergnügungsort" der Gegend, am Wochenende kamen die Bürger von Quedlinburg und Ballenstedt herauf.

Gelobt wurden die Forellen und das "Birkenwasser", eine im 19. Jahrhundert beliebte Mischung aus Birkensaft, Wein, Zucker und Zitronensaft, die mancher über den Sekt stellte! Und es gab kostenlos die herrliche Aussicht vom Stuffenberg (abgeleitet von einem nebulösen Stuffo), vom Stubenberg (weil hier das Holz für die Badstube geschlagen wurde). Heinrich von Kleist fühlte sich nachts wie auf einem "Kirchhof", als endlich die Sonne aufging, "daß ich ein Paradies vor mir hatte". Und wer dies nicht sehen wollte? "In dem Wirtshaus selbst ist für die, denen die reizenden Gegenden keine Unterhaltung gewähren, mancherlei zu finden, was zur Beförderung des Vergnügens dient als: eine Schaukel, ein Klavier, das Ringstechen usw." las man um 1800.

Ich schaue weit über das Land, auf dem die Ernte heranreift. Ein erstes Abschiednehmen, ob ich es wahrhaben will oder nicht. Der liebgewonnene Unterharz mit vielen "anhaltischen" Erinnerungen liegt schon hinter mir.

> "Dort Quedlinburgs hochtürmende Abtei
> gleich der Alhambra maurischen Arkaden;
> im Vordergrund Gernrodas Siedelei
> verhüllt im Blütenschmelz und goldnen Saaten,
> den Wiesenplan gehäuft mit frischem Heu,
> und Dörfer, die zu ... Ruhe laden."

Herr Krug von Nidda, der in den Bauten am nördlichen Harzrand "Maurisches" sah, hätte richtiger "Byzantinisches" erblicken müssen. Für Otto II. (955 - 983), den Thronfolger des weströmischen Reiches, bemühten sich die Diplomaten im Auftrage seines Vaters Otto I. um die Hand der Prinzessin Anna, Tochter des oströmischen Kaisers Romanos II. von Byzanz. Die Werbung wurde zurückgewiesen: keine Kaisertochter! Höchstens die Nichte des regierenden Johannes Tzimiskes... Am 14. April 972 wurde in Rom der Ehevertrag zwischen Otto und Theophanu beurkundet. Mit dem Gefolge, mit dem Brautschatz kamen zahllose Anregungen der blühenden byzantinischen Kunst in diesen Landstrich.

Von Otto I. (912 - 973) war Gero 938 - nicht unangefochten - zum Markgrafen zwischen Saale und Bode erhoben worden. Dort war die Reichsgrenze vor Slawenstämmen und den Ungarn, die nach Westen drängten, zu sichern. Die Sage vom Mord an dreißig wendischen Fürsten ist ein Hinweis, daß dabei jedes Mittel recht war. Aber Gero erwarb sich Gunst - und damit auch Besitzungen. Ein erster Schicksalsschlag: der Sohn Gero starb jung; ein letzter: auch sein zweiter Erbe Siegfried kam im Kampf um. Dessen Frau Hathui war mit zwanzig Jahren Witwe. Kinderlos. Kampf, Ränke, blutiges oder listiges Streben nach Macht - für wen? Der Besitz, sichtbares Ergebnis dieses Namens sollte zusammengehalten werden und weiter von Gero künden.

Auf seiner Besitzung Geronisroth, auf seiner (nichterhaltenen) Burg stiftete der alte, enttäuschte Markgraf eine geistliche Gemeinschaft - kein Kloster! - und setzte seine Schwiegertochter Hathui, eine Nichte der Königin Mathilde, als Äbtissin ein. Aus seiner früheren Klostergründung Frose mußten die Mönche weichen. Sie wurde eine Propstei und Gernrode unterstellt. Die eigenen Ländereien und bedeutende seines Sohnes Siegfried, die jener als Patengeschenk von Otto I. erhalten hatte, fügten sich zu einem kleinen Reich, dem dann im Laufe der Zeit 23 Orte, 388 Einzelhöfe und 14 Patronatskirchen angehörten. Davon lebten allein in Gernrode die Äbtissin und 24 Kanonissinnen, mehrere Chorherren und die Dienstmannen. Stift Gernrode nahm nur adelige Frauen auf, die ohne Gelübde, ohne Klausur, sich neben den Gottesdiensten der Erziehung und Bildung heranwachsender Adelstöchter widmeten.

Niemand wußte besser als Gero, daß Reichtum allein keinen Bestand hatte, er mußte unbedingt auch dem Zugriff der umwohnenden Neider entzogen werden. Er erreichte, daß die Stiftung unmittelbar dem Kaiser unterstand. Gero pilgerte nach Rom zum Jahresende 963 und bewegte den Papst, daß diesem - ohne jeden Einspruch durch einen anderen geistlichen Würdenträger - die Aufsicht zukam.

Am 20. Mai 965 starb der Markgraf, sicherlich im stärkenden Gefühl, alles noch Mögliche getan zu haben, um sein Andenken zu festigen. Eine Tumba bildet ihn als Ritter mit Schwert und Lanze ab, ein Werk von 1519. Vermutlich zeigt ein aufbewahrtes Tafelbild aus jener Zeit die ursprüngliche Grabplatte. Gero wurde bereits innerhalb der Stiftskirche, die nach einer römischen Reliquie dem Heiligen Cyriakus geweiht war, beigesetzt. Um das Jahr 1000 wird der Bau vollendet worden sein, doch schon im frühen 12. Jahrhundert ließ das reiche Stift einen Umbau beginnen. Nicht nur durch Liegenschaften mehrte sich der Besitz. Bis in das beginnende 15. Jahrhundert bekam beispielsweise die Äbtissin beim Tode eines Bauern die Hälfte seiner "fahrenden Habe", danach immer noch das "zweite Besthaupt" seiner Tiere.

Nach dem Tod Hathuis (1034) blieb die Reichsunmittelbarkeit erhalten, aber die Grafen von Ballenstedt, die Askanier, wurden Vögte, Schirmherren, bis sie nach 1521 - als mit der reformatorischen Bewegung eine andere Stiftsverfassung eingeführt wurde - sich als Besitzer fühlten und gaben, obwohl eine förmliche Belehnung erst 1728 erfolgte.

Im "ältesten Haus in Anhalt" (so lernten die Schüler aus dem Lesebuch um 1900 die ehemalige Stiftskirche, die nach der Reformation auch Dorfkirche wurde, obwohl ein älterer Bau dafür vorhanden war, kennen) ist als kunstgeschichtliche Kostbarkeit das älteste erhaltene Beispiel einer Heiliggrabkapelle zu bewundern. Obwohl keine Nachrichten überliefert sind, gehörte der zweiräumige Bau mit Figuren und ornamentalem Schmuck zu einem liturgischen Spiel über das Osterfest, über die Auferstehung Jesus von Nazaret aus seinem hier nachempfundenen Grabgewölbe.

Eine hochzuschätzende Leistung des Herzogtums Anhalt (von Bernburg begonnen, unter Dessau vollendet), ein "Meilenstein in der Entwicklung der Denkmalpflege" wurde die Restaurierung der Stiftskirche unter Ferdinand von Quast und dem Baurat Starke zwischen 1858 und 1872. Ihr Ergebnis, das auch mancherlei Ergänzungen brachte, ist nun längst wieder ein Objekt der Denkmalpflege.

Als Eduard Meyerhein 1825 ein Gemälde schuf von dem Gotteshaus als romantischen Winkel, gab es Fachwerkanbauten, ein Kreuzgangflügel stand noch. Sieben Jahre später verkaufte man Stiftsgüter samt Kirche als Domäne. Die Decke des südlichen Seitenschiffes wurde Kornboden, die Krypta Kartoffelkeller, im Kreuzgang stand das Vieh. Rund 400000 Mark wurden zur ersten Restaurierung ausgegeben, aber die folgenden Jahrzehnte, heutzutage jedes Jahr, verlangen neue Aufwendungen und Anstrengungen...

Gernrode besaß 1549 städtische Rechte. Das Langhaus seiner Stephanuskirche baute man 1847 zur Schule um. Im vorigen Jahrhundert wuchs ein Zentrum der Zündholzproduktion; selbstverständlich gab es Markgrafen-, und Askania-Streichhölzer. Als die Selketalbahn in Gernrode ihren Ausgang nahm, wuchsen Betriebe. 1892 erreichte von hier aus der erste Zug Hasselfelde. In Anhalt war man etwas voraus; die Harzquerbahn, an die später Anschluß erreicht wurde, eröffnete ja erst 1899.

Der Aufstieg zum Kur- und Erholungsort begann nach der Jahrhundertwende. Das "Otto-Bad" warb als "Seebad des Harzes", "Schrader's Badeanstalt" mit Eisen- und Kohlesäurequellen. Besonderheiten, wie zwölf Töchterheime, eine bis zum Abitur führende Mädchenschule, ein "Seminar für Turn- und Sportlehrerinnen", machten schließlich Gernrode zur "lieblichen Jungmädelstadt" (1931): "aus aller Herren Länder treffen die jungen Mädchen hier zusammen, um eine sorglose Zeit zu verbringen", "überall trifft man die Schar der Braunen und Blonden, die es sich hier gut sein lassen".

Ein letzter Blick hinauf zur Stiftskirche, die in der Abendsonne seltsam schimmert vor dem hochaufsteigenden dunklen Wald. Obstplantagen. Die Kirschen, schon vor Jahrhunderten gelobt, sind längst geerntet, nur die Äpfel warten auf fleißige Frauen, deren Vorbild Goldmarie ist.

BALLENSTEDT, HOYM UND EIN VERGESSENER SEE

An der Getel, dem "anhaltischen Mäander", liegt Ballenstedt. Um 1710 konnte sein Kupferstich-Prospekt auf einem schmalen, aber langen Streifen untergebracht werden: ganz links das ummauerte Städtchen mit zwei Toren, ganz rechts (und auf hohem Berg) das Schloß mit Vorwerk und Garten; zwischen ihnen füllte das mittlere Drittel der Graphik (abgesehen von wenigen Häuschen der "Neustadt") nichts als ein unbefestigter Weg. Um jene Zeit konnte man innerhalb der Stadt von Mauerresten auf ein einstmals "ansehnliches Werk" schließen, denn dort (und nicht auf dem Berg!) stand die Stammburg der Ballenstedter Herren. Ihr Schild zeigte goldene und schwarze Balken, die kleine, aber wehrhafte Siedlung war ihr "Balkenstedt". Zwischen 1434 und 1520 galt der Ort mal als Flecken, mal als Dorf; vermutlich wurde er 1543 wie das nahe Hoym zur Stadt erhoben.

Auch hier sprudelte im Mittelalter eine kräftige Quelle für die "Badestube". Diese und ähnliche Straßennamen erinnern mich beim Spaziergang an die Altstadt, auch Fragmente der Befestigung, doch die schlechte Bausubstanz hat viele freie Flächen entstehen lassen. Schon vor zweihundert Jahren bemängelte ein Reisender "viel kleine, niedrige und schlechte Häuser", aber befand auch: "Prächtige Häuser hat Ballenstedt wohl nicht, aber die Leute sind in den kleinen Häusern größtenteils gut gesinnt ..."

Von der stillen Altstadt komme ich in das geschäftige Treiben der gewachsenen Neustadt, und nun folgt - wie auf der 1710er Ansicht - eine schnurgerade Straße, eine Allee, die anfangs allmählich, dann steiler auf den Schloßberg führt: 1705 mit Linden bepflanzt, 1804 werden Kastanien genannt, später auch Pappeln, 1901 lobt man einen Kilometer Promenade unter Kastanien. Ich spaziere in der Mitte der Allee und stelle mir vor, wie sauer einst einem Bittsteller der lange, ansteigende Weg hinauf zur Herrschaft gefallen sein muß. Freilich hatte jemand, der sich nahte wie ich, schon bei der Schloßwache alle Gunst verscherzt: "Der Fahrweg in der Allee selbst steht nur der Herrschaft offen; auswärts aber geht nebenan ein andrer, den jedweder fahren kann."

Residenzschloß Ballenstedt (um 1830)

In Nr. 38 wohnten die Malerin Caroline Bardua (1781 - 1864) und ihre Schwester Wilhelmine, die gewissenhafte, nachdenkliche Tagebuchschreiberin. Im "Seelhorstschen Haus", am Ende der Allee zum Schloß, ist das sehenswerte Heimatmuseum, gegenüber befindet sich der "Große Gasthof", früher Ausgangspunkt ungezählter Harzreisen. Der "Große Gasthof " - 1733 als Jagd- und Zeughaus gebaut - " ist drei Geschoß hoch, hat in der Mitte des zweiten Stocks einen vortrefflichen Saal, den ein ausgetäfelter Fußboden, Spiegelsäulen, worauf die Logen ruhen, und ein Kronleuchter zieren, und der zu Schauspielen, Maskeraden und Bällen gewidmet ist ."

Bevor Streiflichter auf die "Geselligkeit" in dieser Residenz fallen, soll ihr Mittelpunkt vorgestellt werden. Ein Stift soll auf dem späteren Schloßberg im 2. Viertel des 11. Jahrhunderts durch den Ballenstedter Grafen Esico gegründet worden sein, das 1123 in ein Benediktinerkloster umgewandelt wurde. Am Nordharzrand lagen auch geistliche Gründungen wie Ilsenburg, Huysburg, Quedlinburg auf geographisch exponierten Orten. Zerstörungen erfuhr das Kloster 1525 im Bauernkrieg, im Dreißigjährigen Krieg wurde auch die Stadt heimgesucht. Aus Erhaltenem, Umgebautem und Hinzugefügtem aus vielen Epochen besteht das heutige Schloß Ballenstedt, das erst im Jahre 1765 durch Friedrich Albrecht von Bernburg (1735 - 1796) zur Residenz erklärt und eingerichtet wurde.

Der junge Fürst hatte wohl recht unterschiedliche Beweggründe zu jener Verlegung. Er war - als großer Freund der Jagd - nahe an seinen Wäldern, konnte sich bequem und schnell um den Aufbau der Eisengewinnung und -verarbeitung als seinem eigenen Unternehmen kümmern. Und er sah seine Residenz nach seinen Vorstellungen und als sein Werk wachsen. Er schrieb die Architektur vor. Im Jahr 1788 konnte sein Theater unterhalb des Schlosses, in der Achse der Allee, eröffnet werden. Schon vorher gab es ein fürstliches Orchester, in welchem "Jagdhoboisten" und Verwaltungsbeamte, die sozusagen im zweiten Beruf Violine oder Baß spielen mußten, vereint waren. Nun standen reisende Schauspielgesellschaften im Rampenlicht aus 128 Öllampen und Kerzen, oder Mitglieder der Hofgesellschaft produzierten sich als dramatisch-musikalische Talente.

Die Leistungen der Berufskünstler stiegen im 19. Jahrhundert und machten das Ballenstedter Hoftheater zu einem Zentrum des Musik- und Theaterlebens. Im April 1845 fand die Uraufführung von Albert Lortzings "Undine" in Magdeburg statt, aber im Jahr darauf dirigierte der Komponist seine Oper (in Dekorationen nach Entwürfen von Moritz von Schwind) in diesem - wieder restaurierten und benutzten - Theater. 1852 leitete Franz Liszt ein Musikfest, zu welchem 80 Orchestermusiker und 200 Sänger zusammenkamen. Auf dem Programm (neben Beethoven): Mendelssohn-Bartholdy (gerade 1847 gestorben), Berlioz, Wagner (derzeit steckbrieflich gesucht im Zusammenhang mit der Revolution 1848/49), alles Zeitgenossen, deren Musik zum Teil sehr umstritten war!

Nach der Wiedereröffnung 1889 spielten die Dessauer Hofoper und das Hoftheater bis 1918. Sechs Jahre darauf versuchte man es mit "Sommerfestspielen", auch Gastspielen bis 1945. Schon am 3. September 1945 fand eine erste Operettenvorstellung eines ortsansässigen Theaters statt, das bis 1949 bestand. Heute finden im restaurierten "Hoftheater" Konzerte und Aufführungen der Ensembles von Bernburg, Quedlinburg und Eisleben statt.

Der erwähnte Wilhelm von Kügelgen (1802 in Petersburg geboren, 1867 in Ballenstedt gestorben; Wohnhaus und Grab sind erhalten) hatte 1833 den Herzog Alexius um die Stelle als Hofmaler gebeten, sie auch bekommen. Ein Jahr später starb der Herzog, Kügelgen wurde als Kammerherr nun auch eine Art Aufseher und Gesellschafter des Herzogs Alexander Karl (1805 - 1863), der geisteskrank und regierungsunfähig war, was man zu verharmlosen suchte. Man verheiratete den neunundzwanzigjährigen Herzog sogar noch mit der wohl ahnungslosen Friederike von Holstein-Sonderburg-Glücksburg. Diese Verbindung war niemals eine Ehe. Kügelgen gab seinem Bildnis der Heiligen Cäcilie Porträtähnlichkeit mit der jungen Herzogin.

Hofleben 1846. Wilhelmine Bardua klagt: "An den Dienstagen ist unser Hofdienst jetzt immer besonders schwer. Von 3 bis 6 ist der Wohltätigkeitskaffee bei der Herzogin ... Dann müssen wir gleich hinüber zum Herzog zum großen Dienstags-Quartett ... Der Herzog stellt sich in das Fenster des Musikzimmers ... Jeder vertreibt sich die Zeit ... Der Hofprediger studiert einen neuen Taschenkalender ..., Herr v. Hellfeld löst ein Rätsel in einer illustrierten Zeitung, Fräulein v. Bornstedt häkelt Kinderjäckchen für den Frauenverein ..."

Kügelgen unterhielt auch (warum noch?) mit einem Wachsfigurenkabinett, das Mitglieder dieser Gesellschaft bildeten. Ging er in den Schachklub im "Großen Gasthof", hockte er wieder in diesem Kreis um den Hofmarschall von Seelhorst. Der Herzog fragte Tag für Tag abends Caroline Bardua, ob Sie schon sein Goldfischbassin gesehen habe: "... und wir unterhielten uns - wie jeden Abend Punkt halb 7 Uhr - von den weißen und den roten Fischen." 1851: " ... beim Herzog (wird) jetzt jeden Abend Schwarzer Peter gespielt. Alle Abend! - das ist nicht leicht."

Die Herzogin Friederike wurde zur "Mitregentin" ernannt, ihr Mann 1855 im Schloß Hoym untergebracht. Ihre Hinterlassenschaft im heutigen Ballenstedt ist der Park unterhalb des Schlosses. 1848, in der Zeit großer sozialer Not auch in Anhalt, hatten dreißig Arbeitslose untertänigst die Herzogin um Beschäftigung gebeten, um Brot für ihre Familien kaufen zu können. Sie wurden mit der Umgestaltung des Schloßparkes - sie war schon lange Zeit geplant - beauftragt. Billige Arbeitskräfte für schwere körperliche Arbeit. Von der Terrasse des Schlosses sah bereits die Hofgesellschaft vor jedem abendlichen Souper zum Brocken, um die Wettervorhersage zu treffen. Ein Bericht, bald nach der Residenzgründung geschrieben, nannte den Berg "verwildert", und der gelobte "Garten" wäre gerodet, um der Hofküche "einen bloßen Küchengarten" zu schaffen. Immerhin begrenzten 1797 "Orangeriehäuser" mit Melonen-, Ananas- und Kaf-

59

feepflanzen die Gemüsebeete. "Dieser Garten ... ist ungeachtet seiner Schneckengänge überaus einförmig", lautet ein Urteil 1802. Wenig später lobte einer die Mischung aus "englischer Anlage" und Gemüsefeldern und Obstplantagen. Nach 1858 aber war es damit endgültig vorbei. Nach den Plänen von Peter Joseph Lenné entstand der erhaltene, stimmungsvolle Terrassenpark. Dort erklangen (1894) "frohe Weisen einer Kapelle; die große Fontaine ... steigt als funkelnde Riesenwassersäule in die Lüfte, ... und die guten Goldfische ... hüpfen voll seligen Übermutes nach den Brocken, welche ihnen die getreuen Ballenstedter ... zuschleudern." Diese getreuen Ballenstedter waren um die Jahrhundertwende in erster Linie pensionierte Offiziere und Beamte, kapitalkräftige "Privatiers", die im industrielosen Ort gute Tage verlebten.

Nach 1863 war das Schloß Friederikens Witwensitz. Sie war Schwester des dänischen Königs, verwandt mit den Monarchen von Griechenland, Großbritannien, Rußland. Durch Besuche und als Sommeraufenthalt der Dessauer Herzöge fiel "dynastischer Glanz" auf Ballenstedt und seine wohlhabenden Bewohner. Nach der Abdankung 1918 lebte Joachim Ernst auf dem Schloß. Er besaß 25000 Hektar Land, dazu 40 000 Hektar Wald, hatte 1926 eine sehr hohe Entschädigung für Schlösser und Sammlungen erhalten. Der Kunstwissenschaftler Udo von Alvensleben notierte 1935: "Das Schloß macht einen etwas unordentlichen Eindruck, als wüßte man weder etwas mit den Räumen noch mit den Sachen anzufangen. Ein Grab der Kunst." Joachim Ernst von Anhalt kam nach 1945 im KZ Buchenwald, das als sowjetisches Internierungslager weiterbestand, um sein Leben.

Wunderschöne Wege unter herbstlichen Laubdächern finde ich um den Schloßteich und im Park. Manches wurde sinnlos zerstört wie eiserne (Mägdsprunger) Hirsche und Bären, doch der aus Zink gegossene Drache schlängelt sich erschreckend in seinem Bassin und andere Denksteine, Vasen und die Wasserkunst werden gepflegt. Einst erinnerte eine Bank an ein unglückliches Liebespaar mit dem Spruch: "Friede und Ruhe finden alle unglücklich Liebenden endlich." Da sparsamerweise nur die Anfangsbuchstaben eingemeißelt waren, gab es ständig einen Anlaß zu Witzeleien ...

Auch aus der Entfernung leuchtet das "Gelbe Haus". Es steht an der Straße nach Rieder; einst ein amtliches Gebäude, als "Chausseehaus" zwischen Anhalt und Preußen oft Zahlstelle für Wegegeld und Zoll in einem. Ein Hindernis für Handel und Industrie in der ersten Hälfte des vorigen Jahrhunderts, eine Einnahmequelle für die Staaten. Erhöhte beispielsweise 1825 Preußen den Chausseetarif, zog Bernburg nach, setzte Köthen 1828 herab, folgte man auch. Der anhaltische Dienstmantel kostete gut 15 Taler, mußte aber zehn Jahre halten, für die Stiefel gab es jährlich 12 Groschen zum "Besohlen" ...

Ich will weiter nach Norden, nach Hoym an der Selke. Doch zuvor besuche ich noch einmal das wunderschöne "Kügelgen-Zimmer" im Ballenstedter Museum. Freundliches Biedermeier: Möbel, Porzellan und Glas, neun Bilder von Kügelgen, der bevorzugt Porträts malte und als Hofmaler malen mußte, Lithographien der Herzogin Friederike mit einem blaßrosa Rosenstrauß, des kranken Herzogs mit langohrigem, gutgekämmten Hündchen, im Felsental, aus dessen Gebüsch ein gekrönter Bär das Wappen heraushält; beide von Caroline Bardua gezeichnet.

Wilhelm von Kügelgen: Mein Zimmer im Schloß Hoym (Aquarell um 1860)

Eine Uhr. Abgelaufene Zeit.

Im Spätherbst 1855 wurde Herzog Alexander Karl im Schloß Hoym untergebracht, durch einen Arzt betreut - und von seinem Kammerherren von Kügelgen, der immer acht bis zehn Tage anwesend sein mußte, ehe er zu seiner Familie nach Ballenstedt zurückkehren durfte. Die Uhr des Bernburger Herrscherhauses lief langsam ab. In Hoym: ein Herzog, der zu Weihnachten ein Puzzlespiel und einen Vogelbauer (kombiniert mit Aquarium) bekam; sein Hofmaler, der immer farbenblind war, dem die Frau die Farben mischen mußte, denn man hatte einst auf der Dresdner Akademie wohl das Mißgeschick bemerkt, aber den guten Zeichner passieren lassen.

Und Hoym - noch eine anhaltische Residenz!

Da 1709 das Fürstentum Harzgerode wieder an Bernburg gefallen war, und der zweite Sohn des regierenden Viktor Amadeus (1634 - 1718) bereits durch den Tod seiner ersten Gemahlin 1700 die Grafschaft Schaumburg geerbt hatte, wurde für diesen Lebrecht (der auch noch zweimal heiratete) ein neues Fürstentum gezimmert: Anhalt-Bernburg-Hoym-Schaumburg.

Hoym, urkundlich bereits 961 erwähnt, entstand an einer Furt über die Selke (in der Nähe mündet auch die Getel in sie). Dieser Durchgang auf der alten Heerstraße zwischen Halberstadt und Aschersleben (er soll noch vor Jahren oberhalb der Brücke gewesen sein) war wichtig. Ihn deckte die Burg der Herren von Hoym, an deren mittelalterliche Bergbaugeschäfte der Hoymbeek bei Neudorf erinnert, oder die auch als Geistliche (einflußreich als Halberstädter Domherr bzw. Bischof) wirkten. Die romanische Kirche, vielleicht im Hinblick der Siedlungslage Johannes dem Täufer geweiht, wurde 1461 umgebaut, ihr Mittelschiff mußte im 18. Jahrhundert, in der Residenzzeit, erweitert werden.

Auf der Höhe der alten Selketerrasse steht die Kirche zwischen Bäumen, deren Zweige der Wind schüttelt, schütterem Gras und verwitterten Grabdenkmalen. Zwischen ihrem Platz und der Selke erstreckt sich die ansehnlich gepflegte, alte Stadt auf einem abfallenden Hang. Nur wenige Schritte sind es bis zum schlichten Rathaus, mit dessen Bau 1865 der Vorgängerbau (1540) erneuert wurde. An jenen erinnert eine Wappen- und Inschrifttafel. Denn im Jahre 1543 wurde der Ort, der zwar keine Mauer, aber doch zwei Türme besaß, durch Fürst Wolfgang (1492 - 1566) aus der Linie Zerbst zur Stadt erklärt. 1317 war Hoym vom Stift Quedlinburg durch Tausch an Bernhard II. von Bernburg gekommen, aber später auch noch als Pfand versetzt und eingelöst worden.

Und noch einmal wenige Schritte vom Rathaus mit seiner "Napoleonseiche": Ich komme auf den Fortunaplatz, einen anheimelnden Fleck in einer anhaltischen Landstadt, dessen Bild auch alle modernen Bauten nicht zerstörten.

Weiße Flächen am Einkaufszentrum, schwarzes Balkenwerk dazu am Kulturhaus und vor allen an der prächtigen Apotheke (um 1720), die auch ein farbiges Gesamtwappen Anhalts ziert. "Kügelgen-Apotheke" heißt sie erst seit Mai 1986, aber mit Recht, denn der Kammerherr hat für seinen Patienten den Straßenzug oft durchschritten, der mich nun zum baumbestandenen Schloßplatz führt. Dort stehen Wirtschaftsgebäude aus gelben und roten Klinkern, aber auch der Fachwerkbau der einstigen Domänenverwaltung (nun der Kindergarten), die "alte Post", das "Prinzenhaus", ein schlichter Putzbau von 1721, der schließlich als Schule Dienste tat. An der Nordseite dieses stillen Platzes erhebt sich das Portal des einstigen Residenzschlosses.

Viktor Amadeus ließ das einfache Schloß, wie erwähnt, für seinen zweiten Sohn Lebrecht erbauen. 1710 standen an dieser Stelle noch Ruinen der mittelalterlichen Burg. Sie wurden als Steinbruch genutzt. Die Büste (zwischen allegorischen Statuen) auf dem Portal stellt Viktor

Amadeus dar, einen Mann, der auf fürstliche Repräsentation in mancherleiweise Wert legte. Er hielt zum Beispiel den Gelehrten Johann Beckmann zum Verfassen der anhaltischen Chronik an. Der "anhaltische Gesamtbaumeister" Johann Tobias Schuchardt, der die Bernburger Saalebrücke schuf, war auch beim Hoymer Schloßbau, der 1714 stand, beteiligt. Von der Anhalt-Bernburg-Hoym-Schaumburger Historie ist ansonsten Bedeutendes nicht zu berichten. Lebrecht und sein bis 1721 regierender Bruder Karl Friedrich waren verfeindet. Unstandesgemäße Heirat und Liebschaften sorgten für Stänkereien. Operettenkriege auf Untertanenkosten. Im Jahre 1812 starb die Linie aus, alles fiel an Bernburg, wie gehabt.

Wenn dieses Fürstentum wenig Stoff zum Erzählen hergibt, will ich wenigstens noch eine Anna Konstanze von Brockdorf erwähnen, die 1703 mit einem hohen sächsischen Verwaltungsbeamten, nämlich Adolf Magnus von Hoym getraut wurde. Sie soll hier einmal vorbeigekommen sein. Auf jeden Fall schenkte ihr der sächsische Kurfürst 1705 in Dresden zuerst zwei Fäßchen Tokayer, aber bald ein Palais für 70000 Taler. Da hieß die Frau von Hoym freilich schon Gräfin Cosel ...

Kügelgen wohnte also seit Spätherbst 1855 hinter diesem Portal. 1838 war er bereits im verödeten Schloß längere Zeit gewesen. Dienstauftrag: Der Hofmaler mußte rund 250 Ahnenporträts sichten und restaurieren. Später, im Mai 1859, notierte er: "... die vielen alten Bilder, die ich einst restaurierte und aufhängte, sind meine liebe Gesellschaft. Herrliche dürre Männer ..., auch Biergestalten ..., gespenstisch vermummte Weiber mit dem Ausdruck des Sodbrennens." Er aquarellierte eine Zeichnung seines Zimmers: ein hoher Spiegel, ein Sessel, Stuhl und Sofa, Tisch, Schreibpult am Fenster ... Und nur über den Flur - die Zimmer des verwirrten Herzogs. Bis zum 19. August 1863. Kügelgen: "Um 11 Uhr ward der Dienerschaft erlaubt, ihren Herrn noch einmal zu sehen ... Um 4 Uhr betete der Oberhofprediger ... Eine halbe Stunde später stockte der Atem ... Ich ging hinaus und verkündete es ... die Glocken schlugen an ... Anhalt-Bernburg verfiel der Geschichte, es gab einen solchen Staat nicht mehr."

Drei Tage später kam der Herzog von Dessau, an den das Land fiel, nach Hoym, ohne die Hofgesellschaft auf sich zu verpflichten. Wilhelmine Bardua (1798 - 1865): "Während ich dies schreibe, wallt der Leichenzug ... von Hoym nach Bernburg ... Heute hat uns Herr von Welck sein Herz ausgeschüttet ... Was wird werden? ... Der gute Welck hat in dem einen Jahre seines Kammerherrendienstes wenig mehr getan, als bei Hofe gespeist - und dafür soll ihm nun Dessau 1000 Taler jährlich zahlen!"

Das Hoymer Schloß wurde 1878 (mit dem Park) "Landessiechenanstalt". Die Herzoginwitwe kümmerte sich um den weiteren Ausbau, ehe "Der Trauerwagen mit der hohen Leiche" (wie die Zeitschrift "Unser Anhaltland" das Foto erklärte) auch sie in die Bernburger Fürstengruft brachte.

Der Park (auch heute noch Teil eines Pflegeheimes) liegt an der Selke. Ich fotografiere den alten Gasthof an der Brücke. Er heißt nach dem Stadtwappen "Zu den drei goldenen Balken" in alten Berichten und wurde 1721 gegründet. Wie in Ballenstedt - ein Wirtshaus in Schloßnähe ...

Auf der anderen Selkeseite durchwandere ich Straßen mit modernisierten Häusern. Pappelwipfel spannt wieder und wieder der kräftige Wind. Und ein alter Wartturm macht aufmerksam. Geradenwegs komme ich nach Nachterstedt, ins "Ausland", rechter Hand nach Frose ...

1864 schloß die Magdeburg-Halberstädter-Eisenbahn-Gesellschaft einen Vertrag mit Anhalt. Drei neue Trassen wurden gebaut, die anhaltisches Hoheitsgebiet erreichten bzw. überquerten: Wegeleben-Aschersleben, Aschersleben-Bernburg, Güsten-Staßfurt, die sämtlich am 10. Oktober 1865 übergeben wurden. Durch die "Froser Spitzkehre" mußte noch eine Verbindung von Frose nach Ballenstedt angelegt werden, damit die herzogliche Familie auch mit der Eisenbahn ihre Sommerresidenz erreichen konnte. Die Einsprüche der Eisenbahngesellschaft wurden abgewiesen; und deshalb liegt auch heute jede der drei Stationen bis Ballenstedt bis zu zwei Kilometer vom Ort entfernt. Im Januar 1868 eröffnete die Strecke nach "Ballenstedt Stadt" (heute "Ost").

Ich schlendere vom Bahnhof in eine "Leopoldstraße", durch das hügelige Frose, bis zur Kirche auf einer felsigen Anhöhe. Schafe weiden, Ställe duften, im Schulhort wird fröhlich gelärmt.

Im Jahre 961 wurde aus dem Mönchskloster Frose eine Propstei mit Kanonissinnen, die dem Gernröder Stift unterstellt war. Ihre Geschichte ist größtenteils unbekannt, auch der Bau aus der Zeit um 1170 ist in den folgenden Jahrhunderten verändert worden, doch weisen die zweitürmige Westfront, der Stützenwechsel im Langhaus zwischen Säulen und Pfeiler und das Blattwerk der Kapitelle auf die "sächsische" Bautradition.

Nach dem Verlust des nördlichen Teils der Grafschaft Askanien war Anhalt durch den "Isthmus" von Aschersleben zerschnitten. Die Propstei Frose erlebte Ärgerliches. Um 1446 ließ der neue Grenznachbar, das Domstift Halberstadt, in das Bruch zwischen Aschersleben und Gatersleben die Selke leiten. Die Äbtissin von Gernrode, eine anhaltische Prinzessin, führte Kämpfe um "visch, see und Weyher". Vergebliche Klagen bis nach Rom: der steigende See fraß das Land. Streitereien um Fischereirechte, Fährbetrieb, Entenjagd, Rohrschneiden ... Erst ein Vergleich 1510 brachte dem Froser Kanonissinnenstift jährlich 3 000 Gulden und acht Zentner Hecht bis 1704. Solche Fische kamen auch auf den Tisch Thomas Müntzers, der als Propst und Lateinlehrer 1515/17 in Frose tätig war.

Im Jahr 1704 war es aber mit dem See vorbei. Der preußische König ließ den Damm bei Gatersleben durchstechen. Der Selke wurde wieder ihr altes Bett angewiesen. Und Viktor Amadeus erhielt 4 170 Morgen für 83 000 Taler. Neben einer Toreinfahrt hinter der Kirche erinnert ein barockes Relief aus jener Zeit an die Landwirtschaft auf dem ehemaligen "Seeland", dem "Aschersleblischen See", noch heute erkennbar an einem System von Entwässerungsgräben.

INTERMEZZO 1

ANHALT IN DER MAGDEBURGER BÖRDE

PETRUS IM WAPPEN

"Der Kreisgerichtscommissions-Bezirk Großalsleben ..., der kleinste in Anhalt, . . . liegt vollständig getrennt vom Hauptlande ... in dem preuß. Reg.-Bez. Magdeburg, ... (dessen) Einwohner, deren Sprache schon plattdeutsch ist, bei allem Fleiße sich doch eines großen Wohlstandes nicht erfreuen ..."

Ferdinand Siebigk (1867)

Wer auf einer Landkarte an die Bahnhöfe Magdeburg und Halberstadt ein Lineal legt, kann zwischen ihnen die kürzeste Verbindung zeichnen. Nur die Eisenbahnstrecke 1843 eröffnet - folgt ihr nicht. Sie nimmt einen großen Umweg nach Oschersleben, "wo die Bahnen von Magdeburg, Braunschweig und Halberstadt in einem Knoten zusammenkommen", wie der Ballenstedter Hofmaler von Kügelgen schrieb. Da seine Frau und Tochter noch keine Eisenbahn gesehen hatten, fuhr er mit ihnen dorthin: "Die Halberstädter Wagen sind die schönsten, die es jetzt in Deutschland gibt ... In Oschersleben sahen wir die Züge ... mit mehreren tausend Reisenden ankommen."

Das war ein praktischer Grund für die Trassenführung, doch ein anekdotischer wird manchmal auch noch erzählt: die kürzeste Verbindung hätte die Feldmark von Alikendorf, Kleinalsleben und Großalsleben durchquert: Ausland. Anhalt.

In Hadmersleben steige ich aus dem Frühzug. Der Himmel ist ein herunterhängendes, dunkles Zelt. Im Nordwesten sieht man einen Schlitz, türkis und klar, und durch den zieht es eisig. Knapp zwei Kilometer bis zur Stadt. An der alten Burg vorüber. Ein Männertrupp reicht das brennende Feuerzeug herum, pafft und schweigt, über sich das Schild: Rauchverbot!

Die Silhouette der Kirche. Eine schmale Straße nach Alikendorf. Auf ihr überschreite ich die alte Grenze. Aber wo genau? Der Herzog von Anhalt besaß in dieser Gegend ein Vorwerk als Privateigentum auf preußischem Grund. Wer weiß das noch?

Alikendorfer Schulkinder kommen auf unbeleuchteten Fahrrädern entgegengebraust. Einige lernen laut: Heinrich I., Otto I., Otto II., Otto III., Heinrich II. ... Ein Mädchen überholt sie und schreit: Mike der Bekloppte!

Gänse wagen sich auf die Straße. Alle Hühner kakeln, als wäre der Legeplan für heute bereits erfüllt. Katzen kommen heim und kuscheln sich an die Haustür. Flurlicht scheint durch ein Fenster über einem Eingang: Ziffernschatten - 1817. Tore, die über das erste Stockwerk sich wölben. In der "Lindenstraße" ein Kriegerdenkmal, in der "Schmiedestraße" tatsächlich noch eine Schmiede; ein Mann schiebt eine Karre Kohlen in die Werkstatt ... Ich bin wieder auf der Landstraße.

Alikendorf gehörte mit 52 Hufen dem Stift Gernrode. Durch dessen Schicksal kam es in den Besitz Anhalts. Als Wallenstein im März 1630 Truppen in Anhalt einquartierte, kamen je eine Kompanie nach Alikendorf, Kleinalsleben und Großalsleben. Im September 1757 ließ der

Hadmersleben

Herzog von Richelieu seinen Heerhaufen zwischen Alikendorf und Oschersleben kampieren. "Der Wohlstand der Einwohner ist durch Krieg, Feuersbrünste (besonders 1815), Mißwachs, Hagelschlag, Überschwemmungen und öfteres Sterben der Schafherden gesunken" (1867). Erinnerungen aus der Chronik, welche glücklicherweise die Schuljugend nicht nachfühlen kann.

Nach Kleinalsleben geht es allmählich hügelan. Wind reißt die nächtliche Wolkenwand auseinander. Morgenlicht steht über der fruchtbaren Börde. Weit reicht der Blick vor allem nach Westen in die Niederung des Großen Bruches, vor dem die Bode, nach dem sie vom Harz aus nach Norden geflossen ist, rigoros ihren Lauf nach Südosten ändert.

Die "anhaltischen" Orte liegen an einer Terrasse, die sich in westöstlicher Richtung bis zur Bode bei Krottorf erstreckt.

Eine Fichtenpflanzung am Hang, die Windmühle läßt die Flügel hängen, dann verläuft die Zufahrtsstraße nach Kleinalsleben abwärts.

Auf einer Hausfassade steht schwarz auf gelb "Kleinalsleben Land Anhalt", dieser selbstbewußte Hinweis überstand sogar vierzig Jahre DDR. Am Büro der Gemeinde steht das Jahr der ältesten urkundlichen Nachricht über "Nian Alslevu": 961, als Otto II. die Stiftung Gernrodes mit seinen Ländereien dem Markgraf Gero bestätigte. Und auch das Wappen für dieses stattliche Kirchdorf ist zu betrachten: eine Frau hält einen großen Schlüssel. Er weist als Attribut des Apostels Petrus auf jenen Heiligen, dem Stift Gernrode bei der Gründung geweiht wurde. Die Wappenfrau - dem Ortssiegel 1618 entstammend - soll eine Leineweberin sein. Noch im vergangenem Jahrhundert war der Flachsanbau in der Exklave bedeutend. Mit der Schafzucht kam man - benachteiligt durch zu feuchte Wiesen - kaum voran. Die Alikendorfer, wird berichtet, trieben 1829 1100 Schafe auf ihre Wiesen; zum Jahresende lebte davon gerade noch ein Drittel.

Der "Gasthof zum weißen Schwan" bestand bereits im 18. Jahrhundert. An einem gepflegten Haus ist die Jahreszahl 1793 sorgfältig nachgezogen. Überhaupt bilden farbenfrisches Fachwerk und große Bruchsteinmauern mit sandsteinernen Tafeln, Klinkerbauten und Gärten ein überaus abwechslungsreiches Bild. Manche Ansichten scheinen mir gar nicht aus einem typischen Bördedorf zu stammen. Bis zum 1. Februar 1946 gehörte die Gemeinde zum Kreis Ballenstedt, danach zählte sie zum Kreis Oschersleben.

Ich wandere um die Kirche. 1883 wurde sie verputzt und modernisiert. Am Turm ist ein Stückchen spätgotische Inschrift zu entdecken, ein Relieffragment. Wer weiß, was durch anhaltische Nüchternheit noch verdeckt wurde ...

Und dabei fällt mir ein, daß in Kleinalsleben auch eine Synagoge stand. Um 1865 lebten knapp vierzig jüdische Bürger in der Exklave. Das Grundstück mit der Synagoge hatte aber lange vordem eine viel höhere, umfassendere Bedeutung. Das Verhalten der Fürsten bzw. Herzöge von Anhalt war schon liberal als beispielsweise noch in Preußen die Minderheit jüdischer Menschen in jeder Hinsicht verfemt und benachteiligt wurde. Da jüdische Händler nicht auf preußischem Boden übernachten durften, hatte die Synagoge in Kleinalsleben für sie eine Bedeutung als Schutz- und Zufluchtsstätte. Man schaffte den Weg zum wichtigen Braunschweiger Markt von Dessau, Köthen oder Bernburg in einem Tag bis zu diesem Ort, reiste am nächsten Morgen weiter und konnte nach schnellen Geschäften mit dem Einbruch der Nacht wieder in Kleinalsleben sein.

Wie lange die Synagoge benutzt wurde, kann mir niemand sagen. Vollkommen vergessene Geschichte, scheint es. Im Jahre 1975 wurde das Gebäude wegen Baufälligkeit abgerissen. Wer hat eine Zeichnung, ein Foto, eine Beschreibung? Schulterzucken. Da drüben war's. Ich stehe am Zaun eines schönen Gartens. Sonnenrosen, Herbstblumen, letzte Tomaten. Sandsteine beschreiben noch erkennbar einen Bogen, an einer Mauer baumelt ein Zwiebelzopf ...

Auf dem Kirchhof steht herbstliches Gras, Kräuter wachsen auf der verfallenden Mauer, die Lindenzweige schüttelt der Wind. Ein Weg führt in die Niederung. Drosseln genießen die reifen Holunderbeeren. Am Ende der Wiese ist ein Fleck eingezäunt: Kletten, Brennesseln gedeihen, aber auch Schilf. Mit einem Häuschen ist sozusagen das Kleinalsleber Wasserwerk überbaut. Den "Spring" (so lautet der Name der Quelle seit altersher) ließ bereits der Dessauer Herzog Leopold Friedrich Franz (1740 - 1817) durch eine Einfassung schützen. Das weiche, saubere Wasser blieb hochgelobt. Um 1960 wurde die Quelle saniert und versorgt seitdem mit bestem Trinkwasser.

Vom "Spring" aus sieht man bereits wunderschön Großalsleben im Grün des Horizontes, die einstige "Hauptstadt" der Exklave.

Auch Großalsleben verblieb seit 961 beim Stift Gernrode und kam nach dessen Auflösung in anhaltischen Besitz. Nach einem Vertrag geriet es 1669 an Fürst Johann Georg II. von Dessau (1527 - 1593), der an diesen weitentfernten Dörfern nicht interessiert war. Er bot sie Brandenburg gegen Alsleben an der Saale an, scheiterte aber: Großalsleben blieb bei Anhalt-Dessau, bis es im vereinigten Anhalt 1864 dem Kreis Ballenstedt angeschlossen wurde.

Von der "Petrus-Kirche" (auch wieder ein Hinweis auf den Heiligen, dem Stift Gernrode gewidmet war) erhielt der Ort sein Wappen 1703, als der "alte Dessauer" Leopold (1676 - 1747) ihn zur Stadt erhob. Auf dem Schild steht der bärtige Wetterverantwortliche mit seinem goldenen Schlüssel. Und er präsentiert ein zweites Wappen: noch einmal den Schlüssel auf schräggespaltenen Feldern - grün und weiß: Anhalts Farben.

In Großalsleben, wo manche Bürger auch in der DDR-Zeit ihr Rathaus traditionsbewußt "Amt" nannten und vom Bürgermeister als "Amtsrat" sprachen, lebten um die Mitte des vorigen Jahrhunderts 1330 Einwohner. Zum Kummer vieler Bürger sind es zur Zeit nicht einmal eintausend! Und das in einer Stadt mit einem berühmten Schützenfest, wo man auf die grünweiße Fahne nie verzichtet hat! Nun, in diesem Falle kann man Sankt Petrus nicht die Schuld in die Schuhe schieben. Er lächelt uns von jedem Wappen gutmütig entgegen. Dann muß es wohl an den Großalslebern (oder den Großalsleberinnen?) liegen...

Im Bernburger und Köthener Land

Herzogliches Schloß zu Köthen

DREI BURGEN AN DER SAALE

Nienburg

"Und damit unserer lieben Heimat kein Segen mangele, spendet uns der Schoß der Erde wertvolles Gestein, Ton, Lehm und Kohlen in Menge, dazu einen Salzreichtum, um den uns größere Länder beneiden möchten.... Überall erkennt man rüstiges Schaffen und herzerfreuendes Wachstum."

"Lesebuch für die anhaltischen Volksschulen" (1904)

Je trockener Sommer und Herbst, desto kälter der Winter, behauptet eine Wetterregel. Im Sommer 974, so ist es jedenfalls überliefert worden, herrschte nicht nur zwischen Harz und Elbe eine außerordentliche Dürre. Im Gebirge begann am 1. November ein kräftiger Schneefall, der nicht eher aufhörte, bis alles unter einer hohen, weißen Decke lag. Der Frost setzte sich fest. Der Sturm tobte sich immer wieder mit neuen Kräften aus. In beider Gefolge hielt der Tod reiche Ernte. Es schien keinen Frühling mehr zu geben. Im Kloster Thankmarsfelde, das an einsamer Stelle zwischen Gernrode und dem Selketal erst vier Jahre zuvor gegründet war, mußte man auch am 15. Mai 975 sich damit abfinden, daß die Geistlichen durch Schnee und Eis von der übrigen Welt völlig abgeschieden lebten. Hunger und Kälte zermürbten nun aber doch die fromme Geduld der Benedektiner. Und als endlich, endlich die Schmelzwasser der anschwellenden Selke zuflossen, stand für die Mehrzahl der Mönche fest, der nächste Winter würde sie auf keinen Fall noch einmal in Thankmarsfelde heimsuchen.

Warum hatte man überhaupt dieses Kloster an abgelegener Stelle aufgebaut?

Der Anlaß ist bekannt: Markgraf Thietmar und Erzbischof Gero von Köln, zwei Brüder, stifteten Thankmarsfelde zum Gedenken an ihre verstorbene Mutter. Ihre Beweggründe, ausgerechnet diese Stelle zu wählen, können wir nur vermuten.

Thietmar und der Kölner Erzbischof waren auch Neffen des Markgrafen Gero, von dem wir wissen, daß er 965 starb und im Chor seiner Kirchengründung, der Stiftskirche Gernrode, beigesetzt ist. Gero war zunächst Graf im sogenannten Schwabengau, dem Landstrich zwischen

Bode und Saale. In Großalsleben, einer Stadt unweit Oscherslebens und in der Börde bis 1946 eine anhaltische Exklave, soll der Stammsitz seiner Familie gewesen sein. Obwohl mächtigere Adelsgeschlechter auf ihr Vorrecht pochten, ernannte im Jahre 938 Otto I. (912 - 973) - seit 936 deutscher König - Gero zum Markgrafen und Herzog. Er sollte die umkämpfte Grenze des Reiches an Elbe und Saale gegen die Slawen behaupten. Gero, ein finsterer Machtmensch, von dem die Sage schändliche Taten im Gedächtnis bewahrte, löste die Aufgabe über Jahrzehnte und stieß siegreich über die Elbe nach Osten vor. Er wurde mit geschenktem Reichsgut reich belohnt. Doch dieser machtvolle und skrupellose Paladin mußte erleben, daß ihm das Schicksal Grenzen setzte, die unüberwindbar waren. Mit dem Schwert hatte er nichts Bleibendes zustandegebracht.

Markgraf Gero hatte bereits vor 950 in Frose ein Mönchskloster gegründet. Nun richtete er alle verbliebene Kraft auf das Entstehen eines Kanonissenstiftes neben seiner Burg Gernrode. Er pilgerte nach Rom, um den Bestand seiner Stiftung zu sichern, legte seine Waffen dort nieder, kehrte mit einer Reliquie des Heiligen Cyrakius zurück und der Gewißheit, das Stift unmittelbar dem Papst unterstellt zu haben. Seine Schwiegertochter Hathui wurde erste Äbtissin. Bis zu ihrem Tode vergingen fünfundfünfzig Jahre, eine hohe Zeit für die spätere Reichsabtei Gernrode.

In jenen Jahrzehnten versuchten also auch die Neffen Geros mit der Gründung des Marienklosters Thankmarsfelde unweit Gernrodes, die Papst Johannes XIII. Weihnachten 971 bestätigt hatte, die einstige Stellung ihrer Familie zu behaupten. Andererseits strebten die Benediktiner nach Einfluß und Landbesitz, was in diesem Fall nur bedeutete - fort aus dem Harz, dem geschlossenen Reichsgut, weiter nach Osten!

Im nördlichen Vorland und im Land bis zur Elbe hin bildeten zahlreiche Flüsse im Verein mit ausgedehnten Sümpfen, die trockengelegt worden sind, natürliche Sicherungen gegenüber angreifenden slawischen Stämmen. Eines dieser Hindernisse war der Lauf der Bode von ihrer Richtungsänderung bei Oschersleben bis zur Mündung in die Saale, die wiederum durch die sie begleitende Fuhne eine doppelte Sicherung darstellte. Zwischen der Bodemündung allerdings und der südich von ihr gelegenen Mündung der Wipper in die Saale gab es sozusagen eine schwache Stelle in dieser Sicherung. Sie wurde deshalb von zwei Burgen flankiert - Nienburg und die nahe Bernburg. Nienburg war der wichtige Platz, von dem aus die nördliche Flanke der natürlichen Grenzlinie verteidigt werden mußte. Auf dieser Burg hatte Markgraf Gero gelebt. Er stiftete sie seiner geistlichen Gründung Gernrode. Damit stieg die militärische Bedeutung der Bernburg, die folgerichtig, als sie in den Besitz der Askanier geriet, deren Ausgangspunkt für ein weiteres Vordringen nach Osten bildete.

Auch die durchgefrorenen und darbenden Benediktiner in Thankmarsfelde sahen 975 von Nienburg aus wichtige Wege gen Osten, wo sie bei der Mission eine Rolle spielen konnten. Einige Geistliche blieben im Gebirge. Sie schufen sich mit Hagenrode (beim späteren Alexisbad) flußaufwärts im Selketal eine neue Heimstatt, zu der bereits 994 Harzgerode als Marktsiedlung und Münzstätte gehörte. Die übrigen Mitglieder des Konventes siedelten sich noch im Jahre 975 in Nienburg an. Dort war auf der Stelle des slawischen Burgortes Budizca auf dem rechten Saaleufer der Burgward Grimschleben errichten worden als Brückenkopf. Ihn schenkte 983 Kaiser Otto II. (955 - 983, am 7. Dezember), der auch vorher das Kloster begünstigte, den Benediktinern von Nienburg. Aber nun brach der große Slawenaufstand los. Aus der eisigen Waldeinsamkeit

Nienburg mit einer Schiffsbrücke über die Saale (um 1850)

war man in das Feuer ständiger Kriegszüge geraten. Was nützte die ebenfalls errungene Reichsunmittelbarkeit? Gebiete östlich der Mulde waren bald wieder verloren. Sie wurden zurückgewonnen, dehnten sich bis in die Lausitz aus. Die Nienburger Gründung gedieh sehr gut. Im Jahre 1035 ließ Abt Albuin die Harzgeröder Münze hierher verlegen. Das Staßfurter Marktrecht ging auf Nienburg über. Aber auch hier änderte sich plötzlich das Schicksal. Die Zukunft, doch schon gut und sicher vor Augen, wurde völlig anders. Weihnachten 1042 (es wird auch 1050 genannt) brannte die Kirche nieder. Kaiser Heinrich III. (er regierte zwischen 1039 und 1050) wollte anläßlich seines Besuches angeblich die Reichsunmittelbarkeit aufheben und das Kloster seiner Gemahlin schenken. Was sollen Vermutungen? Der Neubau konnte 1060 geweiht werden. Doch der für die damaligen politischen Verhältnisse exponiert liegende Ort mit strategischer Bedeutung brachte den Mönchen wenig Glück. Brandpfeile ließ der Brandenburger Markgraf Otto 1242 schießen. Die verbündeten Ballenstedter und Wettiner zerstörten den Ort. Neue Brandkatastrophe 1280, Verpfändungen und Verkäufe, Verwüstungen im Großen Bauernkrieg 1525. Endlich Aufhebung der klösterlichen Gemeinschaft im Jahre 1552 ...

Das gelbgraue Pappelgesträuch, dichtgewachsen in der Aue, spiegelt sich im stillen Wasser des Flusses. Vor Nienburg hat sich das flache Tal der Bode nun auf knapp einen Kilometer Breite ausgedehnt. Der Fluß benutzt bereits das Bett der Saale, doch die macht nördlich von Grimschleben den größten ihrer nach Nordosten gerichteten Bögen, ehe die Bode endgültig in sie mündet.

Sportboote sind mit Planen abgedeckt. Im Fluß schwimmt ein Lastkahn. Ein Wrack rostet dahin. In den vergangenen Jahrhunderten war es hier nie derartig still.

Nienburg war nicht nur von militärischer Bedeutung. Mit ihr ging es ja schon im hohen Mittelalter steil bergab. Die Flüsse waren dagegen ständig Lebens- und Verkehrsadern zwischen Harz und Elbe.

Segelschiffe beförderten Waren und Menschen. In Nienburg gab es eine Zunft der Schifferknechte, die "bergauf" die Lastkähne treidelten. Ihre Beschwerden gegen die ersten Dampfschiffe auf der Saale waren vergeblich. Als Nienburg mit dem beginnenden 15. Jahrhundert zu einem aufstrebenden Ort im Wirtschaftsleben heranwuchs, genügten auch die Fähren nicht mehr, die Verbindung zum rechten Saaleufer, auf dem auch Nienburger Feldmark lag, zu halten.

1824 stellte der Baumeister Gottfried Bandhauer (1790 - 1837) - er war aus Roßlau gebürtig - seinen Entwurf für eine Nienburger Brücke vor. Die Ausführung sollte 4000 Taler kosten, was recht und billig erschien; man mußte freilich zum Schluß den doppelten Preis bezahlen ...

Bandhauer mußte auf den beachtlichen Schiffsverkehr auf dem Fluß Rücksicht nehmen. Deshalb sollten beide Brückenhälften in der Flußmitte zwischen sich einen zwölf Fuß breiten Spalt lassen, um Maste nicht zu behindern. Ansonsten wurde er durch eine Klappe geschlossen. Auf den Uferseiten der Brücke stand ein hohes Portal. An ihm waren fünf - auch miteinander verbundene - Kettenpaare, die eine Brückenhälfte waagerecht hielten, wobei drei "Gegenketten" zum Ufer hin helfen sollten.

Die neue Brücke wurde als technische Waghalsigkeit bestaunt und beredet. Brüchiges Eisen, Balken mit falschen Maßen verzögerten den Bauabschluß um ein Jahr hinaus. Endlich ließ Bandhauer ein Pferdefuhrwerk mit einhundert Zentner Mauersteinen beladen und fuhr in einer Mondnacht mit hü! und hott! zur Probe über seine Brücke. Mißtrauische Nienburger bestanden auf einer Wiederholung am Tage.

Zur offiziellen Übergabe traf am 6. Dezember ~~1525~~ 1825 der Landesherr Herzog Ferdinand von Anhalt-Köthen mit Gemahlin und Hofstaat ein. Er hatte den Kleinstaat 1818 geerbt. Nach der Hasenjagd beschloß ein Fackelzug den Festtag. Irgendjemand kam auf den Einfall, im Feuerschein und mit Musik auf die neue Brücke zu marschieren. In patriotischer Anwandlung erklang dort die Hymne "Heil dir, o Ferdinand !". Alle marschierten an Ort und Stelle mit. Das Bauwerk geriet in starke Schwingungen. Ketten zerrissen, und fünfzig Menschen ertranken in der eisigen Flut. Einige Leichen fand man abgetrieben erst nach einem halben Jahr. Man ver-

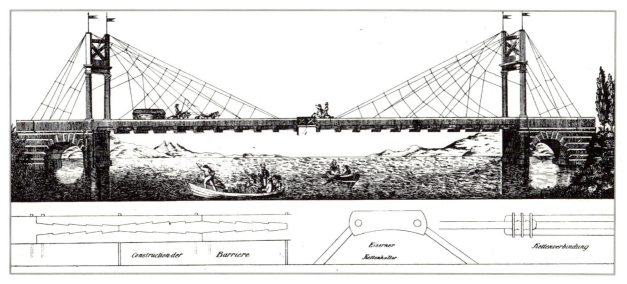

traute sich wieder Fähren und Schiffsbrücken an. Erst 1892 begann der Bau der "Herzog-Friedrich-Brücke".

Die fehlende Brücke schien zunächst keinen Einfluß auf den wirtschaftlichen Aufstieg Nienburgs auszuüben. Um 1865 produzierten drei Zuckerfabriken, eine Ziegelei, zwei Kalkbrennereien, eine Eisengießerei, die Werft und Brauerei, eine Kupferschmiede und Gelbgießerei. Um 1860 beleuchteten die Nienburger ihre Straßen mit Petroleumlampen, nach 1870 verwendeten sie bereits Gas. Zwei Mühlen arbeiteten, eine Maschinenfabrik schon seit 1848. In zwei Steinbrüchen schufteten die Arbeiter. Wasser aus den Brüchen wurde durch Stollen in den Fluß geleitet. Feldbahnen brachten das Gestein zum Hafen, der zu einem wichtigen Stapel- und Umschlagplatz des Köthener Landes geworden war. Vor allem konnten die landwirtschaftlichen Erzeugnisse kostengünstig flußabwärts bis nach Hamburg - und weiter nach Übersee - transportiert werden. Dampfschiffe haspelten sich an im Fluß ausgelegten Ketten entlang.

Als die Konkurrenz sich schneller und zu schärferen Formen entwickelte, verlor Nienburg bald gegenüber dem benachbarten Bernburg. Dort war eine wichtige Brücke - weitere folgten -, dort trafen sich Eisenbahnlinien.

Ich wandere von der Brücke nicht in die Straßen der Stadt, sondern finde einen Pfad, der zwischen stillem Ufer und der felsigen Höhe entlangführt, auf der neben Wohnhäusern und alten Fabrikgebäuden die einstige Klosterkirche und eine Doppelkapelle weithin nach Osten sichtbar sind.

Ein Dutzend Jungen schreit sich untereinander mehr an, als daß sie nach dem Fußball treten. Eine lange, steinerne Treppe führt hinauf zu einem schauerlichen Kriegerdenkmal, und ich sehe über Fluß und Ebene. Im späten Nachmittagslicht blitzt erster Lampenschein vom nahen, betriebsamen Bernburg herüber.

Menschenleer ist der Platz an der Kirche. Dieser früheste gotische Hallenraum im östlichen Niedersachsen hat Nienburgs wechselvolle Geschichte seit dem hohen Mittelalter überstanden. Nicht unbeschadet, denn es gab mancherlei Umbauten. Im 18. Jahrhundert wurde der Turm abgetragen. Die vorreformatorische Innenausstattung wurde nach 1600 ausgeräumt, als die Calvinisten bestimmten.

Zwischen 1968 und 1971 wurde der eindrucksvolle Kirchenraum restauriert, doch gehen die Erhaltungsarbeiten ständig weiter. Ich erlebe einen weiten Innenraum, in welchem hohe Rundpfeiler harmonisch zu wachsen scheinen.

Im 16. Jahrhundert wurde der Besitz des aufgehobenen Klosters den Fürsten von Anhalt zugesprochen. Aus seinen Gebäuden schuf man um 1690 ein Schloß. Im Jahre 1871 wurde in ihm eine Fabrik eingerichtet. Benachbarte Gebäude dienten als Speicher...

Unweit vom Südportal liegen auf den Steinen des Fußbodens viele Bruchstücke von Gipsplatten. Sie gehören zum Stuckestrich aus einer Glanzzeit der Nienburger Abtei, mit dessem Schutt später die Krypta vollgeschaufelt wurde. Die Ritzlinien sind mit roten und schwarzen Pasten gefüllt: Bildnisse von Frauen und bärtigen Männern sind rekonstruiert, Medaillons mit Pferden, Löwen und Adlern.

Als zwischen 1841 und 1853 eine erste Restaurierung der "Schloßkirche" unternommen wurde, grub man eine außergewöhnliche Plastik aus - ein Sechskant aus Sandstein, den ein Schaftring halbiert. Aus jeder Hälfte treten sechs Figuren hervor. Nach ihren Attributen wurden sie als Monatsallegorien erklärt. Spuren einstiger Bemalung konnten entdeckt werden, aber wir können die ursprüngliche Pracht nicht erleben, in welcher der Dezember seinen Schweinskopf trug und der Mai einen erlegten Vogel. Der Oktober kam als Sämann, der November als Holzfäller daher. Ein Kanon für Monatsbilder, der mittelalterlichen Miniaturmalern und den Holzschneidern volkstümlicher Kalenderdrucke als Richtschnur galt.

Bruchstücke vom Fußboden und ein beschädigter Leuchterschaft - eine kläglische Hinterlassenschaft aus Nienburgs mittelalterlicher Blüte. Erhalten blieb kein Stück vom goldenen und silbernen Altargerät, kein Blatt aus einer liturgischen oder theologischen Handschrift, kein Fetzen aus einem prächtigen Meßgewand aus Seide oder gewirktem Samt, kein Wirkteppich, mit denen man auch hierzulande schmückte, kein Altar ... In der verfließenden Zeit wurde alles verstreut und zerstört.

In der Schloßkirche zu Nienburg (um 1860)

Erhalten ist ein Grabstein, den der Abt Heinrich von Bardeleben 1350 fertigstellen ließ. Die Eckpunkte des Rahmens, der wohl von einem verlorengegangenen Schriftband aus Messing gebildet wurde, sind Reliefs der Evangelistensymbole Engel, Stier, Löwe und Adler. Das Gedenken des Betrachters wird aber auf den Markgrafen Thietmar gerichtet. Er hält mit seinem rechten Unterarm ein Kirchenmodell als Mitgründer des einstigen Marienklosters in Thankmarsfelde im Unterharz. Neben ihm steht gerüstet und bewaffnet sein Sohn Gero auch wie eine Erinnerung an den erfolgreichen und unglücklichen Kämpfer in ottonischer Zeit.

Die strategische Bedeutung der alten Burg Markgraf Geros zur Grenzsicherung verlor sich früh, das Kloster wurde bedeutungslos und aufgehoben. Um 1700 schaufelte man die Wälle in die Gräben, um Gartenland zu gewinnen. Um jene Zeit wuchs der Neubau der Stadtkirche. Im Aufwind frühkapitalistischer Entwicklung vergrößerte man sich durch "zahlreiche, teilweise geschmacklose Neubauten", wie ein Chronist schrieb. Um den beschwerlichen Weg durch die engen, hügeligen Straßen zu vermeiden, stellte Herzog Ferdinand im Westen Nienburgs Land für einen Straßenbau zur Verfügung. Die Juden errichteten am Schäferplatz 1824 ihre Synagoge mit "reger Unterstützung der christlichen Gemeinde" und eine eigene Schule.

Die Verbindung mit Bernburg wurde 1847/48 durch einen Damm hergestellt ..."Vordem führte der Weg um die Stadt herum durch die Saale- und Bodeaue, und war der Verkehr bei nur geringem Hochwasser unterbrochen. Wo der jetzige Damm sich befindet, führte ein Fußweg über die Wiesen, und über den Flußarmen lagen Stege. Bei Hochwasser wurden Fußgänger bis Altenburg durch einen Kahn befördert."

Die streitsüchtigen Fußballspieler kommen schwatzend an der Kirche vorüber. Ich gehe ihnen nach. Vor dem abendblauen Himmel steht der hohe Wasserturm wie ein Schattenriß.

Die Jungen mit dem Fußball setzen sich zu ihren Mitschülern auf das rotweiße Geländer vor der Schule und betrachten mit Kennermienen den hohen Kran, der ein neues Wohnhaus in der alten Straßenzeile zusammensetzt. Über den Markt bringt ein Fahrzeug Nachschub an Wandplatten. Aus dem Portal - auf ihm steht "1717" - des Kindergarten kommen eilige Mütter mit ihren Kindern. Hellerleuchtet sind die zahlreichen Geschäfte.

Das Wappen von Nienburg soll eine Mauer zeigen, "deren offenes Tor mit einem Spitzbogen überwölbt ist, auf dem ein Baum steht. Auf der Mauer stehen sechs kleine Türme und hinter derselben, zu beiden Seiten des Torbogens, ein großer mit einer größeren und drei kleineren Spitzen." Die Beschreibung ist ja ausgesprochen umständlich, also gründlich. Am Rathaus - es ist 1809 erbaut - entdecke ich es trotzdem nicht. An seine Tür hat man ein Hufeisen geschraubt - das ist viel eindrucksvoller.

An der Bushaltestelle warten viele Menschen.

"Nee doch! Hier jeths nach Calbe! Dadriebn missn se henn!"

Ich flitze über die belebte Straße, denn dort hält gerade ein Omnibus: "Einmal nach Bernburg!"

"Es muß mal widder räjen", sagt mein Nachbar, " das is ne zu staubje Jäjend, die muß mal widder abjewaschn wärdn ..."

Plötzkau

> "Steht eine Burg auf einem Berge ..., auf jeden Fall ist
> sie nicht für die Bequemlichkeit ... erbaut, mit Gräben
> und Wällen umgeben, innen von bedrückender Enge,
> zusammengepfercht mit Vieh- und Pferdeställen ...
> Überall stinkt das Schießpulver, und der Duft der
> Hunde und ihres Unrates ist auch nicht lieblicher ...
> Da blöken die Schafe, brüllt das Rind, bellen die
> Hunde, die Wagen und Karren knarren."
>
> Ulrich von Hutten (1518)

Die Fahrscheinverkäuferin am Bernburger Busbahnhof sieht auf den Abfahrtsplan, dann auf die Uhr. "Tja", sagt sie und überlegt: "Wenn Sie sich dadrüben beim Fahrer des Busses in Richtung Alsleben melden und am Chausseehaus aussteigen, dann ist der Rest ein bißchen Wandern, und Wandern ist gesund."

Am Chausseehaus steige ich allein aus. Sofort hüpfe ich in den Straßengraben voller vertrockneter Diesteln, eine waghalsige Übung, doch der Bus startet dröhnend wie ein Düsenflugzeug und qualmend wie eine Dampfmaschine durch. Das Chausseehaus steht zwischen Aderstedt und Bründel an einer Kreuzung. Ein völlig verbogenes Wegweiserschild bestätigt meine Vermutung, ja, was da im Osten über den Horizont lugt, das sind die Türme von Plötzkau, und der mir verbleibende Rest ist nun das Wandern.

Herbstliche Felder erstrecken sich in alle Himmelsrichtungen, Obstplantagen vor allem nach Süden. Meine Straße führt in eine weitgeschwungene Senke, steigt dann aber stetig zum Ort hinan, hinter welchem die Saale im sehr gewundenen Flußbett vorüberströmt.

Auf einem frischgepflügten Acker halten die Krähen Versammlung ab, doch keine gibt einen Laut von sich; jede hat den Schnabel voll.

Am sanft ansteigendem Hang liegen abgeernteten Gärten, der Friedhof, erste Wohnhäuser und ein Stift für alte Menschen.

Die Gaststätte heißt "Zur Weintraube". Und wer darüber im ersten Augenblick schmunzelt, weiß eben nicht, daß die breiten Hänge des Saalelaufes auch in seinem unteren Teil über Jahrhunderte hinweg Reben gedeihen ließen. Um 1600 wird der Grönische Weinberg in Plötzkau als Dessauer Besitz vermerkt.

"Der Bernburger Wein wird im Anhaltischen gerühmt", hieß es 1839, "Kenner verzichten gern darauf". Noch zu Beginn unseres Jahrhundert galt: Die Hänge "sind bei Aderstedt und Bernburg mit Reben bepflanzt. Der Wein, den man dort erntet, schmeckt aber in der Traube besser als im Glase." Womit man wieder beim Namen der Plötzkauer Gaststätte angelangt ist.

An diesem Vormittag ist die "Weintraube" geschlossen. Nur ein junger Mann wird eingelassen; er kann eben Kühltruhen reparieren.

Dem Plötzkauer Schankwirt wurde übrigens im Jahre 1689 ein Sohn gebohren, dessen Name in der Geschichte der Medizin bis heute nicht vergessen worden ist - Johann Theodor Eller. Anfangs hatte er Jurisprudenz studiert, dann siegte seine Neigung für den Beruf des Arztes. Der Plötzkauer Schankwirtssohn wanderte nach Amsterdam und Leiden, schließlich nach Paris, um Kenntnisse und Erfahrungen zu sammeln. Nach seiner Rückkehr praktizierte er kurze Zeit in Bernburg. Eller impfte als einer der ersten Ärzte gegen die Blattern (Pocken), was zwischen Harz und Elbe und darüber hinaus Aufsehen und Aufregung verursachte, die wir kaum begreifen können. Der Plötzkauer wurde nach Berlin berufen. Im Jahre 1725 schuf er im Verein mit Georg Ernst Stahl (1659 - 1734) ein Medizinaledikt für Brandenburg-Preußen, das vorbildlich für andere deutsche Staaten war. Seit 1727 arbeitete Eller an der Berliner Charité als Internist und Direktor, bald war er Leibarzt des preußischen Königs Friedrich Wilhelm I., blieb es bei Friedrich II. und fungierte auch als "Generalstabs-Medicus" in der Armee.

Wie weit sein Tod noch wäre? fragte der sterbende "Soldatenkönig" seinen Leibarzt am 31. Mai 1740. "Eure Majestät können noch eine halbe Stunde leben", antwortete Leibarzt Eller, denn der Puls verlangsamte sich. Da bäumte sich der König noch einmal auf und ballte die Faust: "Er soll nicht still stehen ..."

Johann Theodor Eller aus Plötzkau war über Jahrzehnte hinweg auch Direktor der physikalischen Klasse der Berliner Akademie und förderte Bildung und Aufklärung. Dieser Einrichtung fiel nach dem Tode im Jahre 1760 auch ein ansehnlicher Geldbetrag zu, von welchem - einschließlich seiner Zinsen - Preise für wertvolle Abhandlungen über Ökonomie und Naturwissenschaften vergeben werden mußten.

Vormittäglicher Frieden liegt über der ansteigenden "Alten Schulgasse". Die Schule befindet sich auf der anderen Straßenseite in der "Neuen Schulgasse"; dort wächst gerade nach dem Klingeln zur Pause eine quirlige Geschäftigkeit.

Vor der Kaufhalle findet auch der Schwatz statt, der örtliche Nachrichten verbreitet und sie allmählich zur Sensation werden läßt. Am Straßenbogen ragt die Kirche, ein Bauwerk aus dem Jahre 1893, in welchem nur bescheidene Reste eines mittelalterlichen Vorgängers enthalten sind, auf.

Wilhelm Giese: Schloß Plötzkau

Der Schäfer läßt seine schwarzen Hunde die munteren Schafe über die Straße jagen. Und nun ist das Schloß nahe. Ich habe zunächst nur immer den sehr schlanken und außergewöhnlich hohen Bergfried als Wanderziel erblickt. Er ist das Wahrzeichen der Landschaft zwischen Bernburg und Alsleben. Ein romanischer Vierkant bildet seinen Kern, der um 1569 einen eindrucksvollen Abschluß mit vier Giebeln in Renaissance-Formen erhielt, deren Satteldächer sich durchdringen. In Plötzkau findet man ein Wohnschloß aus der kunstgeschichtlichen Epoche der Renaissance, das zwischen 1566 und 1573 auf Befehl des frühverstorbenen Bernhard von Anhalt (1540 - 1570) erbaut wurde, weitgehend original erhalten, was im nahen Bernburg nicht der Fall ist. Auf Fundamenten und Bauteilen der romanischen, dann gotischen Rundburg der Askanier erhebt sich ein Bauwerk, dessen Dächer in einmaliger Form durch 21 Zwerchhäuser mit kugelgekrönten Rundbogengiebeln geschmückt sind.

Vor der Mauer steht eine Bank. Ein alter Mann hat seine Krücken neben sich gelegt und sonnt sich. Eine schwarzweiße Katze streicht behutsam um seine steifen Beine.

Auf dem Burgplatz, auf dem sich einst alles drängte, ist nun Ruhe und friedevolle Alltäglichkeit zu Hause.

Im frühen Mittelalter war die Saale ein Teil der umstrittenen Reichsgrenze. Das entstandene, sich festigende Staatsgebilde engte den Lebensraum der slawischen Stämme ein. Sie setzten sich zur Wehr. Der Flußlauf sicherte die Grenze nur unvollkommen. Eine Kette von Befestigungen mußte hinzukommen. Die morastigen Niederungen der Bode und der Wipper unterstützten die strategischen Überlegungen. Zwischen ihnen waren die natürlichen Gegebenheiten ungünstiger. Eine Furt aus vorgeschichtlicher Zeit bei Waldau konnte von der Bernburg überwacht werden. Im Norden von ihr entstand Nienburg, im Süden Plötzkau. Stützpunkte auf engem Raum mit sehr unterschiedlichen Schicksalen in früher Zeit.

Die reichsunmittelbare Abtei Nienburg - sowie Freckleben - tauschte 1166 Kaiser Friedrich I. Barbarossa gegen Liegenschaften im Rheinland, die dem Magdeburger Erzbistum gehörten. Damit war die Wurzel für ein weiteres Wachstum zerhauen.

Und Plötzkau?

Die frühe Geschichte der Befestigung ist sehr unvollkommen überliefert. Zu ihrem Hintergrund gehört wohl das Erinnern an folgende Ereignisse im 10. Jahrhundert:

Die slawischen Redarier, um das heutige Neubrandenburg bis Neustrelitz zu Hause, erhoben sich 936, im Todesjahr vom ersten deutschen König Heinrich I., erneut gegen die fremde Herrschaft. König Otto I. schickte ihnen ein Heer unter der Führung durch Hermann Billung entgegen, das siegreich zurückkehrte. Das bestimmte den jungen König, Hermann Billung zum Markgrafen an der Niederelbe über Wilzen, Obodriten und Dänen einzusetzen„ während der tatkräftige Gero um die gleiche Zeit Markgraf an Mittelelbe und Saale wurde.

Übrigens gingen sächsische Adelige, die sich dadurch zurückgesetzt fühlten, mit Gewalt, aber ohne Erfolg, gegen ihren König vor; unter ihnen selbst Ottos Halbbruder Thankmar.

Den aufgestiegenen Billungern gehörte die Bernburg. Als diese Familie, die in mehreren Generationen die Markgrafen der Nordmark stellten, in männlicher Linie 1106 ausstarb, brachte die erbende Tochter Eileke (auch Eilike) ihrem Gemahl Otto von Ballenstedt die Bernburg als Mitgift ein. Die romanische Rundburg Plötzkau dagegen, hoch über dem Saaletal auf einem Felsen gelegen und zur Landseite mit Graben und Wall gesichert, zählte wohl zum Besitz der Kakelinger. Ihr Stammsitz soll Hecklingen gewesen sein. Dietrich, ein Sohn von Bernhard I. von Hecklingen, nannte sich zuerst Graf von Plötzkau. Die Burg Hecklingen wurde aufgegeben. Dort stiftete man den Benediktinerinnen ein Kloster. Plötzkau, der neue Mittelpunkt für den Familienbesitz, versprach, läßt sich vermuten, größeren Einfluß, aber in unmittelbarer Nähe der Rivalen auch stärkere Gefahren. Karge, nicht immer gesicherte Überlieferungen scheinen diese Annahme nur zu unterstützen.

Nach dem Aussterben der Billunger folgte ihnen als Markgraf ein Plötzkauer, doch mit ihm starb die Familie ebenfalls aus. Eine Irmengard von Plötzkau hatte Graf Udo von Freckleben geheiratet, eine Mechthild von Plötzkau - das ist aber eine unsichere Nachricht - Albrecht der Bär (um 1100 - 1170), den Sohn des Ballenstedter Grafen Otto, welcher die nahe Bernburg schon besaß. Der Freckleber erhob Ansprüche und Vorrechte, die der Askanier verweigerte. Auf jeden Fall wurde Udo von Freckleben am 15. März 1130 von Albrecht oder seinen Gefolgsleuten bei der Burg Aschersleben erschlagen. An den mörderischen Anschlag erinnert dort noch ein Steinkreuz im Garten des Hauses Lindenstraße 49. Die Wiwe Irmengard wurde Äbtissin im Kloster Hecklingen.

Um 1139 ließ Heinrich der Stolze, der welfische Vetter Albrecht des Bären, Bernburg und Plötzkau zerstören. Auch die Burg Plötzkau wurde danach wiedererrichtet. Auf ihr lebten die Herren von Plötzkau, ehe Schloß und Herrschaft als erledigtes Lehen 1435 in die Hand der askanischen Fürsten von Bernburg fielen.

Auf dem Gelände der einstigen Vorburg sehe ich Wirtschaftsgebäude, die zum Teil noch genutzt werden. Hier sammelte man im Kornhaus Vorräte, standen die Pferde in den Ställen, arbeitete einst eine Böttcherei.

Über Katzenkopfpflaster und vertrocknetes Gras komme ich zum verödeten Prinzenhaus. Verwittert sind Bildhauerarbeit und Inschriften. Im Jahre 1653, als es eingeweiht werden konnte, war Plötzkau die Residenz eines selbständigen Fürstentums!

1603 war Anhalt, vereinigt unter Fürst Joachim Ernst (1536 - 1586), unter seinen herangewachsenen fünf Söhnen erneut zerteilt worden. Sein Gesamtwert war auf 1.500.000 Taler veranschlagt. Da man die vier historisch gewachsenen Fürstentümer Bernburg, Köthen, Zerbst und

Dessau erhalten wollte, mußte ein Sohn kein Land, aber doch 300000 Taler bekommen. August, der drittälteste Fürst, nahm diese Erbschaft freiwillig. Ihm sicherte man zu, seine Nachkommen würden die Linie beerben, die zuerst ausstürbe.

Das sah nach einem harmonischen Einvernehmen aus. Trotzdem machten sich bald Mißklänge bemerkbar: August kaufte Landbesitz auf und schuf sich sein eigenes Reich - Plötzkau. Im Vorgängerbau des Prinzenhauses war eine Münze eingerichtet, die miserables Geld ausgab und 1623 zerstört wurde. Aber ansonsten überstand Anhalt-Plötzkau den Dreißigjährigen Krieg.

Als bereits im Jahre 1665 die Köthener Linie ausstarb, erbte Lebrecht (1622 - 1669), August ältester Sohn, jenes Fürstentum. Leider starb er vier Jahre später ohne Erben. Folglich verließ sein Bruder Emanuel die Burg über der Saale und zog nach Köthen. In Plötzkau hatte sich aber inzwischen seit 1665 schon Fürst Friedrich von Anhalt-Bernburg-Harzgerode (1613 - 1670) einquartiert. Sicherlich war er hocherfreut, zu seinem Minireich im Unterharz ein Stückchen Land am unteren Saalelauf bekommen zu haben. Von ihm wird berichtet, er hätte hoch droben im Bergfried seine Bibliothek unterbringen lassen, um in Ruhe zu lesen und zwischendurch die herrliche Aussicht zu genießen. Das Fürstentum Anhalt-Bernburg-Harzgerode verschwand 1709 wieder von der Landkarte.

Sechs Jahre später richtete man das Plötzkauer Schloß für den Bernburger Thronfolger Karl Friedrich (1668 - 1721) her, der es nach fünf Jahren seinem Sohn Victor Friedrich (1700 - 1765) überließ. Als letzterer Fürst die Regierung übernahm, wurde Plötzkau als Residenz aufgegeben. Das höfische Leben fand in der Bernburg statt. Und schon 1765 wurde sie zugunsten von Ballenstedt aufgegeben ...

Ein Stück des westlichen Gebäuderinges fehlt, die ursprüngliche Toreinfahrt ist längst abgerissen. Dadurch wirkt wohl der knappe Hofraum auf mich etwas großräumiger, als er vor Jahrhunderten war. Ich sehe mich um:

Hier blökten also die Schafe - wie Ulrich von Hutten in seiner Beschreibung von zeitgenössischen Burgen schrieb, da kläffte die stinkende Hundemeute. Jeder, der einen Rang erworben hatte, schnauzte seinen Untergebenen an. Das Gesinde drückte sich in dunkle Winkel, wenn es sich nicht beobachtet glaubte (aber wann war das schon?), um zu verschnaufen. Es gab siebzig bewohnbare Räume: Fürsten-, Fürstinnen-, Prinzen-, Prinzessinnengemächer; vielerlei Säle, Frauen-, Junker-, Gesindestuben; mehrere Küchen, viele Vorratskammern, Bier- und Weinkeller, Kohlen- und Speckräume. In einem Grabenstück wurden Hunde gehalten, im nächsten Hirsche. Küchen- und Lustgärten mußten bestellt werden. Boten und Fuhrwerke kamen und verließen den Hof. Kein Wunder, daß der Amtmann seinen Arbeitsraum außerhalb der Burg einrichten ließ ...

Im Jahre 1751 war der Bernburger Johann Friedrich Leberecht Reupsch (1727 - 1787) in Plötzkau Gerichtsverwalter des Amtes. Er hat seine Erfahrungen und Erlebnisse hier und in Gernrode sowie Bernburg auch in den anonym erschienenen "Schilderungen" aufgeschrieben und "Verschwender, Klugdünkel, Eigensinnige, Säufer, Scheinheilige, hochmütige Geistliche" usw. usf. vorgestellt. 1757 fand er Worte gegen die ausgebrochenen Kriege und ihre Gefahren: "Die jetzigen Zeitläufe, die fürchterlichen Rüstungen der Götter der Erden gegeneinander und die bedauernswürdigen Schicksale so vieler Tausend Elenden, welche aus dem ungewissen Glück der Waffen ihren Ursprung ziehen, sind ganz unleugbar die allgemeinen Vorwürfe der allermeisten Unterredungen."

Im Nienburger Schloß wurde in der 2. Hälfte des 19. Jahrhunderts eine Fabrik eingerichtet, im Plötzkauer bereits 1741, in welcher Lackarbeiten nach japanischen Vorbildern gefertigt wurden. Aber damit war noch nicht die letzte Stufe beim Abstieg in unansehnliche Schäbigkeit erreicht. Das geschah erst 1840 - "Straf - und Besserungsanstalt". Fenster wurden zugemauert. Mit Eisen und Holz wurden die verschlossenen Türen verstärkt. Das luftige Abortgebäude vor dem Schloßhof macht auf mich den Eindruck, als stamme es aus jenen Jahrzehnten bis 1874, wo das anhaltische Zuchthaus in das Schloß Coswig übersiedelte.

Nach 1874 übernahm die Domäne Plötzkau das Schloß. 1975 konnte die Hälfte aller Mieter aus den alten Wohnräumen in Neubauten einziehen. Jetzt kamen ernste Probleme, das leerstehende Schloß zu erhalten und notwendigerweise zu restaurieren. Die Plötzkauer selbst taten die ersten, wichtigen Schritte: die Ortsgruppe des Kulturbundes der DDR, der Rat der Gemeinde, Handwerker, Lehrer und Schüler begannen mit vorbildlicher Ausdauer, um erst einmal die unmittelbare Umgebung des wertvollen Bauwerkes, seine Keller und Böden, die nichtgenutzten Säle und geräumten Wohnungen zu entrümpeln und instandzusetzen. Im Winter 1975 eröffnete in einem Kellergewölbe der Jugendklub. Studenten führten Praktika durch. Es wurden Nutzungsmöglichkeiten gefunden. Im Schloß Plötzkau soll zum Beispiel das zentrale Depot des Landesmuseums für Ur- und Vorgeschichte Halle/Saale Heimstatt finden.

Durch einen Mauerdurchbruch führt mich ein Pfad ein Stück um den Felsen. Wunderschön ist die mattgrüne Saalelandschaft an diesem Herbsttag.

Der Plötzkauer Auwald mit Ahorn und Weide, mit Weißdorn, Haselnuß, Pfaffenhütchen, mit Stieleichen, Pappel und Esche und zahllosen Tümpeln und seichten Flußarmen ist ein geschütztes Gebiet für Pflanzen, die feuchten Untergrund benötigen, und die Insekten und Vogelarten, die sich dort mit ihnen wohlfühlen und leben können. Ein Wanderweg führt auf dem linken Saaleufer durch das Biotop von Bernburg nach Plötzkau.

Mich belebt dieses Ausblicken auf eine friedliche Landschaft, aus der die Ernte geholt wird und in der schon wieder die Saat liegt.

> "Fiel jetzt, o Altertum! ein neubegieriger Blick
> aus deinen Trümmern noch auf unsre Zeit zurück,
> du sammeltest vielleicht bei diesem Baugeschäfte
> der Ruhmsucht, die dich trieb, voll Hochmut neue Kräfte;
> und hieltest dein Bemühn, das nur auf Beute schaut,
> vom Geiz und Neid erzeugt, der Raublust Schlösser baut,
> für ein verdienstlich Werk ...
> Allein ... dein menschenfeindlich Bauen
> verursacht jetzo noch dem müden Bürger Grauen ..."

Das sind Verse des einstigen Plötzkauer Gerichtsverwalters Reupsch.

Ich wandere durch den Ort zwischen "Bäckerberg" und "Röhrstrang", schaue über Gartenzäune und in Schaufenster. Ein Bus nach Bernburg, erklärt mir vor der Fleischerei eine junge Frau mit schwerem Einkaufsbeutel, fährt bald am Teich ab.

Dort vertreiben sich die Schüler die Wartezeit mit allerhand Schabernack, und zwei ältere Männer schimpfen, daß sie wieder zum Facharzt in die Kreisstadt überwiesen wurden.

Unser Bus rattert mit Volldampf in die Senke. Ein glattgekämmter Mann sitzt neben mir und erkundigt sich, wann endlich Alsleben kommt. Niemals! sagen die Frauen halb hilfsbereit, halb schadenfroh. Er soll sich beim Fahren melden und am Chausseehaus aussteigen! Aber keine Wanderung! Sie wird zu lang. Einfach auf den nächsten Bus warten ...

Bernburg

"Die Berenburger Brücke,
sie ist entzwei, sie ist entzwei!
Wer hat sie denn zerbrochen?
Der Goldschmied, der Goldschmied
mit seiner jüngsten Tochter.
Wir wollen sie lassen wiederbaun
von lauter Gold und Silber."

Kinderlied aus Anhalt

Bernburg: Talstadt mit alter Saalebrücke (um 1840)

Endlich lassen die beiden Lehrerinnen ihre Schützlinge davonstürmen, und der fröhliche Lärm der Erleichterung lebt in der stillen Straße auf. An ihrem Ende steht das prächtige Portal zum Bernburger Schloß. Doch sein Reiz könnte kein Mädchen und keinen Jungen zu einem einzigen Laufschritt bewegen. Aber die beiden Braunbären, die sich schon erwartungsvoll auf die Hintertatzen setzen und hinauf aus ihren tiefgelegenen Zwinger blicken, können das. Ihnen ist wohl in Fleisch und Blut übergegangen, daß es nach dem näherkommenden Geschrei schnell prima Frühstücksbrote gibt, welche die besorgten Muttis liebevoll ihren Sprößlingen für den Wandertag geschmiert hatten. (Inzwischen ist der Zwinger verwaist!)

Die Wortverwandtschaft zwischen Bernburg und dem Bären, dem gutmütigen Meister Petz des deutschen Tiermärchens, ist offensichtlich. In der ersten Überlieferung aus dem Jahre 961 ist freilich von "Brandenburg" die Rede. Da die Billunger, die als Markgrafen den Burgort besaßen, die Gewohnheit besaßen, die Festungen oft nach ihrem Familienoberhaupt zu nennen: Bernhardburg wäre hier möglich, und man käme wieder auf den Bären. Das sächsische Herzogsgeschlecht der Billunger starb im Jahre 1106 aus. Durch Heirat kam die Burg über der Saale an die Grafen von Ballenstedt. Sie nannten sich um 1100 bereits Grafen von Askanien. Sie hatten ihre Ballenstedter Burgstelle einer Klostergründung geopfert und mit dem Bau der mächtigen Burg Anhalt im Selketal sich einen Machtbereich im Harz schaffen wollen, wie man vermuten darf.

Eine vorübergehende Blüte des Silberbergbaus bei Harzgerode, der frühesten Stadt der Askaniern, unterstützte die Anstrengungen. Sie waren vergeblich. Man gab auf, richtete die Pläne auf einen Vorstoß, auf Landbesitz in Richtung Saale, Mulde und Elbe, nach Osten also, ein. Die Aschersleber Burg wurde neuer Mittelpunkt. Und Graf Otto der Reiche (um 1075 - 1123) gewann die Bernburg dazu. Sein Sohn Albrecht (um 1100 - 1170) behauptete den äußerst wichtigen Ort. Albrecht, der 1134 Markgraf der Nordmark und 1138 Herzog von Sachsen geworden war, mußte seine wachsende Macht gegen erbitterte Widersacher verteidigen. 1138 wurde auch seine Bernburg von den Söldnern des magdeburgischen Erzbischofs niedergebrannt. Sie wurde wehrhafter aufgebaut. In ihr starb 1212 Bernhard, der sich als Sohn Albrechts des Bären und seit 1180 Herzog der Sachsen nun Graf von Anhalt nannte. Sein Sohn Heinrich I. (um 1170 - 1252) nahm dann unangefochten den Titel eines Fürsten von Anhalt an. Er teilte den schmalen Landstrich vom Harz bis zum Dessauer Wasserwinkel, der ihm gehörte, unter seinen drei Söhnen auf. Bernburg erhielt Bernhard I. (1220 - 1287), und sein Stamm erlosch im Jahre 1468.

Als die Lehrerinnen ihre Schüler an deren Lesekünste erinnern, um den Sinn des Schildes "Füttern verboten!" zu ergründen, heben die Bären schon lange erwartungsfroh die Tatzen und schlecken sich das Maul.

Ich nehme mit den weiten Blick über die Saale und in die Ebene auf ihrem westlichen Ufer, die langsam hügeliger wird und am Horizont zum Harzvorland übergeht, vorlieb. Ich habe kein Frühstücksbrot bei mir.

Wilhelm Giese: Das Bernburger Schloß

Die Bernburg liegt auf dem östlichen Ufer der Saale, das ursprünglich ja die slawischen Stämme behaupteten. Ihr gegenüber, im heutigen Stadtteil Waldau, soll aber schon früh ein fränkischer Königshof gelegen haben. Im Jahre 806 - so erzählt es jedenfalls eine alte Überlieferung - ließ Karl der Große unter dem Befehl seines ältesten Sohnes ein Heer bei "Waldala" sammeln, das über die Elbe setzte und in der Köthener Land vorstieß. Waldaus Kirche gehörte bereits 964 dem Stift Gernrode. Diesen strategisch wichtigen Ort hatte demnach der Markgraf

Gero auch an sich gebracht. Die Kirche war dem Heiligen Stephan geweiht, dem Patron des Bistums Halberstadt, das unter dem Schutz durch Karl den Großen entstanden war.

In Waldau, das auf einem vorgeschichtlichen Siedlungsplatz errichtet wurde, konnte eben ein sehr wichtiger Weg überwacht werden. Im Straßenverlauf Magdeburger- und Breite Straße ist er noch erhalten. Zwischen Waldau und der späteren Talstadt von Bernburg durchquerte er einen früheren Saalearm - die Röße - und dessen Aue überwölbt seit 1787 eine steinerne Bogenbrücke. Auf jener Insel, die Röße und Saale umflossen, wuchs die Talstadt. Allerdings waren das lange Zeit zwei getrennte Orte, die Neustadt und die Altstadt, die eigentliche Marktsiedlung. Ihre städtische Selbständigkeit (seit 1278) verloren sie erst durch die Vereinigung zur Talstadt im Jahre 1561.

Eine Bernburger Saalebrücke ist urkundlich 1239 erwähnt. Der vielbefahrene Weg zwischen West und Ost begünstigte den Bau und den Wert der Burg, und in ihrem Schutz wuchsen Siedlungen von Bauern, Handwerkern und Händlern. Im Jahre 1436 entstand eine steinerne Brücke. Eisgang, Hochwasser und Krieg waren ihre und deren Nachfolger Zerstörer. Zwischen 1706 und 1708 ließ schließlich Fürst Viktor Amadeus von Anhalt-Bernburg (1634 - 1718) eine Brücke auf vier Pfeilern über den Fluß bauen; zwei von ihnen spülte bereits die Frühjahrsflut 1709 davon. Durch ein barockes Portal, an welchem auch die Wachtsoldaten warteten, betrat man die Bergstadt mit dem Residenzschloß. Es ist längst abgebrochen, denn Raum war auf der wichtigen West-Ost-Achse immer knapp. Auch die Straßenbahn fand nur von 1897 bis 1922 dort etwas Platz.

Inmitten des großzügigen Schloßhofes, auf den ich den munteren Schulkindern nachschlendere, stehen die vier Statuen vom abgebrochenen Brückenportal etwas verloren. Ein Herkules stellt die Tapferkeit dar, eine Minerva mimt die Weisheit. Auch die Allegorien des Glaubens und der Gerechtigkeit schauen ins Leere. Und in aller Hintergrund steht das "Lange Haus" (57 Meter), in der zweiten Hälfte des 16. Jahrhunderts in schlichten Renaissanceformen erbaut.

Im Jahre 1834 wurde im "Langen Haus" ein neuer Thronsaal fertiggestellt: im modischen Klassizismus und grünen und weißen Tönen, den anhaltischen Landesfarben. Der Umbau und Innenarchitektur in Auftrag gegeben hatte, Herzog Alexius Friedrich Christian von Anhalt-Bernburg (1767 geboren), starb überraschend. Der Thronfolger Alexander Karl (1805 - 1863) war geisteskrank wie seine Mutter, die seit der Scheidung 1817 nicht mehr am Hof leben konnte. Trotzdem wurde der unglückliche junge Herzog im Herbst 1834 noch verheiratet. Zwar war seit 1765 Ballenstedt die Residenz der Bernburger, aber hier wurden nun auch einige Bälle und Empfänge veranstaltet, eine Illumination angeordnet. Auch gab es ein Hoftheater in Bernburg, gerade 1827 eröffnet. Ein gewisser Richard Wagner dirigierte, verfluchte sein kümmerliches Leben in der Nebenresidenz und sann auf höhere finanzielle Einkünfte.

Nach den Feierlichkeiten setzte sich im Thronsaal der Staub nieder. Wer sonst? Der kranke Herzog konnte seine Unterschrift geben; sie genügte einem "Konferenzrat" zum Regieren. Der Namenszug stand 1836 neben denen des Köthener und Dessauer Herzogs von Anhalt, als der gemeinsame Hausorden zum Andenken an Albrecht den Bären gestiftet wurde - ein gekrönter,

L. Krähenberg: Bernburg: Alte Speicher an der Saale (1928)

goldener Bär, am grünen, roteingefaßten Band zu tragen. Oder 1844 faßte man nach Verhandlungen mit dem Deutschen Bund den höchstwichtigen Beschluß, den Titel "Hoheit" - und für die Gemahlin "Durchlaucht" - anzunehmen.

Die fünf Junker des "Geheimen Konferenzrates", den bereits der besorgte Vater Alexius berufen hatte, regierten das Bernburger Herzogtum mit ihrem Willen und durch die Unterschrift des Geisteskranken. Dessen Zustand wurde selbstverständlich verheimlicht. Das fünfundzwanzigjährige Regierungsjubiläum (!) 1859 mußte festlich begangen werden, obwohl zu jenem Zeitpunkt Alexander Karl völlig isoliert und gedankenleer im Schloß Hoym lebte.

Das selbstherrliche Wirken des "Konferenzrates" hatte katastrophale Folgen für den Kleinstaat. Die straffe Verwaltung, durch die unter Herzog Alexius ein wirtschaftlicher Aufschwung begünstigt wurde, verkam. Es gab keine Revisionen. Die herzoglichen Bergwerke waren unrentabel, der Hofstaat viel zu hoch. Der Laubwald im anhaltischen Unterharz wurde abgeholzt. Wenn man überhaupt eine Aufforstung bewerkstelligte, nahm man billige Fichten. Mit seinem "Konferenzrat" besaß Anhalt-Bernburg als letzter deutscher Kleinstaat eine Regierung, die tatsächlich niemanden gegenüber verantwortlich und rechenschaftspflichtig war.

Welcher Geist von diesem Schloß ausging, soll ein beinah skurriles Beispiel zeigen, ein winziger Blick in jenen fernen Alltag. Ende 1801 erhielt das Bernburger Gymnasium vom Kabinettssekretär ein Schreiben, in welchem folgendes Problem erwogen wird:

" Ich bin von Serenissimo befehligt ... zu fragen, wer wohl der Veranlassung gegeben haben möge, daß alle jungen Leute, welche auf die Bernburger Stadtschule kämen, sich die Haare kurz abschneiden müßten? ... Höchstdieselben könnten diese Mode nicht billigen, indem doch manche junge Leute ... einmal in Serenissimi Dienste kämen, denen es dann schwer werden würde, einen Zopf einzubinden."

Der Direktor teilte umständlich mit, es gäbe seinerseits keine Kurz-Haar-Vorschriften. Die Jugend hielte es mit der Hygiene, was er angenehm empfinde.

Die Mädchen und Jungen sind inzwischen längst still und aufmerksam vor dem "Roten Turm", einem hohem Rundturm aus romanischer Zeit, versammelt und hören ihrer erzählenden Lehrerin zu. Ich sitze weitentfernt am Eingang zum "Museum Schloß Bernburg", kann nicht lauschen, doch ich weiß, welche Geschichte nun auf dem Wanderprogramm steht: "Die zweiundzwanzigst Historie sagt, wie Eulenspiegel sich zu dem Grafen von Anhalt verdingt als ein Turmbläser, und wenn Feind darkamen, so blies er sie nit an, und wenn kein Feind da war, so blies er sie an." Wie sinnreich hat Hermann Bote (um 1467 - 1520), der noch immer dem lesenden Publikum weitgehend unbekannte Verfasser des "Eulenspiegel", den Inhalt seines Schwankes in der Überschrift untergebracht!

Wer die 22. Eulenspiegel-Geschichte liest, findet aber das Wort "Bernburg" niemals. Ein Kommentator erklärt - wie die meisten Bearbeiter -: "In Bernburg, dem Ort der Handlung steht auf dem Schloßhof ein Turm, der etwa 1.000 Jahre alt ist ..." Da bekommt man eine unbeweisbare Behauptung und einen sachlichen Fehler dazu. Der Turm wurde im ausgehenden 12. Jahrhundert gemauert. Nun gut, mag man entgegnen, um wenigstens Eulenspiegel für Bernburg zu retten. Doch das ist seit 1971 ein aussichtsloses Unterfangen. In jenem Jahr veröffentlichte der Schweizer Peter Honegger umfangreiche Teile der bis dahin vermuteten, aber verschollenen "Urausgabe" des Schwankbuches. Aus ihr ergab sich nicht nur als Verfasser der Braunschweiger Zollschreiber Hermann Bote, der vordem bereits als Chronist und Spruchdichter bekannt war. Bote, ein gebildeter Mann, der viele Anekdoten und Geschichten "zusammenlas", hatte bei der amüsanten Sache mit dem Turm eine Überlieferung aus Helmstedt im Sinn. Dort hatte ein Cord Tornemann im Jahre 1411 seinen Wächterdienst auf derb-schalkhafte Weise ausgeübt. Auf die enge Gedankenverbindung zu "Tornemann" deutet wohl auch, daß Bote seinen Eulenspiegel als "der Turmmann" anführt. Der Verfasser ließ überhaupt seine Historien im Braunschweiger Land stattfinden. Erst ein unbekannter Bearbeiter der Ausgaben 1515 und 1519 erweiterte den Schauplatz für den wanderlustigen Narren. Nun marschierte er bis zu einem "Grafen von Anhalt" - sie gab es seit 1212 nicht mehr -, aber wohin?

Als der Bergfried des Bernburger Schlosses mit seinen 3,60 Meter starken Mauern nach 1570 die vier Erker samt dem Kegeldach aufgesetzt bekam, war das Eulenspiegel-Buch eine äußerst beliebte Lektüre. Und da man aus der 22. Historie nicht erfuhr, wo der schalkhafte Wächter seine falschen Signale blies, stellte man sich den hohen Turm des Bernburger Schlosses vor. Schließlich nannten die Leute das Bauwerk nicht mehr "Roter Turm", sondern "Eulenspiegel". In vergangenen Zeiten, so wird glaubhaft berichtet, zeigte man hier ungläubigen Besuchern eine schwarze Kappe aus Eulenspiegels Bernburger Hinterlassenschaft, seinen Mantel, eine Schüssel, aus welcher er speiste und - die Trompete! Dieses merkwürdige Blasinstrument ist aus Glas gewesen. Eigentlich haben die Vorfahren der heutigen Bernburger, denke ich, mit dieser Eulenspiegelei sich "ihren Eulenspiegel" auch gegen gestrenge Literaturwissenschaftler redlich verdient.

Übrigens hat 1426 anscheinend ein tüchtiger Verein von Eulenspiegeln den Bernburger "Heringskrieg" ausgefochten: Bernhard IV., mit dem die Bernburger Linie 1468 ausstarb, gegen die Magdeburger, weil sich ein Kaufmann aus der Elbestadt um den Zoll "drückte". Da darauf die Bernburger die Fracht des Händlers beschlagnahmten, stürmten die Magdeburger das Schloß, hatten aber wohl zu kurze Leitern mitgebracht, um die Mauern zu übersteigen. Es fanden langwierige Friedensverhandlungen statt. Ihr Ergebnis: die Bernburger mußten vier (!) Tonnen Heringe zurückerstatten. Welch harmloser Mensch war dagegen Eulenspiegel als anhaltischer Trompeter!

Für die echten, die wohlbestallten Trompeter ist auf dem Bernburger Schloßhof noch der "Trompeterstuhl" erhalten. Ich sehe hinauf zu dem barocken Balkon in der langen Mauer, durch die der Empfangsplatz vom einstigen Wirtschaftshof getrennt war. "Die vier ... anhaltischen

Höfe: Zerbst, Dessau, Köthen und Bernburg, haben" die Hoftrompeter "abgeschafft", hieß es 1795. In der Glanzzeit dieser Residenz nahm man dafür sogar einen Franzosen in Dienste. Damals regierte Christian I. (1568 - 1630). Sein Vater Joachim Ernst (1536 - 1586) hatte 1570 alle anhaltischen Fürstentum wieder vereinigt. Im Jahre 1603 teilten sich die fünf Söhne den Gesamtbesitz.

Fürst Christian I., Begründer der letzten Bernburger Linie, war als Vierzehnjähriger auf seiner Bildungsreise bis an den kaiserlichen Hof in Wien und nach Konstantinopel gekommen. Als Dreiundzwanzigjähriger führte er dem französischem König Heinrich IV. ein Heer von 16.000 Söldnern. Vier Jahre darauf war er oberpfälzischer Statthalter des Kurfürsten von der Pfalz. Er verwirklichte die  ehrgeizigen Pläne seines Herren und schuf im Mai 1608 die "Union", das Schutz- und Trutzbündnis der lutherischen und reformierten Fürsten. Sie bestellten 1610 den Bernburger zu ihrem Bundesfeldherren. Der Große Krieg dämmerte herauf. Als nun die aufständischen Böhmen im August 1619 den Kurfürsten Friedrich V. von der Pfalz zu ihrem König wählten, flutete die Kriegsflut über alle Dämme.

Am 8. November 1620 verlor Bundesfeldherr Christian I. die Schlacht am Weißen Berge bei Prag. Johann Graf von Tilly, Feldherr der Katholischen Liga, triumphierte. Der "Winterkönig" Friedrich saß während des Gemetzels an der Festtafel, ehe er flüchtete. Auch Christian verfiel der Reichsacht und kehrte erst 1624 wieder begnadigt nach Bernburg zurück. Für seinen ebenfalls gefangenen, verwundeten Sohn mußte ein hohes Lösegeld gezahlt werden ...

"Nichts ist beständig unter der Sonne", hieß der Wahlspruch des Bernburgers. Noch nicht einmal sein Standbild, das ich hoch und in einer Ecke an der Galerie am Christian-Bau entdecke. Nach dem Dreißigjährigen Krieg waren die Bruchstücke der freistehenden Figur beiseite geräumt worden. Erst 1894 wurden sie in einem Stall entdeckt, zusammengesetzt und am neuen Ort angebracht.

In jener Zeit lebte Anhalt nach Jahren arger Not wirtschaftlich spürbar auf. Zwar waren nach 1885 mehr als 35 Zuckerfabriken entstanden, aber sie boten nur zeitweise Arbeitsplätze. Zur Hebung landwirtschaftlicher Erträge wurde 1881 vor Bernburg die "Herzogliche Versuchsstation gegründet, die in anderer Organisationsform noch heutzutage erfolgreich arbeitet. Auch Braunkohlegruben entstanden nach 1855, aber erst die Salzförderung und -verarbeitung brachte sichere Arbeit für viele Menschen. Im Jahre 1855 hatte man zwei Schächte in Staßfurt (auf preußischem Grund) abgeteuft, um Kochsalz zu fördern. Dies Vorankommen wurde aufmerksam vom Herzogtum beobachtet. Leopoldshall war ursprünglich nur eine Gärtnerei mit einer Zahlstelle für Chausseebenutzung, aber nach 1858 wurde auf der nahen Flur von Neundorf, kaum einen Kilometer von der Landesgrenze ertfernt, ebenfalls nach Steinsalz gebohrt. Doch zunächst förderte man große Mengen von Abraumsalzen, hellblau oder rosarot, mit einem hohen Kalium- oder Magnesiumgehalt. Sie stellten sich bald als hervorragender mineralischer Dünger heraus. Schnell entstanden in Leopoldshall, Neundorf und Hecklingen chemische Fabriken und Förderanlagen. Lebten in Leopoldshall im Jahre 1864 nur 157 Menschen, waren es um 1900 weit über siebentausend. Um 1890 arbeiteten in den Solvaywerken Bernburg, der größten Fabrikanlage im alten Anhalt, über 3 500 Menschen, bedienten 67 Dampfkessel und 65 Dampfmaschinen, um Soda zu produzieren, den Grundstoff für Glas, Düngemittel, Seife und Waschmittel, Zellstoff usw. Wenn auch die Natur der Saaleaue sehr in Mitleidenschaft gezogen wurde, sprudelte hier für das Herzogtum eine unschätzbare Geldquelle.

Um 1614 mußte eine Wasserkunst für das repräsentative Schloß geschaffen werden. Die Saale trieb über ein Rad ein Druckwerk. Es hob durch Bleirohre Flußwasser in einen Sammelbehälter, der sich im "Eulenspiegel" befand. Im Schloßhof stand dann "ein steinerner Röhr-Brunnen von schönen, ausgehauenen Werk-Stücken, in dessen Mitte eine sechseckte ausgehauene, steinerne Säule befindlich, aus deren Brüsten das Wasser laufen kann, und stehet auf dieser Säule Fürst Christian ..." Das Wasser floß noch bis zum Jahre 1873. "Nichts ist beständig ..."

Die Schulklasse ist im Museum verschwunden. Ich möchte ihr nicht gleich folgen. Ausstellungen betrachte ich nicht gern mit fröhlichem Trubel wie auf einem Jahrmarkt. Andererseits liebe ich auch keine Mädchen und Jungen, die mucksmäuschenstill und ernst durch die Räume wandeln, um zu sehen, was mehr oder weniger zufällig vom Alltag oder den Höhepunkten entschwundener Zeiten übrigblieb.

Ich zahle das Eintrittsgeld und steige eine Treppe hinab in den Untergrund des Bernburger Schlosses. Eine Mauer besteht aus Bruchsteinen, die in Lehm gebettet wurden. Um 1200, belehrt ein Schildchen. Und schon im ersten Raum hole ich die schwatzenden Schüler und die Lehrerinnen, die unermüdlich mit "pscht!" Ruhe vergeblich herbeibeschwören, ein. Überall sind Eulenspiegel zu bewundern. Einige sind im Kindergarten "Albert Schweitzer" gezeichnet oder aus farbigen Klecksen entstanden. Auch Mädchen und Jungen verschiedener Schulen haben mit Phantasie gemalt, was die 22. Eulenspiegel-Historie einem echten Bernburger immer noch erzählt.

"Es gibt hier aber noch mehr zu sehen!" sagt die Lehrerin und schaut auf ihre Uhr.

Ich maschiere schnell weiter und alle mir nach.

STRASSBERG, Selketalbahn ANHALT

TEUFELSMAUER

STRASSBERG

HOYM, Untermühle   MÄGDESPRUNG

Friedhof in SIPETEN FELDE Foto Schmidt

BALLENSTEDT, Park

HARZGERODE

GERNRODE

BALLENSTEDT, Hoftheater

HARZGERODE

GRÖBZIG, Jüdischer Friedhof   PLÖTZKAU   GRÖBZIG, Synagoge

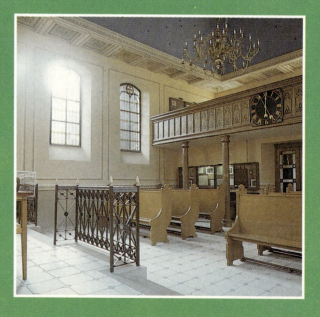

KÖTHEN, Rathaus KÖTHEN, Spiegelsaal
KÖTHEN, Magdeburger Turm NIENBURG, Markt und Rathaus

BERNBURG

COSWIG, Elblandschaft   NIENBURG, An der Schloßkirche

ZERBST
BUCHHOLZ FOTO SCHMIDT

ZERBST

FLÄMING BEI HUNDELUFT

THIESSEN
Kupferhammer

ORANIENBAUM Foto: Schmidt

HUNDELUFT

SCHLOSS MOSIGKAU

SCHLOSS COSWIG

ZERBST

PARK MOSIGKAU

COSWIG, Rathaus

DESSAU, Georgium

LUISIUM Foto: Schmidt

DESSAU, Rathaus   DESSAU, Park Georgium   DESSAU, Bauhaus

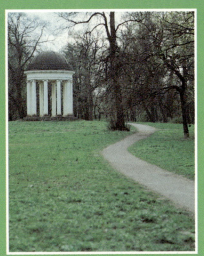
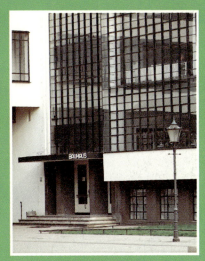

SCHLOSS WÖRLITZ

GOTISCHES HAUS   WÖRLITZER PARK

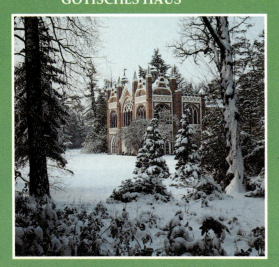

Die Stadt und der Tempel

"Was du tust, tue recht, sprichst du mit jemanden, so denke auf das, was Du hörest, liesest du, so prüfe, was du liesest."

"Lesebuch für jüdische Kinder" 1779

Synagoge im Wörlitzer Park (1801)

"Die ist im Rathaus!" rufen drei kleine Mädchen wie aus einem Munde; dann schlendern sie mit aufgeregtem Schwatz und schweren Schulmappen weiter.

Ich komme auf den dreieckigen Marktplatz, er ist - neben einer vergessenen fränkischen Schutzburg - ein Siedlungskern der Stadt Gröbzig.

Das hellgetünchte Rathaus wurde bereits 1609 eingeweiht. Auch in den Fluren schnuppert man frische Farbe. Eine Treppe muß ich hinaufsteigen. Nach dem Anklopfen stehe ich in einem Zimmer, dessen Wände mit Schränken vollgestellt sind.

"Einen Augenblick, bitte!" sagt die junge Frau.

Auf der Fensterbank stehen Blumentöpfe mit Rosmarin und Weihnachsstern. In einem Glas wuchert Papyrus aus dem grünmulmigen Wasser.

Die Berlinerin Kerstin Antje Fahning ist eine diplomierte Wissenschaftlerin. Kultur und Geschichte des westlichen Asien ist ihr Feld. Und deshalb ist sie seit 1983 in Gröbzig sehr verantwortungsbewußt tätig. Auch als Stadtverordnete. Warum in Gröbzig? Das Städtchen liegt zwischen Bernburg und Halle, aber nicht an einer Fernverkehrsstraße, und die einstige Nebenstrecke der Eisenbahn ist längst abgebaut. Weshalb dann nach dem Studium aus der Hauptstadt ausgerechnet nach Gröbzig? Ja, das fragen viele, bestätigt Kerstin Antje Fahning. Und sie zitiert sichtlich amüsiert den Pfarrer Johann Friedrich Walkhoff, der sich in Anhalt-Dessau auch als Schulreformer einen Namen machte, als er wenige Wochen nach seinem Einzug in Gröbzig 1786 seinem Tagebuch den Schwur anvertraute: "Nie wieder!" Aber er blieb, ja, er gründete im abgelegenen Gröbzig sogar den ersten deutschen Lehrerverein.

Kerstin Antje Fahning lebt und arbeitet in Gröbzig, weil ihre Studien auch der hebräischen Sprache und der jüdischen Kultur galten. Nun ist sie Direktorin des "Museum Synagoge Gröbzig".

"Unser Glaube war es, daß deutscher und jüdischer Geist auf deutschem Boden sich treffen und durch ihre Vermählung zum Segen werden können. Dies war eine Illusion - die Epoche der Juden in Deutschland ist ein für allemal vorbei." Das schrieb der ehemalige Berliner Rabbiner Leo Baeck, der das Konzentrationslager in Theresienstadt überlebte.

Aus dem Glauben an dieses Miteinander wuchsen Wichtiges und Wertvolles für beide Kulturen. Moses Mendelssohn (1729 - 1786), Sohn eines armen jüdischen Schreibers in Dessau wurde in Berlin ein verehrter Freund des evangelischen Pfarrerssohnes Gotthold Ephraim Lessing. Überzeugungen und Handlungsweisen dieses jüdischen Humanisten sind in der poetischen Person Nathan des Weisen für alle Zeiten bewahrt. Aber es darf nicht verschwiegen werden, daß Moses Mendelssohn mit seiner Familie in Berlin ständig in Verhältnissen leben mußte, die Lessing als "eine schimpfliche Unterdrückung" bezeichnete. Gewiß, Mendelssohns Abhandlung "über die Evi-

Gröbzig: Portal der Synagoge (Aufnahme 1938)

denz in metaphysischen Wissenschaften" wurde 1763 von der Königlichen Akademie mit dem ersten Preis ausgezeichnet - und der Philosoph Immanuel Kant erhielt nur den zweiten -, Mendelssohn wurde sogar 1771 zum Mitglied der Akademie gewählt, aber sein König Friedrich II., der doch ansonsten auf seinen Vorrang als Förderer der Aufklärung bedacht war, bestätigte ihn nie. Der Monarch war auch - entgegen allen Legenden - niemals an einem Gespräch mit dem weltbekannten Philosophen, Literaturkritiker und Bibelübersetzer interessiert. Lediglich auf den nachdrücklichen Wunsch eines einflußreichen Gastes hin wurde Mendelssohn einmal nach Potsdam befohlen. Der anhaltische Jude mußte vielmehr dankbar sein, daß er überhaupt als Buchhalter und späterer Teilhaber einer Manufaktur in Berlin leben durfte. Für die zahlreichen und deprimierenden Zwangsvorschriften, unter welchen das geschah, mag ein Beispiel genügen: Die Berliner Juden mußten bei jeder Geburt, Eheschließung, bei jedem Hauskauf oder Todesfall undsoweiter undsofort Porzellan der Königlichen Manufaktur kaufen. Auf diese Weise wurde man dort die Ladenhüter los. Mendelssohn hatte bald zwanzig Affen aus Porzellan.

Was galt das Schicksal eines jüdischen Menschen? "Des Morgens wie wandelndes Gras, früh blüht es und wandelt; am Abend abgehauen und verdorret", übersetzte Moses Mendelssohn Verse des 90. Psalmes: "Ach, lehr uns unsre Tage zählen, damit wir weisen Herzens seien!" Erst nach seinem Tod erhielten Witwe und Waisen von Friedrich Wilhelm II. das Privileg, in Berlin wohnen zu dürfen.

Karl Friedrich Ramler (1725 - 1796), Dichter und Professor an der Berliner Kadettenschule, dem Mendelssohn seine Psalmenübersetzung gewidmet hatte, schrieb nach dem Tod des Freundes: "Der beste Freund der Besten stand auf der höchsten Stufe des ganzen Israel, steht in der ersten Reihe des menschlichen Geschlechts."

Es gab ähnliche Freundschaften, um die vielfältig erzwungenen Grenzen zwischen Juden und Christen zu überwinden. Auch in Gröbzig: Hier disputierte Pfarrer Walkhoff mit dem Rabbiner des Ortes, und er sprach auch die jüdischen Sterbegebete am Lager des dahinscheidenden Freundes.

Der Anteil jüdischer Bürger an der Gröbziger Einwohnerschaft betrug um 1830 fünfzehn Prozent. Er lag damit weit über den Landesdurchschnitt in Anhalt von gut zwei Prozent. Aus welchen Ursachen?

Geographische Besonderheiten hatten das Entstehen und Wachsen der Siedlung begünstigt. Eine bequeme Furt durch die Fuhne beeinflußte den Verlauf uralter Wege und Straßen. Im Jahre 1465 wurde Gröbzig mit städtischen Rechten ausgestattet. Das Marktprivileg brachte nicht nur regelmäßig Händler und Kauflustige in die Stadt, auch Handwerker siedelten sich an, um mancherlei Vorteile zu nutzen.

Mittelalterliche Verbote, nach denen Juden nicht in die Zünfte aufgenommen werden durften, folglich auch kein Handwerk ausüben konnten, zwangen sie, Handel und Geldverleih bzw. Wechselgeschäfte zu betreiben. Doch sofort galten Beschränkungen: gehandelt werden durften lediglich Altwaren, dann Schmuck, Putz- und Modeartikel, schließlich Pferde ... Immer waren Genehmigungen für hohe Beträge zu kaufen; und schneller hatte man Beschimpfungen zur Hand: Halsabschneider, Wucherer, Roßtäuscher ...

Gröbzig hatte aber für die ständig Gedemütigten noch zwei Vorteile: Die Stadt lag in unmittelbarer Nähe der Grenzen zwischen Sachsen, Preußen und Anhalt, und die in Holland aufgewachsene Landesherrin Henriette Katharina, die nach dem Tode ihres Gemahles Johann Georg II. von Anhalt-Dessau (1627 - 1693) regierte, wußte um die Bedeutung der Juden am Blühen der Wissenschaften und des Handels in ihrer Heimat. Sie vergaß auch nicht den Profit, der ihrem Hause zugute kam: Jeder eingereiste Jude erhielt mit seiner Familie für den Jahresbetrag von fünfzig Talern (Einheimische zahlten zehn Taler) als "Schutzjude" verbrieftes Aufenthaltsrecht.

Als Fürst Leopold I. (1676 - 1747), der Sohn der Regentin, Landesherr wurde, folgte er dieser Politik. Seine umfangreichen Geschäfte ließ er durch seinen "Hofjuden", den Bankier Moses Benjamin Wulff (er starb 1729) - mit besten Verbindungen zu west- und südeuropäischen Wirtschaftszentren -, durchführen. Wulff nutzte seinen Einfluß auch, um durch hebräische Druckereien in Anhalt - und zwar in Dessau, Köthen und Jeßnitz - die Überlieferungen und die geistige Welt seiner Glaubensgenossen lebendig zu erhalten.

Durch diese allgemein günstigen Bedingungen wuchs die jüdische Gemeinde in Gröbzig nach 1700 langsam, aber recht stetig bis in das vergangene Jahrhundert, in welchem die immer noch geläufige Bezeichnung "Juden-Gröbzig" aufkam. Dessen Mittelpunkt war die Synagoge, der Tempel.

Auch dem unkundigen Besucher Gröbzigs wird im Bogen der Thälmannstraße, zwischen recht ähnlichen und pastellfarbenen Häusern, das Portal mit der fremden, hebräischen Inschrift auffallen. An seiner Stelle stand bis 1858 die jüdische Schule.

Die eigentliche Synagoge liegt zurückversetzt von der Fluchtlinie der übrigen Gebäude. Nach der religiösen Vorschrift durfte sie nicht unmittelbar an eine belebte, unruhige Straße grenzen. Der Grundriß des Versammlungshauses der jüdischen Religionsgemeinschaft mißt lediglich dreizehn mal zehn Meter, doch wurde es umgeben von der Schulstube, vom Frauenbad, von den Wohnungen für den Kantor und den Schächter, der nur bestimmte Tierarten auf vorgeschriebene Weise schlachtete. Beinah alle Bauten sind erhalten und werden bzw. wurden umfassend restauriert.

Inneres der Synagoge Gröbzig (um 1930)

Im November 1938 brannten die Faschisten die Dessauer Synagoge nieder. Sie zerstörten die Inneneinrichtung des Vestatempels im Wörlitzer Park, der um 1790 als Synagoge errichtet worden war, und legten Hand an das Bauwerk. Die beschämende Liste ähnlicher Schändungen und Zerstörungen im mitteldeutschen Raum ist sehr umfangreich. Wie konnte der Tempel in Gröbzig überstehen?

Im Mai 1934 erschien das faschistische Blatt "Der Stürmer/Deutsches Wochenblatt zum Kampfe um die Wahrheit" mit dem Leitartikel "Das Mördervolk". Ein erfundener "jüdischer Mordplan gegen die nichtjüdische Menschheit" wurde bekanntgemacht. Die Verhetzung wurde mit allen Mitteln gesteigert. Die jüdische Gemeinde in Gröbzig hatte sich bereits verkleinert. Im August 1934 traf sie sich zum letzten Gottesdienst in der Synagoge, in deren stillen Raum ich nun treten darf. Es fällt mir sehr schwer, mich in die Welt jener Generation zu versetzen, in die der Verhetzten, in jene der tödlich Bedrohten - die einen, verblendet und ständig angesprochen als die Sieger in den nächsten tausend Jahren deutscher Geschichte, überall in einem großen Land, die anderen, eingeschüchtert und hoffend, in diesem kleinen Raum. Bald nach dem letzten Gottesdienst brachte man die kultischen Gerätschaften und Schriften in die Dessauer Synagoge. Doch sie wurden nicht sämtlich dort zerstört. Einige überlebten im angestammten Gebäude.

Im Herbst 1934 verkauften die kaum zwölf alten Mitglieder der Gröbziger Judengemeinde ihre Synagoge sämtlich an die Stadt, die damit ein brauchbares Gebäude für ein Museum hatte. Die Gröbziger waren stolz auf ihre Geschichte, ihr Heimat-Verein hatte viele historische Zeugnisse gesammelt, nun bekam er einen ausreichenden, sehr günstig gelegenen Ausstellungsraum. Der Kauf fand keineswegs die Unterstützung der faschistischen Machthaber. Der Friseurmeister Friedrich Fuchs und der Lehrer Otto Hohmann - letzterer wurde bald nach Hecklingen versetzt, kümmerte sich aber während seiner Ferien um das Einrichten des Museums - verloren auch im Heimat-Verein ihre bisherigen Aufgabengebiete.

Für diese an der Geschichte ihrer Stadt und der Umgebung begeisterten Männer war die Historie der jüdischen Gemeinde nicht einziger Inhalt ihrer Bemühungen. Aber ihnen war bewußt, daß auch dieses jahrhundertelange Nebeneinander der jüdischen und christlichen Bürger zur Geschichte gehörte und in ihr Spuren hinterlassen hatte.

In ausgehenden 18. Jahrhundert wurden zum Beispiel die Handelsjuden aus "Jreebzich" bestimmt auch nach Neuigkeiten befragt, durch welche überlieferte landwirtschaftliche Traditionen in Frage gestellt wurden. Und sie hatten eine Vorgeschichte, die Generationen beschäftigte. Im Jahre 1718 - da zählte man in Gröbzig knapp eintausend Einwohner - hatte der Alte Dessauer - Fürst Leopold I. - das Rittergut Gröbzig mit Werdershausen in seinen Besitz gebracht und kommandierte nun die Geschicke des Städtchens mit gewohnter Willkür. Die Gröbziger

Bauern wagten Widerstand. Welshalb sollte das herkömmliche Recht plötzlich nicht mehr gelten? Sie klagten tatsächlich vor dem Reichshofrat im fernen Wien. Das bewies Mut, aber es gab keine Gerechtigkeit, die sie lohnte. Leopold I., der ja anstrebte, alle Rittergüter des Landes in seine Hand zu bekommen (er schaffte es schließlich!), bewirkte bis 1738 im Amt Gröbzig einen völligen Wandel im Landbesitz. Durch mancherlei Drangsalierungen verschuldet und verarmt, mußten ihm die Bauern für Spottpreise ihr Land verkaufen. Von 1726 führte er stolz auch den Titel "Herr zu Gröbzig". Das Exempel war statuiert, der Extremfall brauchte nicht wiederholt zu werden, das Gröbziger Bauernlegen war ein warnendes Beispiel zwischen Elbe und Harz.

Amt und Domäne Gröbzig ließ zwischen 1762 und 1813 der Pächter Johann Gottfried Holzhausen bewirtschaften. Dieser Landwirt ließ sich nicht nur durch neue Arbeitsmethoden seines sächsischen Freundes Johann Chr. Schubart anregen, sondern stellte ihm auch Versuchsflächen zur Verfügung. Der "Kleeapostel" Schubart - auch persönlich dann "vom Kleefeld" geadelt - verkündigte den skeptischen Bauern die Wohltaten des Rotklees. Die Schafe sollten nun in "Horden" - besser: Hürden - oder im Stall mit Klee gefüttert werden. Der Dung kam auf die Felder und brachte höhere Erträge. Die unproduktive Brache verschwand. Um 1790 wurde Gröbzig wie ein Mustergut besucht und bestaunt und mancherlei Neuerungen wie das Ablösen von Hand- und Spanndiensten durch Geld, der Übergang zur effektiveren Lohnarbeit, zeichneten die agrarkapitalistische Landwirtschaft, die bald in dieser Landschaft einen ungeheuren Aufschwung bringen sollte, schon vor. Der Chemiker Adolf Frank (1834 - 1916), er stammte aus der altmärkischen Stadt Klötze, bewirkte in diesem Zusammenhang die Anfänge der Kalisalzindustrie. Frank war ein Jude.

Nach der Übernahme der Gröbziger Synagoge als Heimstatt des "Städtischen Museums" begannen Friedrich Fuchs und Otto Hohmann alle vorhandenen Hinweise auf den ursprünglichen Zweck des Bauwerkes zu beseitigen. Doch sie zerstörten sie nicht, sondern überklebten, verkleideten oder kaschierten. Otto Hohmann hatte - das durfte auf keinen Fall bekannt werden - einige Kultgegenstände aus der Dessauer Synagoge zurückgeholt. Er verbarg sie im Dachboden. Die Tora-Rolle mit den alttestamentarischen Fünf Büchern Mose wurde in einem bronzezeitlichen Steinkistengrab versteckt.

Als Abteilungen faschistisch-militärischer Organisationen 1938 aus Köthen in Gröbzig aufmarschierten, um die einstige Synagoge zu zerstören, konnte sie als Eigentum der Stadt gerettet werden. Überdies war sie im Freistaat Anhalt unter Denkmalschutz gestellt als "einfacher viereckiger Bau Anfang des 19. Jahrhunderts mit einem saalartigen Raum mit Muldengewölbe; an der Westseite die Empore ..." Zum Glück war in der Beschreibung der verhängnisvolle Begriff "Synagoge" nicht verwendet worden. Trotzdem versuchten danach Gröbziger SA-Mitglieder noch eine Brandstiftung, die aber verhindert werden konnte.

Ich sehe zum Muldengewölbe hinauf. Die Restauratoren haben bei ihren Voruntersuchungen drei, vielleicht sogar vier Malschichten nachgewiesen. Eine spätbarocke, dekorative Malerei im Innenraum war der ursprüngliche Schmuck. Sie ließ sich schwer rekonstruieren, und deshalb wiederholten ortsansässige Handwerker unter Aufsicht und Mitarbeit durch Erhard Naumann die Ausmalung, die nach dem Umbau 1858 einen schlichten und festlichen Rahmen für Lesung und Gebet gab.

Kerstin Antje Fahning erzählt von der Arbeit, die ihre Tage füllt. Zum "Museum Synagoge Gröbzig" gehören zur Zeit rund 450 Gegenstände aus dem Leben der Juden in dieser Stadt und im alten Anhalt. Eine Sammlung von neunzig wertvollen Büchern muß katalogisiert werden. Überhaupt fehlt eine wissenschaftliche Dokumentation des Vorhandenen. Manche Gewebe, Stickereien, die Handschriften sind zu restaurieren. Eine Fachbibliothek soll aufgebaut, Studienaufenthalte müssen ermöglicht werden.

"Erfreu uns nun so lange Zeit, als du uns plagtest; so viele Jahre wir nur Unglück sahen!" bat mit den Worten des Psalmisten Moses Mendelssohn, der Jude aus Dessau. Die Welt seiner Glaubensbrüder unter uns ist zerstört. Wir treten vor Steine und lesen Namen, von denen wir mühsam erzählen können. Die deutsch-jüdische Philosophin Hannah Arendt schrieb: "Aber auch dies Nacherzählen, das Geschichte formt, löst keine Probleme und beschwichtigt kein Leiden. Es bewältigt nichts endgültig. Vielmehr regt es, solange der Sinn des Geschehens lebendig bleibt, zu einem immer wiederholenden Erzählen an ..."

Im Innenhof der Synagoge hat Kerstin Antje Fahning drei Rebstöcke gepflanzt. Sie sollen wachsen.

Schalom.

WÄSCHKE'S JESCHICHTN

"Ich weeß nicht, epp mein Schreim'n neetich war,
ich schrebb nurt, weil ich annerscht jar nich
konnte,
das eene nur, das war derbei mich klar,
daß sich mei Herze freehlich immer sonnte
an meine Heimat, meines Vaterlannes Jlanz,
an aler, juder Sitten Ehrenkranz."

Hermann Wäschke (1850 - 1926)

Die eisige Nacht weicht nur allmählich dem Morgenschein. Das Bahnhofsschild ist nicht beleuchtet. Ich springe von der hohen Waggonstufe und vergewissere mich noch einmal, ja: hier ist Frenz. Der Zugschaffner pfeift, und die Wagen mit ihrem müden Funzellicht rollen weiter in die Dunkelheit, von Köthen nach Bernburg.

Frenz besteht aus neun Häusern und zehn Spitzbuben. Ich war noch niemals in diesem Dorf. Die Nachricht stammt von einem Gewährsmann, der im Nachbarort aufwuchs, in Jroße Paschlemn, um es mit seinen Worten zu benennen. Amtlich: Großpaschleben.

Aber eins stelle ich schon beim frühmorgendlichen Spaziergang fest: Frenz umfaßt mehr als neun Häuser. An einem großen Gutshof komme ich vorüber, den die Landwirtschaftliche Produktionsgenossenschaft einst übernahm und nutzte. Und die - Einwohner ? Sie bleiben unsichtbar hinter den hellen Fensterscheiben, rumoren auf dem Hof hinter geschlossenen Toren. Nur einen Mann entdecke ich, als ich Frenz schon wieder verlasse. Er jagt fluchend einem kakelnden Huhn über die leichtgefrorenen Ackerschollen nach. Es wird Weihnachten, denke ich, da kann man sich keinen Braten entgehenlassen.

Tückisch glatt hat der Reif das Straßenpflaster gemacht. Diese Sorte nennt man nostalgisch-freundlich "Katzenköpfe"; auf meiner einsamen Wanderung durch den dämmernden Morgen kommen sie mir hier eher wie Bullenschädel vor.

Frenz soll eine slawische Wortwurzel haben, die auf einen Ort der Krähen deuten, Paschleben soll dagegen eine Weide unter Bäumen verheißen. Unter Bäumen, die der Novembersturm kahl gefegt hat, komme ich in das große, langgestreckte Dorf, in dessen nördlicher Niederung die Ziethe durch das Köthener Land fließt.

Ein Friedhof, der Abstellplatz für allerlei Straßenbaumaschinen, ein Stopschild vor der Bundesstraße 185, und weiter komme ich erst einmal nicht. Ein niedergelegter, sehr langer Kran wird langsam vorübergefahren, und hinter ihm kriecht dann eine Fahrzeugschlange gemächlich und scheinbar endlos durch Großpaschleben.

Ich warte vor einem Gasthof mit Fenstern, als sei es eine Kirche. Was hatte ich doch gelesen? "Miehme Barnicken hadde ihre Jastschtowwe, de jroße und de kleene, ausjekiehrt, hadde schienen Sand jeschtrauet un war nu jerade derbie, die lanke Tafel, die ungern Fenster schtand, abzuwischen, da kuktese durchs Fenster uff de Schtraße un sahk ..." Was hätte wohl die gute Frau gesagt, hätte sie einen Blick in die Zukunft der autobesessenen Menschheit tun dürfen ...

Welcher Gasthof war da gemeint? Es wird der "Schwarze Adler" (klingt sehr nach Preußen!) gewesen sein. Manche Häuser des Großen Paschlemn stehen noch an den Straßen aus jener vergangenen, hoffentlich guten Zeit, doch in das alltägliche Leben ihrer einstigen Bewohner können wir uns nur schwer hineindenken. In diesen Dörfern des alten Anhalts war es vor dem ersten Weltkrieg noch eine Selbstverständlichkeit, wenn man zum Silvesterball in den Gasthof ging, daß man seine Bratwurst von zu Hause mitbrachte, um sie vom Wirt (oder besser seiner Frau) brutzeln zu lassen.

Ich gehe vorsichtig neben der Autoschlange zum westlichen Ende (denn nicht nur die Wurst hat deren zwei) des Ortes, wo noch das frühere Zollhaus steht, das wohl nach einem Plan des Roßlauer Baumeisters Bandhauer geschaffen wurde. Jetzt erst erlebe ich, daß Großpaschleben ausgebreitet auf dem sehr flachen Südhange der Niederung ist. Ob breite Straßen oder winklige Gassen, alles ist hin- und hergewunden.

Das Dorf wurde als Pazlove urkundlich zuerst im Jahr 1159 genannt. Das Untergeschoß des breiten Kirchturmes wird noch aus jener fernen Zeit stammen. "In Jroße Paschlemn ist ane Kirche. Se is zwarschtens nich siehre jroß, un der Torm sieht o nich meh so janz neie aus, awwer's is doch de beste un de schennste Kirche, die's jiwwet, denn'sis ämn de Paschlewwer Kirche." Dieser Logik des Erzählers Hermann Wäschke kann man sich nicht verschließen. Und er schrieb auch: "Wenn ich da ma wedder inne Kirche kam, denn schtellt' ich mich allema rechtsch an den Fosten vons Treppenjelänner, wu de vorderschte Bank ist..., denn von durt aus kammer de janze Kirche ewwersähn: rechtsch hin de Mannßen, denn de Kanzel, drunger 's Altar, denn Wuthenaus Kirchenschtuhl, denn da ungene inne Kirche de Weiweßen, un dremne links omn wesser de Mannßen, vor mich hin de Schulkinner, derhinger de Orjelbank, un linksch nemn des Orjel an kleener Raum, uff den ummer bloß eener sein Wesen hadde, der Bäljetreter."

Als sich Hermann Wäschke zu Beginn unseres Jahrhunderts auf seine Weise zurückversetzte in seine Kindheit und Jugend in Großpaschleben, war diese festgefügte soziale Ordnung schon zerbrochen, und ein schöner Glanz des Vergangenen ruhte auf jenen Verhältnissen.

Die Patronatsloge in der Kirche gehörte der Familie von Wuthenau, die um 1708 das Schloß anstelle einer spätmittelalterlichen Wasserburg errichten ließ. Das alte Anhalt verschwand 1918 von der Landkarte. "Zurücktreten! roff da der Hauptmann Roderich von Wuthenau, der de zweete Kompanie hadde ..." Die Familie lebte bis zur Enteignung 1945 auf ihrem angestammten Besitz.

Ich sehe hinauf zur neuen Schloßturmhaube, gehe über den Hof und zum alten Friedhof. Ich blättere in einem Notizbuch: Im Köthener Museum sah ich den grüngoldenen Schuh einer Anette von Wuthenau (gestorben 1858); vor dem Spritzenhaus liegt der Bauernstein, eine Art Gerichtsstätte für Großpaschleber Landwirte, und alles wird irgendwie einmal in den Geschichten von Hermann Wäschke erwähnt. Er ist nicht nur d e r volkstümlichste Erzähler des alten Anhalts, sondern ein Meister deutscher Dialektdichtung.

Ich komme durch die Hermann-Wäschke-Straße und stehe gedankenvoll vor dem neuverputzten Haus, an welchem eine Gedenktafel an den großen Sohn dieses Dorfes erinnert. Hier wurde er am 21. Mai 1850 geboren. Als er am 27. November 1926 starb, gab es das Anhalt seiner Kindheit, Jugend und Mannesjahre nicht mehr.

Hermann Wäschke hat sieben Bände "Anhältsche Dorfjeschichten" geschrieben. In ihrem unvergänglichen Kern sind sie Jeschichten aus Großen Paschlemn, sind Erinnerungen, mit spürbarer Wehmut und mit beseeltem Humor geschrieben, an das Leben in ihm. In den Jahrzehnten, in denen Hermann Wäschke heranwuchs, veränderte der technologische Fortschritt das Köthener Land. Die Lebensmittelindustrie nahm ihren Anfang und wurde beispielgebend für die deutschen Staaten. In Großpaschleben stand eine Zuckerfabrik, die 1929 abgetragen wurde. Die Konzession erteilte am 27. Dezember 1837 Herzog Heinrich von Anhalt-Köthen- (Pless) (1778 - 1847). Zwei Jahre zuvor hatte man mit dieser ersten Zuckerfabrik in Anhalt begonnen. Der Boden um Großpaschleben entsprach dem in der fruchtbaren Börde. Außerdem gab es Straßen zu den benachbarten Orten Preußlitz und Gerlebogk, wo seit 1797 bzw. 1798 Braunkohleflöze abgebaut wurden. Zwanzig weitere Gruben wurden infolge der fortschreitenden Umwälzung in dieser Gegend erschlossen.

Das Gefüge der Dorfgemeinschaft bekam Risse, die hergebrachte Ordnung zerbröselte. "Von de Paschlewwer Leite jungen vill uffen Hoff (= das Wuthenausche Gut, S.) uff Arweet, vill bei de Bauern, menneje awwer oo na Keetn (=Köthen) inne Fawriken, un an paar warn oo da, die jungen na Edderitz odder Preißlitz odder wuhin's nu jerase war, inne Kollnschacht, denn durt vordientnse meh Jeld wie annerwarts."

Wäschkes Vater arbeitete als Siedemeister in der Großpaschleber Zuckerfabrik. Sein Sohn besuchte die Dorfschule: "Das war doch inne Paschlewwer Schule so: bei's Läsen kam jeder eene Reihe dran, daß bei die villen Kinner doch wennejestens jeder een odder an paar Ma dran kommn solle, un wenn nu eener de Reihe farcht hadde, denn roffen alle: Neie Reihe! un denn las der Foljende seine Reihe un so witter." Hermann Wäschke war ein aufgewecktes Bürschchen: Gymnasium, Studium, dann im Staatsdienst des Herzogtums Anhalt und sein Historiker. Am 1. April 1925 feierte er sein fünfzigjähriges Dienstjubiläum als Geheimer Archivrat Professor Doktor ...

Der arbeitsame Vater verdiente mit seinen Söhnen einige Taler dazu: "Un's jap inne janze Jejend nur eene eenzige Musikkapelle, das waren de Wäschken aus Jroße Paschlemn." Der junge Hermann bekam auf diese Weise beste Kenntnisse von Gebräuchen und Festen. Er sammelte und veröffentlichte Volkskundliches über Jahrzehnte und ergänzte es durch urkundliche Nachrichten.

Auch in Anhalt bestimmte die Arbeit des Bauern einst den Jahreslauf. Am Martinstag im November endeten die Erntearbeiten auf dem Feld, Mägde und Knechte wurden "ausbezahlt" und traten in neue Dienste. Wer vermögend war, leistete sich am 11. November seinen Martinsvogel, die gebratene Gans, und las von einem rostbraunen Brustknochen schon den nahenden strengen Winter ab. "Martinshörnchen" mußten gebacken werden. Und schon brach die Zeit für Schlachtefeste an. "Gegessen wurde bei Schlachtefest reichlich. Zum Mittag aß man in vielen Orten Rindfleisch mit Rosinen, sonst aber natürlich Wellfleisch mit Kraut und Pflaumen." Am Abend kamen Freunde und Verwandte zusammen: "Da gab es dann Kesselwurst, Bratwurstklößchen, verschiedene Salate, eingemachte Früchte, Kraut und zum Beschluß frische Wurst ..." Der letzte Novembertag, dem Heiligen Andreas gewidmet, war Orakeltag für heiratslustige Damen. Wenn sie um Mitternacht in den Spiegel blickten, erschien ihnen das Bild ihres künftigen Mannes. Aus Zweigen, die vom Apfelbaum oder Holunder geschnitten, trieben sie Blüten, die am Weihachtstag gezählt wurden: sie verrieten jungen Mädchen den Hochzeitstermin.

In Anhalt war es noch Anfang des 20. Jahrhunderts üblich, daß die Gäste sich an der Hochzeitstafel gütlich taten, die Braut unterdessen aus einer Tüte ein Gemisch aus Hirse, Reis, Gries, Linsen, Bohnen und Erbsen auseinandersortieren mußte. Wohlgemerkt ohne Aschenputtels Hilfskräfte!

Man darf nicht unterschlagen, daß es auch Gebräuche gab, durch welche die Dorfgemeinschaft unliebsame "Einzelgänger" unterdrückte und strafte. Schon im ausgehenden Mittelalter bekam eine "Magd, die Männer zur Unzucht" aufgereizt hatte, öffentlich ein Bund Stroh als Mitgift. Aus einem Kirchenbuch: "1612 den 8 Octobris ... ist Paull Richter von Rosefellt mit Gertrauten Börner copuliret worden. Der Brautt als einer Kranzhure ist Heckerling gestrauet worden ..."

Vom Weihnachtsfest bis zum Dreikönigstag zählte man auch in Anhalt die "Zwölften". Es durfte nicht gearbeitet werden. Der Bauer beobachtete das Wetter jeden Tages, denn es prophezeite die Witterung für den entsprechenden Monat des neuen Jahres. Freilich nannte die Zwölften der Pastor in Lausigk um 1600 auch schlicht "Sauftage". Wer in jenen Tagen keinen Braunkohl aß, erlebte Unheilvolles. Um 1900 schrieb man: "Wäre in unserer Gegend ein Weihnachtsfest zu denken ohne den beliebten Grün- oder Braunkohl, die Oberfläche der Schüssel mit Bratkartoffeln verziert? Ist es auch kein Gänslein, keine Ente, was dazu aufgetragen wird, so doch ein lieblich gebräunter Schweinebraten, eine Schälrippe oder ein zartes Kammstück! Nicht zu vergessen der Weihnachtsstollen für groß und klein!" Früher gab es noch eine Spezialität - aus einer Terrine löffelte man zerbrockte, braune Honigkuchen, die in Schnaps eingeweicht waren.

Obwohl viele Bräuche immer mit einer vollbesetzten Tafel verbunden blieben, konnten als Delikatessen aus Anhalt nur Zerbster Bitterbier und Brägenwurst über die Landschaftsgrenzen hinaus bekannt werden. Das alltägliche Essen war karg: Brot, Kartoffeln, Speck. Vielleicht erinnert sich deshalb auch Hermann Wäschke so deutlich an die wenigen Schlemmertage: "De Mutter Schillingen hadde uffjetra'n, daß der Tisch knackte: Worscht, Schinken, Schpeck, Eier, Butter, Käse, an paar Dutzend Bummn frisches Brot un denn anne Schteenbulle Kimmel mit Nordheiser un sojar anna Flasche Luft mit Duppelluft von Schprit-Behrsche in Keeten."

Auch ein Rezept für eine kalorienreiche Leckerei hat uns der Geheime Archivrat Wäschke bewahrt: Aus je einem halben Liter Milch und saurer Sahne, einem halben Stück Butter, einem Dreiviertelpfund Zucker, etwas Mehl und Zimt rührt man einen Teig, der gerade noch vom Löffel laufen muß. Dann wurde zwischen zwei aufeinanderklappbare Eisenplatten, die mit Speckschwarte geschmiert werden mußten, ein guter Löffel Teig über dem Herdfeuer breitgedrückt und gebacken. Eisenkuchen.

Am Neujahrstag zog der Kantor mit den Schülern durch Kleinpaschleben, um durch Ständchen auf vermögenden Bauernhöfen sein Gehalt gering aufzubessern. Im Fürstentum Anhalt-Dessau mit seiner vorbildlichen Schulverfassung war diese kaschierte Bettelei bereits seit 1802 verboten.

Nach dem Lichtmeßtag - am 2. Februar - begannen dann in den Dörfern wieder die Vorbereitungen auf das Arbeitsjahr mit seinen langen, sauren Wochen ...

Nicht nur in Großpaschleben ist das Andenken an Hermann Wäschke lebendig geblieben. Alte Ausgaben seiner "Jeschichten" sind "Familienheiligtümer". "Een richtscher Paschlewwer muß sowas hamn!"

Aus jedem Jeschichten-Buch ist längst ein Geschichtsbuch geworden. Viele äußerliche Verhältnisse haben sich grundlegend gewandelt, doch der Menschenschlag hat im großen und ganzen seine Eigenarten treu bewahrt. "Mir Paschlewwer Jungens hann unse jroßen Fehler jehatt un hannse wo alleweile noch, awwer mir hadden oo unse Tujenden, un dadervon war die ierschte un jretzte, dassemer zusammnhuln un nicht uffenanner kommn lußen. Eener vor alle un alle vor een'n, das war de Losung."

121

Darauf kann man die heutige Generation nicht mehr verpflichten. Die Verhältnisse in jedem Dorf haben sich geändert. Aber die Grundstimmung für das Zusammenleben muß bleiben, wenn das Gemeinwesen lebendig bleiben soll.

Ich gehe durch die Straße, zum Dorfteich mit seinem Ablauf, den nicht nur Wäschke "Renne" nennt, zum Schloß und der Kirche. Die Orgel ist erst 1905 von einer Dessauer Werkstatt gebaut worden. Schüler Hermann Wäschke hatte einen anderen Klang im Gedächtnis. Aber seine Jeschichte von dem Kantor, der in griesgrämiger Verschlossenheit seinem dienstelfrigen Bälgetreter die Frage "Was schpielnmer denn heite?" nicht beantworten will - auch weil ihm das "Kollegenhafte" mißfällt -, wird als ein lebendiges, anekdotenhaftes Stück vom alten Anhalt noch weit über unsere Generation hinaus klingen. Der Kantor knurrte: "Tretet Ihr, was Ihr wollt, ich spiele, was ich will!" Und prompt ging der Orgel "Middewä in'n dritten Varsch" die Luft aus. Der hochnäsige Organist spielte "Wie schön leuchtet der Morgenstern", aber sein kunstgewandter, doch schlitzohriger Bälgetreter trat korrekt "Nun danket alle Gott".

Es ist Mittag. Mädchen und Jungen kommen mir von der nahen Kreisstadt entgegen. Sie lachen und schwatzen, und das klingt wie nur echte Paschlewwer miteinander reden können, unverwechselbar "keetensch" ...

DIE MUSEN IN KÖTHEN

"Diese Stadt verleitet keinen Durchreisenden zum Bleiben, kein gediegenes Fachwerk lockt ihn, keine berühmte Kirche. Köthen war nie eine reiche und nie eine bedeutende Stadt ... So scheint es dem eiligen Reisenden, als habe dieser Winkel unseres Landes in seiner Vergangenheit nichts gekannt als das gemächliche Verrinnen der Zeit."

Heidemarie Hecht in der "Weltbühne" (1984)

Marktplatz mit Jakobskirche, Rathaus und Großem Gasthof in Köthen um 1830

Die Schalaunische Straße führt zum Köthener Marktplatz. Diese Promenade, mit Steinplatten ausgelegt, durch hübsche Laternen, Blumenbeete und Brunnen geschmückt, ist ein belebter Einkaufsweg. In den restaurierten Häusern, vorzugsweise aus der Zeit um die Jahrhundertwende, sind zahlreiche Geschäfte und einige Gaststätten. Durch die abwechslungsvolle, farbige Gestaltung der Fassaden hat jedes Haus seine Individualität behalten; und Abwechslung ergötzt bekanntlich.

Wer aber in die Gassen einen Blick wirft, sieht viel Grau und Verfall. Die verwohnten und größtenteils geräumten Häuschen haben feuchte Mauern. Es riecht nach wucherndem Schwamm und Moder. Historische Hinterlassenschaften nicht nur der letzten vierzig Jahre. Doch wurde in dem Wahn, eigentlich nur das sozialistische Ost-Berlin als Raum für eine modernistische Architektur auszustellen, die überlieferte Bausubstanz gerade in den mitteldeutschen Städten katastrophal vernachlässigt. Die Neubauten am Rande des historischen Köthens machen diese Dissonanz noch eindringlicher erlebbar.

Der Turm der spätgotischen Stadtkirche auf dem Markt stürzte bereits 1599 ein. Für einen Neubau fehlte damals Geld. Seit 1886 versuchte man es dann, durch Lotterien und Konzerte zu Kapital zu kommen. Der Architekt und Baumeister Bernhard Schring (1855-1941), gebürtig aus dem anhaltischen Dorf Edderitz, bewerkstelligte zwischen 1895 und 1897 das Errichten der beiden Türme.

Ob man aber vom schönen Marktplatz oder aus der gepflegten Schalaunischen Straße in die "Museumsgasse" kommt, unwillkürlich geraten die Schlenderschritte aus dem gemütlichen Taktmaß. Auch mir ergeht es nicht anders. Hier ist Köthen noch am unansehnlichsten. Selbst das Gebäude des "Historischen Museums" wird es nicht so schnell zum beliebten Postkartenmotiv bringen. Die uns Menschen anrührende, freundliche Gesinnung der Musen oder des Musischen strahlt es nicht aus. Wer sich aber Zeit nimmt, das "Historische Museum" zu besuchen, gewinnt bleibende Erinnerungen an die Künste in einer vergessenen Residenz, an die Sonnen- und Schattenseiten, durch die sie beeinflußt wurden.

Ich treffe sogleich auf Kapellmeister Johann Sebastian Bach. Er sitzt, die weißgepuderte Perücke aufs Haupt gestülpt, am Cembalo, spielt mit der linken Hand die Generalbaßstimme und gibt mit der rechten die Einsätze an. Die Mitglieder der Köthener Hofkapelle musizieren in einem Halbrund um ihren Meister. Die Notenblätter vom 2. Brandenburgischen Konzert - aber zu Bachs Lebzeiten hatte dieser Zyklus noch gar nicht diese Titel - stehen auf den Pulten. Da werden keine Pauken verlangt. Hofpauker Anton Unter hat frei, doch wird er nicht ohne Arbeit sein; in seinem Hauptberuf füllt und spült er Becher und Krüge als Gastwirt.

Die sechs Brandenburgischen Konzerte schrieb Johann Sebastian Bach seit 1718 in Köthen. Es waren selbständige Kompositionen für recht unterschiedliche Instrumentalbesetzungen. Zu

Beginn des Jahres 1721 stellte sie der Hofkapellmeister zusammen und widmete sie dem Markgrafen Christian Ludwig von Brandenburg. Höchstwahrscheinlich hatte er ihn drei Jahre zuvor in Berlin kennengelernt. Dort sollte Bach für das Köthener Schloß ein Cembalo prüfen und kaufen.

Cembalist Bach, die Solisten mit Violine, Flöte, Oboe und Trompete sowie das Orchester sitzen in einer weißen, sparsam vergoldeten Loge vor mir. Feigenblattlose Barockdamen gehören zu ihrer Dekoration. Die Wände des Festsaales sind mit wunderschönen Miniaturen nach Gemälden, die während Bachs Köthener Jahre von 1717 bis 1723 in anhaltischen Schlössern hingen, geschmückt.

Zwischen mir und den puppenhaften Musikern ist eine Glasscheibe: ein amüsantes Diorama wie ein Guckkasten in eine ferne Zeit. Doch ich brauche nur den Kopf zu wenden, schon sind Tenorgambe, Blockflöte, Oboe d'amore, die fanfarenähnlichen Trompeten tatsächlich zu sehen.

Ein Fragment von einem Orgelprospekt ist erhalten. Das Instrument ertönte von 1676 bis 1866 in der Stadtkirche. Vielleicht hat Bach auf ihm musiziert. Doch dabei darf nicht übersehen werden, Johann Sebastian Bach war nicht als Kirchenmusiker in die Residenzstadt des Fürstentums Anhalt-Köthen berufen worden und mancherlei Querelen zwischen ihm als Lutheraner und der reformierten Geistlichkeit gab es sowieso. Als der Hofkapellmeister 1720

Wilhelm Giese: Türme des Köthener Residenzschlosses

im Gefolge seines Fürsten in Karlsbad weilte, erfuhr er erst nach der Rückkehr vom Tod seiner Frau Maria Barbara. Und im "Historischen Museum" kann man die Beschwerde des Diakon Zeidler nachlesen, weil sich Bach darauf in aller Stille am 3. Dezember 1721 in seinem Haus mit der Sängerin Anna Magdalena Wilcke trauen ließ.

Welches Haus ist gemeint?

Noch eine Feststellung, die wie eine Ausflucht wirkt, aber es nicht ist: Bach erwarb in Köthen kein Bürgerrecht. Er brauchte das nicht; er lebte und arbeitete als Hofbediener. Deshalb kam er (und sein Haus) nicht in das Bürgerverzeichnis.

Verständlich ist, daß es in Köthen mancherlei Anstrengungen gab, ein Gebäude als das echte Bach-Haus zu bezeichnen. Ein Theaterzettel aus dem Jahre 1954 beweist, daß dieser Häuserstreit sogar ein satirisches Lustspiel anregte. Ein gewisser Helmut Johannes Baierl verfaßte "Der Streit um Johann Sebastian Bach". Die Uraufführung fand selbstverständlich in Köthen statt, das damals noch ein Schauspielensemble besaß. In ihm versuchten sich nach 1945 als Nachwuchs unter anderem Manfred Wekwerth, Erich Franz, Gerhard Wolfram und Heinz Quermann ...

In Köthen schuf Johann Sebastian Bach meisterliche Werke wie den ersten Teil "Das wohltemperierte Klavier", die englischen und französischen Suiten, die Ouvertüre (Bach-Werk-Verzeichnis 1066), Konzerte für Violine und Orchester, Sonaten und Kantaten. Das Notenmaterial gehörte stets der fürstlichen Sammlung. Es ist gewiß, daß manche Kompositionen durch spätere Generationen als wertlose Archivalien vernichtet worden sind.

In einem Ausstellungsraum fällt Licht auf zwei repräsentative Bildnisse der Fürsten Leopold und August. Ihr Großvater Emanuel (1631 - 1670) hatte 1669 Anhalt-Köthen von seinem Bruder Lebrecht (1622 - 1669) übernommen. Beide gehörten ursprünglich zur Linie Anhalt-Plötzkau. Ihr war in der Teilung 1603 zugesichert, beim Aussterben der Linien Bernburg, Dessau, Köthen oder Zerbst diese dann zu beerben. Das Fürstentum Anhalt-Köthen fiel aus dem Grunde bereits 1665 an Anhalt-Plötzkau. Aus den winzigen "Plötzkauern" wurden nun die neuen, einflußreicheren "Köthener" Fürsten.

Der Vater von Leopold und August - Fürst Emanuel Lebrecht (1671 - 1704) - hatte gegen den Willen seiner Verwandtschaft die unstandesgemäße, weil lediglich aus dem Landadel stammende Gisela Agnes von Rath (1669 - 1740) geheiratet. Sie gründete und förderte den Bau der lutherischen Agnus-Kirche. Nach dem frühen Tod ihres Gemahls regierte Gisela Agnes als Vormund ihrer Söhne das Köthener Land zwischen 1704 und 1715.

Streitereien mit der reformierten Geistlichkeit gehörten damals ständig zur Tagesordnung. Um irgendein Vorrecht wurde immer gezankt. Das änderte sich auch nicht, als der musikalisch gebildete Leopold die Herrschaft übernahm. Dadurch kamen Spannungen mit der rechthaberischen Mutter hinzu. Schließlich focht der jüngere Bruder August noch die Alleinherrschaft an. Im Jahre 1716 trennte man den Besitz in Anhalt-Köthen-Plötzkau und Anhalt-Plötzkau, um die verderblichen Spannungen zu mindern.

In Köthen fanden nach dem Dreißigjährigen Krieg knapp 2000 Einwohner Heimstatt und Lebensunterhalt. Die Stadt lag in verkehrstechnischer Hinsicht sehr günstig. Bach konnte bequem nach Zerbst, Leipzig, Berlin, Halle und Hamburg reisen.

Der Hofstaat vergrößerte sich um 1700 nach modischem Vorbild der großen Residenzen. Um 1730 wohnten in Köthen bereits gut 3000 Menschen. Selbst Perückenmacher, Strumpfwirker, Bortenwirker, Handschuhnäher fanden ihr Auskommen. Eine Manufaktur, die gold- und silberdurchwirkte Mode- und Uniformteile bis um 1800 herstellte, wurde 1724 von Marcus Schnurbein übernommen und zu beachtlicher Blüte geführt. Der Obelisk auf seinem Grab steht noch auf dem ehemaligen Friedhof vor dem Halleschen Tor. Auf ihm bettete man auch 1719 Maria Barbara Bach zur letzten Ruhe, zwei Monate darauf ihren Säugling, der die Vornamen der beiden Fürsten bekommen hatte - Leopold August. Nach diesen Gräbern braucht man nicht zu suchen.

Am 13. April 1723 bestätigte Fürst Leopold: "Von Gottes Gnaden Wir Leopold Fürst zu Anhalt etc. etc. fügen hiermit männiglich zu wissen, wasgestalt Wir den ehrenfesten und wohlgelahrten Johann Sebastian Bach seit dem 5. Augusti 1717 als Kapellmeistern und Direktoren unserer Kammermusik in Diensten gehabt, da Wir dann mit dessen Verrichtungen jederzeit wohl zufrieden gewesen."

Rückblickend schrieb der Komponist 1730: In Köthen "hatte (ich) einen gnädigen und Musik sowohl liebenden als kennenden Fürsten; bei welchem (ich) auch vermeinete, meine Lebenszeit zu beschließen. Es mußte sich aber fügen, daß erwähnter Serenissimus sich mit einer berenburgischen Prinzessin vermählete, da es denn das Ansehen gewinnen wollte, als ob die musikalische Inklination bei besagtem Fürsten in etwas laulicht werden wollte, zumaln da die neue Fürstin schiene eine Amusa zu sein ..."

Tatsächlich heiratete Fürst Leopold im Jahre 1721 Friederike Henriette von Bernburg. Und am Bernburger Hof ging es durch starke Einflüsse des Calvinismus in Bezug auf die Kunstpflege recht nüchtern zu. Aber die vermeintliche "Amusa" starb bereits im Jahr 1723, als Bach und seine Familie in Köthen Abschied nahm. Es wird wohl ein Bündel von Gründen den Ortswechsel vorangetrieben haben. Auf jeden Fall konnte der "Hollsteinische Correspondent" vom 29. Mai 1723 aus Leipzig melden: "Am vergangenen Sonnabend zu Mittags kamen vier Wagen mit Hausrat beladen von Köthen allhier an, so dem gewesenen dasigen Fürstl. Kapellmeister, als nach Leipzig vocierten Cantori figurali, zugehöreten; um 2 Uhr kam er selbst nebst seiner Familie auf zwei Kutschen an, und bezog die in der Thomas-Schule neurenovierte Wohnung."

Marlies Theuerjahr: Hof im Schloß zu Köthen

Nach diesem Fortzug verstummten zwar die Musen wie Euterpe, Terpsichore, Erato oder Polyhymnia, die Musikalisches beschirmten, in Köthen nie völlig, aber um Bach wurde es - wie nach seinem Tod in Leipzig - sehr still. Erst um die Mitte des vergangenen Jahrhunderts erlebte sein inzwischen zerstreutes Werk die Wiedergeburt. Auch in Köthen wurde ein Denkmal aufgestellt, ein Platz nach dem Komponisten benannt. Im Schloß, seiner inzwischen dann umgebauten und völlig zweckentfremdeten Wirkungstätte, entstand ein Bach-Saal, wo seit 1967 Köthener Festtage mit der Musik des Meisters und ehemaligen fürstlichen Kapellmeisters stattfinden. Den Höhepunkt ständiger Bach-Pflege haben aber die Mitarbeiter und ihr Direktor Günter Hoppe mit der Gedenkstätte im "Historischen Museum" geschaffen.

Unter den zeitgenössischen Graphiken finde ich auch eine kolorierte Ansicht vom "Fürstl. Residenz-Schloß zu Cöthen". Diese Blätter ließ um 1650 der Schweizer Kupferstecher und Verleger Matthäus Merian (1593 - 1650) drucken und seine Erben führten das Unternehmen in Frankfurt am Main fort. Die damaligen Prospektezeichner hatten erprobte Verfahren, Bauwerke, die sich in der Wirklichkeit auf engem Raum drängten, durch perspektivische Konstruktionen auf weiten Flächen zu verteilen.

Merians Kupferstich zeigt nach solchem Vorgehen eine beachtliche Schloßanlage, zu welcher vier Brücken über Gräben führen. Ein Quartiergarten im Geschmack der italienischen Renaissance umgibt das Bauwerk. Reitbahn, Orangerie, ein Labyrinth aus Hecken bedeckt erstaunlich großräumig die Ebene. Die Beete sind ausgerichtet wie Regimenter zur Parade.

Wie kam es zu einer derart großzügigen, für die Entstehungszeit äußerst modernen Anlage, auch wenn ihre wahre Ausdehnung durch den Zeichner unterschlagen wurde?

Im späten Mittelalter hatte das Köthener Land, wichtiger Ausgangspunkt für die Ostexpansion der Askanier in früher Zeit, wechselvolle Schicksale zu erdulden. Johann II. (um 1340 - 1382) hatte seinen Landbesitz für die beiden Söhne in die Fürstentümer Zerbst und Köthen-Dessau geteilt. Das letztere Gebiet fiel aber wieder an Zerbst, als Magnus (1455 - 1524), Rompilger und später Magdeburger Domprobst, 1508 auf die Herrschaft verzichtete. Sein Bruder Wilhelm (1457 - 1504) verzichtete ebenfalls auf weltliche Macht und wurde Franziskanermönch. Martin Luther erinnerte sich an ihn: "Ich habe ihn gesehen mit diesen Augen, da ich bei meinem 14. Jahr zu Magdeburg in die Schule ging, einen Fürsten von Anhalt, der ging in der Barfüßerkappe auf der Breitenstraße um nach Brot und trug den Sack wie ein Esel." Blieb der dritte Bruder Adolf übrig; auch er zog ein Leben als Geistlicher vor und wurde 1514 Bischof von Merseburg. Das war eine wichtige Voraussetzung dafür, daß der Zerbster Fürst Joachim Ernst (1536 - 1586) seit 1570 alle anhaltischen Landesteile besaß. Sein Sohn Ludwig (1579 - 1650) schuf nach der Erbteilung 1603 das neue Fürstentum Köthen. Residenz und Land hatten zum Wachsen und Gedeihen nur wenig Zeit. Die schrecklichen Jahrzehnte des Großen Krieges begannen bald.

" ... über euch soll der Friede kommen/
mitten unter allen stürmenden Kriegen
will ich dennoch über eueren Häuptern schweben/
Friede soll sein in eueren Wohnungen/
Friede an euerem Tische/
Friede auf euerem Lager/
Friede auf euerem Felde/
Friede in euerem Walde/
Friede soll sein in euerem Gemüte/
Friede in euerer Seele/
Friede in euerem Herzen/"

An einem unbekannten Tag, im August oder September des Kriegsjahres 1639 wurden diese eindringlichen Verse zum ersten Male vorgetragen. "In Gegenwart vieler Fürsten, Fürstinnen und Fräulein, auch großer Anzahl hochadelicher, gelehrter und anderer vornehmen Mannes-, Frauen und jungfräulichen Personen sehr beherzt, fertig, mit zierlicher Geschicklichkeit und wohlbequemeten tapferen Gebärden fürgebracht und abgelegt durch einen funftzehen (= fünfzehn, S.) jährigen edelen Knaben."

Der junge Vortragende hieß Paris von dem Werder. Sein Vater Diederich von dem Werder hatte diese "Friedensrede" verfaßt.

Diederich von dem Werder war 1584 in Werdershausen bei Gröbzig geboren. Nach seiner höfischen Ausbildung betrieb er bald selbst die Geschäfte des Krieges mit. Als anhaltischer Gesandter lernte er die führenden Befehlshaber auf allen Fronten persönlich kennen: Kaiser Ferdinand II. und König Gustav Adolf von Schweden, Wallenstein und Banér, Oxenstierna und Piccolomini. Als Obrist kommandierte er schwedische Söldner. Das mörderische Geschehen, die Unmenschlichkeit belasteten das Gewissen von Diederich von dem Werder. Wie sollte auf diesem blutigen Weg jemals wieder Harmonie zurückgewonnen werden? Gab es überhaupt noch eine Zukunft, für die sich das Leben lohnte, für die man die Jugend erziehen sollte?

Im Jahre 1635 nahm von dem Werder seinen Abschied aus schwedischen Kriegsdiensten. Er nutzte persönliche Verbindungen, um die drohende Flut von neuem Bedrängnissen von seiner anhaltischen Heimat fortzuleiten. Im Februar erreichte er von den Schweden weitestgehende Schonung des Landes und seiner Bevölkerung. Dafür mußten im Monat 600 Taler gezahlt werden, und sie garantierten auch nicht die völlige Schonung. In dieser spannungsvollen Zeit entstand die "Friedensrede", für die nach Forschungen des Literaturwissenschaftlers Gerhard Dünnehaupt die "Querela pacis" (1517) des Erasmus von Rotterdam als Vorlage gewählt wurde.

Werder hatte in Marburg Theologie und Rechtswissenschaft studiert. Reisen unternahm er nach Frankreich und Italien, ehe er am hessischen Landgrafenhof als Oberhofmarschall lebte. Diederich von dem Werder war ein weltgewandter und gebildeter Adeliger, tätig auch als Schriftsteller und Übersetzer.

Weshalb ließ er aber seine "Friedensrede" in Köthen vortragen und drucken? Und wieso ließ sich dort im Schloß trotz der Bedrohungen eine offensichtlich hochangesehene, einflußreiche Zuhörerschaft versammeln?

Köthen: ehemaliges Landes-Seminar (Postkarte um 1910)

Das Residenzschloß Köthen war in der ersten Hälfte des 17. Jahrhunderts ein Sitz der Musen mit weitwirkender Ausstrahlung und Kraft. Ihr Beschützer und tatkräftiger Förderer war Fürst Ludwig von Anhalt-Köthen, gebürtig 1579 in Dessau. Der junge Prinz hatte das London der Shakespeare-Zeit und das Florenz der Mediceer kennen und begeistert lieben gelernt. Gerade in Oberitalien hatte das höfische Leben durch die Pflege der Architektur, der Literatur und Musik, der Ballettkunst und nicht zuletzt der Malerei einen ungemein farbigen Rahmen und Hintergrund erhalten.

In Ludwigs neuem Köthener Schloß lebte der Widerschein jener Farbenpracht und Formenfülle auf. Öfen wurden gesetzt, die Wappen, Mädchenfiguren oder tanzende Bauern zeigten. Auf den Wänden spannten sich bemalte Tapeten, auf denen zum Beispiel Neptun sich mit Najaden und Meermännern in den Wellen tummelte. Von himmelblauen Decken funkelten gol-

131

dene Sternbilder herab. Grüne, goldgebuckelte Rauten überzogen große Flächen. Für die Lustgärten mußten Reben aus Italien herangeschafft werden. Als der junge Paris im Spätsommer 1639 die "Friedensrede" seines Vaters rezitierte, saß die erlesene Zuhörerschar mit Gewißheit in einem Saal, der mit seidengestickten Tapeten ausgeschlagen war. Sie zeigten Namen, Wappen und Allegorien in verwirrender Fülle und bildeten eine Ruhmeshalle für die "Fruchtbringende Gesellschaft", ein Lebenswerk des Fürsten Ludwig.

Bereits im Jahre 1600 hatte die Florentiner "Accademia della crusca" Ludwig als Mitglied aufgenommen. Es handelte sich um eine hochadelige Vereinigung, die - darauf spielte ihr Name an - in der italienischen Sprache sozusagen das reine Mehl von der unreinen Kleie trennen wollte. Ludwig fand an dem Vorhaben Gefallen.

Schließlich wuchs der Vorsatz, eine ähnliche Gesellschaft für die deutsche Sprache zu schaffen, nochzumal diese bei den Gelehrten immer weit auf einen Platz nach dem Lateinischen verwiesen wurde.

Anna Sophia von Anhalt (später Gräfin von Schwarzburg) und ihre Schwester Dorothea Maria (dann Herzogin von Sachsen-Weimar) waren 1613 in Weimar durch Wolfgang Ratke (1571 - 1635), der sich der Mode der Zeit entsprechend latinisiert Ratichius nannte, unterrichtet worden. Dieser Pädagoge war auch "seine Schule in hochdeutscher Sprache in deutscher Nation anzurichten in willens, verhoffet er eben unter den Deutschen solche Sprach in desto bessern Flor, Gebrauch und Übung zu bringen", hieß es in einer zeitgenössischen Beurteilung. Da er in diesem Mann einen Mitarbeiter nach seinem Geschmack vermutete, nahm Fürst Ludwig mit ihm Kontakte auf und bot bald sein Land als Erprobungsfeld für eine Schulreform an. Ja, der Fürst versuchte für die hochfliegenden Pläne Ratkes auch seine Brüder und Verwandten zu gewinnen. Aber der Dessauer Johann Georg starb, Rudolf in Zerbst winkte ab, der Bernburger Neffe Christian II. ebenfalls, weil er Nachteiliges über den Gelehrten in der Pfalz gehört hatte. Blieb Ernst von Sachsen-Weimar übrig.

Wolfang Ratke, ein Begründer der Lehre vom Unterrichten, konnte schlecht Kompromisse mit den vorgefundenen Gegebenheiten schließen. Die Schulreform in Köthen wollte er verwirklichen, aber - er wollte zunächst nicht unterrichten. Tätig würde er in seiner neuen Schule nur werden, wenn ausreichend Lehrbücher von ihm selbst oder nach seinen methodischen Vorschriften zur Verfügung ständen. Deshalb - erst eine Druckerei, dann der Unterricht.

Es wurde kostspielig. Die beiden Fürsten bezahlten erst einmal viele Typen für deutsche, französische, italienische, spanische, hebräische, lateinische, griechische und syrische Schrift. Zwei Druckpressen wurden im Köthener Schloß aufgestellt. Setzer und Drucker, selbst ein Schriftgießer mußten angestellt werden.

Ende 1618 druckte man Ratkes "Lebensregeln" für die zukünftigen Schüler. 1619 erschienen 27 Broschüren und Bücher. Darunter war auch Ratkes "Grammatica universalis" (sie kostete sechs Pfennig) in lateinischer, griechischer, deutscher und französischer Sprache. Die italienische Übersetzung schuf Ludwig selbst. Ratke verlangte, daß der Schüler einen fremdsprachigen Text immer zuerst in der deutschen Sprache begreifen und üben mußte. Darin lag der Grund für das Erscheinen zahlreicher polyglotter Ausgaben.

Nach einem halben Jahr waren sämtliche Lehrtexte in Köthener Drucken vorhanden. Hier arbeitete der erste Schulbuchverlag auf deutschem Boden.

In den Schulen begann der Unterricht nach Ratkes Reformplänen. Leider vergingen nur vier Monate, und der enttäuschte Fürst mußte den Pädagogen des Landes verweisen. Ratke war ein miserabler Diplomat, starrköpfig und uneinsichtig. Wer ihm nicht bedingungslos gehorchte - und das war nicht nur die Geistlichkeit, es gab auch viele skeptische Gelehrte -, den überzog er mit einer Flut von Anschuldigungen und Beleidigungen. Auf diesen wahrlich unablässigen und kleinkarierten Ärger ließ sich der hochgebildete Landesherr nicht lange ein. Die Arbeit in den Schulen wurde fortgesetzt. Von den Lehrbüchern tilgte man im Titel nur den Zusatz "nach der Lehrart Ratichii". Und Ratkes Ruf verlor sich sehr schnell bei seinen Irrfahrten durch das vom Krieg heimgesuchte Mitteleuropa.

In der Druckerei im Köthener Schloß, die Fürst Ludwig weiterbetrieb, hatten die Musen eine treffliche Werkstatt. Hier erschien beispielsweise 1621, wenn auch gekürzt, ein Werk der Weltliteratur zum ersten Mal in deutscher Sprache: "Don Kichote de la Mantscha / Das ist / Juncker Harnisch aus Fleckenlandt ... ins Hochteutsche versetzt durch Pahsch Basteln von der Sohle."

Inzwischen hatte der Fürst in seinen Bemühungen um die Förderung und Pflege der deutschen Sprache und ihrer Literatur auf einem anderen Felde beachteten Erfolg. Durch seine Aufsicht der Druckerei hatte er wohl eine Reihe von schätzenswerten Gelehrten kennengelernt, die in einer Vereinigung mitarbeiten wollten, aber es fehlten - und da war Ludwig von Anhalt-Köthen eben auch ganz ein Kind seiner Zeit - Mitglieder des hohen Adels. Und erst sie konnten dem Ganzen den lockenden Glanz des Exklusiven geben.

Eine solche, hochansehnliche Versammlung traf im August 1617 in Weimar zusammen. Es war ein trauriger Anlaß: Die junge Herzogin Dorothea Maria war gestorben. Aber ihr Bruder Ludwig bewegte die Gäste am 24. August zur Gründung und Mitgliedschaft in seiner "Fruchtbringenden Gesellschaft". Im Schloß Köthen war fortan der Sitz des ersten deutschen Sprachvereins, und das "Historische Museum" verwahrt dessen unschätzbare Archivalien.

Über jenes Ereignis schrieb rückblickend der Germanist Gottfried Gervinus (1805 - 1871), einer der "Göttinger Sieben". "Das Beispiel der Fürsten von Anhalt zog in einer Zeit, wo militärische Rohheit mehr als je alle Bildung vertilgen zu wollen schien, das Interesse aller deutschen, namentlich protestantischen Fürsten und Edlen auf die Literatur und die Deutschheit der Sitte hin." Anonym ließ der Fürst 1622 in Köthen als erste Rechenschaftslegung erscheinen den "Kurtzen Bericht der Fruchtbringenden Gesellschaft Zweck und Vorhaben". Man wolle sich, hieß es, der Pflege der "hochdeutschen Sprache in ihrem rechten Wesen und Stande, ohne Einmischung fremder, ausländischer Worte" widmen, "sich sowohl der besten Aussprache im Reden, als (=wie, S.) der reinsten Art im Schreiben und Reime-Dichten befleißigen."

Fürst Ludwig stand mit seinen Neffen Ernst, Wilhelm und Friedrich seiner "Fruchtbringenden Gesellschaft" vor. Wissenschaftliche Studien konnten niemals allein das Leben dieser Gesellschaft ausmachen. Das wußte Ludwig von Anhalt-Köthen schon von seinen italienischen Erlebnissen her. Ein geselliges Miteinander konnte auch nicht auf modische Spielereien verzichten: Die Mitglieder bekamen einen neuen Namen, ein Sinnbild wurde ihnen zugeordnet, das in einem Spruch kunstvoll zu deuten war.

Fürst Ludwig trug den Namen "Der Nehrende". Für seine Gesellschaft hatte er als Sinnbild den "Indianischen (Kokos)Palmbaum" mit der Devise "Alles zu Nutzen" gewählt. In der "Fruchtbringenden Gesellschaft" richteten sich diese Motive immer nach der Botanik. Ein Mitglied wurde also "Der Holdselige" genannt, bekam den Wahlspruch "In stetem Gedächtnis" und als Sinnbild das Vergißmeinnicht samt Spruch:

>"Ein Blümelein blau und weiß,
>Vergißmeinnicht geheißen,
>soll man hoch billig stets
>in der Gedächtnüß preisen,
>weil es holdselig ist; Holdselig man mich nennt,
>noch mir das Herz im Leib auch seinetwegen brennt ..."

Diese Probe mag genügen. Die Musen mußten allerlei ertragen. Fürst Ludwig wählte als Sinnbild ein Weizenbrot, Hans Georg von Anhalt war der "Wohlriechende" (mit Maiglöckchen), der Große Kurfürst von Brandenburg "Der Untadeliche". Jedes Mitglied durfte einen goldenen Orden mit seinem Sinnbild und dem Palmbaum am papageigrünem Bande tragen.

Im "Erzschrein", einem Buch, das im "Historischen Museum" Köthen aufbewahrt wird und vor wenigen Jahren durch einen wunderschönen Faksimiledruck zugängig gemacht werden konnte, hat Fürst Ludwig 527 Mitglieder eingetragen. Im Jahre 1646 brachte Matthäus Merian in Frankfurt am Main einen Band mit 400 Kupferstichen heraus, die "Der Fruchtbringenden Gesellschaft Nahmen / Vorhaben / Gemählde und Wörter" vorführten.

Fürst Ludwig erhielt seinen Musenhof trotz aller Widrigkeiten. Im Jahre 1650 starb er. Sein Sohn war gerade zwölf Jahre alt, und mit diesem Wilhelm Ludwig erlosch fünfzehn Jahre danach bereits die so hoffnungsvoll und bedeutungsvoll begonnene Köthener Linie.

"Bis 1668 waren unter 806 Mitgliedern" der nun kurz "Palmenorden" genannten Gesellschaft "Ein König, drei Kurfürsten, 49 Herzöge, vier Markgrafen, zehn Landgrafen, acht Pfalzgrafen, 19 Fürsten, 60 Grafen, 35 Feldherren und 600 Adlige und Gelehrte".

Nach dem Erlöschen des Köthener Fürstenhauses 1665 wurde der Sitz der Gesellschaft nach Weimar verlegt. Dort kümmerte er dahin und war ohne Aufsehen gegen Ende des 17. Jahrhunderts vergessen.

Dichter wie Martin Opitz, Johann Rist oder Friedrich von Logau, die einmal Mitglieder in der "Fruchtbringenden Gesellschaft" waren, setzten ihr literarisches Können ohne diese Vereinigung durch. Ihre poetische Eigenart überdauerte Jahrhunderte. Das eigentlich bleibende Verdienst der führenden Köpfe wie Fürst Ludwig oder Diederich von dem Werder waren Übersetzungen, oft recht hölzern und unbeholfen wirkend, aber zu ihrer Zeit bahnbrechend für die Anerkennung des Deutschen als Literatursprache.

Diederich von dem Werder lebte auf seinem Gut Reinsdorf bei Köthen, wo er 1657 starb. Er übersetzte "Das befreite Jerusalem" des Italieners Torquato Tasso und von dessen Landsmann Lodovico Ariosto "Der rasende Roland". Und im Frühherbst ließ er durch den Mund seines Sohnes die mahnende "Friedensrede" sprechen. Ihre Drucke trugen in die geschundenen deutschen Länder auch die Klage der Musen, die der Krieg vertrieb und immer vertreibt:

"Darum sage und klage und rufe ich noch einmal:
Liebet Friede/
Begehret Frieden/
Machet Frieden."

"DER NEUZEIT DAMPF KANN RASCH UNS VORWÄRTS BRINGEN"

"Die feinen Dessauer,
die Zerbster Bierbrauer,
die gemütlichen Köthener,
die groben Bernburger."

alte Spruchweisheit

Der Bahnhof Köthen um 1850

Am bequemsten, meine ich, war der Personenzug der Berlin-Anhaltischen Eisenbahn, der früh um 7.30 Uhr die preußische Residenz verließ. In Großbeeren und Ludwigsfelde hielt er gar nicht. Über die im Jahre 1841 gebaute Strecke erreichte er nach Dessau um 12.15 Uhr seine Endstation Köthen. Wer dagegen den Güterzug mit Personenbeförderung ab 16.45 Uhr wählte, konnte zwar noch in Ruhe in Berlin einkaufen, was er in Köthen vergeblich suchte, mußte aber in Wittenberg übernachten. Von 19.30 Uhr bis 5 Uhr verschnauften die Dampfrösser.

Nach Köthen wurde 1845 die erste Ornithologenversammlung einberufen, aus der sich bald die Deutsche Ornithologische Gesellschaft bildete. Nach Köthen? in die tiefe Provinz? Nein, nach Köthen auch als ersten Mittelpunkt des entstehenden Schienennetzes für modernste Verkehrsverbindungen: 1840 erreichte die Linie Magdeburg-Leipzig-Dresden die Residenzstadt des Herzogtums Anhalt-Köthen, 1841 die Anhaltische Eisenbahn von Berlin aus. Wer von Berlin zur Messestadt Leipzig wollte, mußte in Köthen umsteigen.

Wer also 1845 als gelehrter Freund der Vogelwelt nach Köthen reiste, konnte bequem mit der neumodischen Eisenbahn kommen, gleichgültig ob er in Hamburg, Prag, München oder Breslau, Magdeburg oder Dresden wohnte. Und für alle anderen Menschen war Köthen ein Ort, den man gesehen haben mußte, um den auf jeden Fall (wie immer) umstrittenen Fortschritt, den der Dampfwagen beförderte, gesehen und erlebt zu haben:

> "Rasend rauschen rings die Räder,
> rollend, grollend, stürmisch sausend,
> tief im innersten Geäder
> kämpft der Zeitgeist freiheitsbrausend.
> Stemmen Steine sich entgegen,
> reibt er sie zu Sand zusammen,
> seinen Fluch und seinen Segen
> speit er aus in Rauch um Flammen."

Diese Verse von Karl Beck aus dem Jahre 1844 sind aus diesem veränderten Lebensgefühl entstanden.

Auch die provinzielle Alltäglichkeit der gemütlichen Köthener veränderte sich durch die Eisenbahnen. Dieser Zeitgeist stellte Gewohntes auf den Kopf. In Gräfs Reisehandbuch (1864) wurde die übliche Rangordnung der Sehenswürdigkeiten für Köthen völlig umgekehrt: "Die großartige Eisenbahnhalle mit prächtigem Restaurationshause; das Schloß; die neue katholische Kirche; das ornithologische Museum, im neuen Schloß vom Prof. Naumann gegründet."

Ich kehre die Reihenfolge dessen, was man einst in Köthen in Augenschein genommen haben mußte (und zum größten Teil auch noch sehen kann), noch einmal um:

Johann Friedrich Naumann (1780 - 1857) war das Haupt der Ornithologen zur Zeit des Biedermeiers. An der "Naumann-Straße" liegt der Tierpark - übrigens einer der ältesten Heimattiergärten in Deutschland, der bereits 1884 gegründet wurde, Naumanns Denkmal steht an der Springstraße. Es wurde 1880 enthüllt. Wer es aufmerksam betrachtet, findet auch eine Plakette für den Vater Johann Andreas Naumann (1744 - 1826), der in seiner knappen Freizeit, die ihm die Landwirtschaft ließ, die heimische Vogelwelt erforschte. Dafür begeisterte er seine Söhne. "Bei der Feldarbeit fehlte nie die Flinte, um seltene Vögel sofort erlegen zu können." Sohn Johann Friedrich fing, wie das "Anhaltische Magazin" 1827 meldete, in seinen Schlagnetzen selbst ein "Höckerweib", womit allerdings ein "Hökerweib" gemeint war.

Der vierzehnjährige Sohn mußte hart auf dem Hof mitarbeiten. An ein Studium war nicht zu denken, aber Johann Friedrich bekam Pinsel und Farben, denn er besaß das Talent, die flinken Vögel sehr genau abbilden zu können. Als der spätere Gutsbesitzer Naumann in Ziebigk sich in finanziellen Schwierigkeiten verstrickte, war es eine gute Tat des vielgeschmähten Herzogs Ferdinand von Anhalt-Köthen (1769 - 1830), die Sammlungen Tausender präparierter Vögel, der Zeichnungen und Manuskripte aufzukaufen, aber ihren Schöpfer als ihren Leiter im Köthener Schloß zu ernennen. Der nachfolgende, letzte Herzog Heinrich (1778 - 1847) verlieh Naumann 1837 den Professorentitel.

Es gab für die anreisenden Ornithologen 1845 tatsächlich Einmaliges zu sehen. Die Sammlungen sind im Naumann-Museum heutzutage noch in den originalen Schränken zu betrachten. Und es sind die erstaunlichen Aquarell- und Deckfarbenmalereien des Autodidakten zu bewundern: Federn bis in feinste Einzelheiten, die roten Augen des Jungfernkranichs, die langen, gelben Stelzbeine eines Wasserläufers, vier Baumläufer auf einem bemoosten Baumstamm. Nach diesen wertvollen Vorlagen ätzte und stach Naumann selbst die Druckplatten.

Und zu Vogel-Naumann nach Ziebigk kam oft von Badegast ein junges Bürschchen herüber, um zeichnen zu lernen: Franz Krüger (1797 - 1857), der es 1825 zum preußischen Hofmaler brachte. Auch bei "Pferde-Krüger" dominierte stets die peinlich akkurate Zeichnung, der sich die zarten Farbtöne unterordneten.

Naumanns "Vogelhaus" in Ziebigk

Naumanns "Naturgeschichte der Vögel Deutschlands" - auf Vorarbeiten seines Vaters gegründet - in zwölf Bänden (1820 bis 1844, ein 13. Band erschien aus dem Nachlaß 1860) kann ihren ausgezeichneten Rang in der Geschichte der Ornithologie niemals verlieren.

Tafel aus J.A. Naumann's "Naturgeschichte der Land- und Wasservögel des nördlichen Deutschlands", Köthen 1799 - 1802

An vorletzte Stelle der Sehenswürdigkeiten hatte Gräf die katholische Kirche gesetzt. Für die Eisenbahnreisenden um die vorige Jahrhundertmitte hatte die ehemalige Schloßkirche - ein interessanter klassizistischer Bau - einen merkwürdigen Ruf. Mit dem Bau der Marienkirche war eine Katastrophe verknüpft. Als am 2. Juli 1830 Säulen für den Turm hinaufgewunden wurden, stürzte das Gerüst um und erschlug sechs Arbeiter. Es gab sieben Schwerverletzte. Der Architekt und Bauleiter Gottfried Bandhauer (1790 - 1837) war glücklos. Bereits am 6. Dezember 1825 brach sein Nienburger Brückenbau, wobei fünfzig Menschen ums Leben kamen. Aber immer war auch der Name oder die Anwesenheit des herzoglichen Paares mit den Unglücksfällen verbunden. Eigentlich war die Linie mit Ludwig Emil von Köthen, der als Sechzehnjähriger starb, bereits 1818 erloschen. Doch der verwandte Ferdinand aus dem Haus Pless erbte den Kleinstaat; ein achtundvierzigjähriger Adeliger, der sich nicht nur in einen sinnlosen Zollkrieg mit dem mächtigen Preußen einließ, sondern mit seiner zweiten Gemahlin Julie von Brandenburg auch noch im Oktober 1825 in Paris zur katholischen Kirche konvertierte. Da brach für die evangelische Bevölkerung der Himmel zusammen - und sichtbar prompt die Brücke, dann die Rüstung!

Julie Gräfin von Brandenburg (1793 - 1848), eine Tochter des preußischen Königs Friedrich Wilhelm II. mit seiner Mätresse Gräfin Dönhoff, war mit ihrem 24 Jahre älteren Gemahl am 11. Februar 1819 in Köthen eingezogen. Auch mit "Glanz und Pracht", mit "wahrhaft parisischen Moden" machte sie in dem Land keinen freundlichen Eindruck. Der Schloßteich im nahen Geuz mußte neuangelegt werden, damit er in Form eines J das Initial ihres Vornahmens zeigte. Hohn und Spott blühten kräftig. Das kinderlose Paar mied bald Köthen. Als Ferdinand 1830 starb, kam sein Bruder Heinrich auf den Thron. Er war der letzte Herzog. Über seinen Tod 1847 berichtete der Ballenstedter Hofmaler Wilhelm von Kügelgen: "Komischerweise ist der Herzog noch zwei Tage vor seinem Tode preußischer General der Infanterie geworden, womit der König ihn erheitern wollte. Als er die Nachricht bekam, ist er aufgestanden und zweimal durchs Zimmer geschwankt, seine alten Infanteristenbeine zu probieren, mit sichtlicher Freude. Dann aber hat er gesagt: Warum das jetzt noch?, hat sich wieder hingelegt und fortgefahren zu sterben." Im Januar 1848 starb Julie. Das Köthener Land fiel an das Herzogtum Anhalt-Dessau.

Das Schloß, zwischen 1821 und 1833 noch umgebaut und erweitert, war nicht mehr die Residenz eines selbständigen Landes. Aber dafür wurde der Bahnhof zum neuen Zentrum des geschäftigen und geschäftlichen Treibens. Man reiste selbst mit Postkutschen dorthin, um einen Hauch der eleganten Welt, engverbunden mit der abenteuerlichen Halbwelt, zu erleben. Das "Herzogliche Eisenbahn-Restaurant" (heute "Stadt Köthen") zog magnetgleich an mit üppiggedeckten Tafeln, gefülltem Weinkeller und Bällen. Hier befand sich eine Spielbank, die zwar offiziell 1849 untersagt wurde, aber Glücksspieler fanden auch weiterhin dort Freundeskreise.

Die Geschäftsleute profitierten. In einem wunderschön illustrierten Prospekt schreibt "Hoflieferant Ernst Naumann Coethen i/A. Telefon 432": "Euer Hochwohlgeboren, Zur herannahenden Herbst- und Winter-Saison gestatte ich mir, Ihnen einige Illustrationen der letzten Moden, wie sie in West-End von London getragen werden, zu überreichen und höfl. darauf aufmerksam zu machen, daß die exquisitesten Neuheiten in Stoffen bereits bei mir lagernd sind."

Wenn sich die gesellschaftliche Oberschicht im Eisenbahn-Restaurant und -Hotel traf, so ein kleiner Kreis von jungen Menschen, die wachsende soziale Spannungen verspürten, im Köthener Ratskeller. Der Kopf dieser "Kellergesellschaft", von der Obrigkeit unwillig beobachtet, war der Chemiker Enno Sander, aus dessen satirischem Blatt "Die Lichtputze" nach der Märzrevolution 1848 die "Anhaltische Volks-Zeitung" wurde. Auch Blätter mit demokratischer Gesinnung wie "Die Verfassung", "Till Eulenspiegel" oder "Der Wahrheitsbote" waren von Köthen aus flink über die Eisenbahnen in alle Himmelsrichtungen verbreitet. Durch ständige Zugverbindungen konnten sich die Redakteure schnellstens über Ereignisse in Berlin, Leipzig oder Dresden informieren. Enno Sander kämpfte an verschiedenen Schauplätzen der bürgerlichen Revolution, ehe er als Verurteilter in die USA auswanderte.

Mit den Eisenbahnen kamen um 1848 auch viele Revolutionäre für kurze Zeit nach Köthen. Hier verfaßte Ende 1848 der Russe Michael Bakunin - Mitbegründer der I. Internationale - seinen Aufruf an die slawischen Völker. Hoffmann von Fallersleben kam und der Philosoph Bruno Bauer, der als Bibelkritiker sehr angefeindet wurde. Max Stirner, auf den sich bald die Anarchisten beriefen, war hier; auch Richard Wagner, steckbrieflich nach dem Dresdner Maiaufstand 1849 gesucht.

Der unruhigen, erwartungsfrohen Zeit folgte schnell wieder die politische Kirchhofsstille durch die Reaktion, welche die erstrittene Verfassung auf Betreiben der Ritterschaft bereits 1851 wieder aufhob.

Bald brachten die Eisenbahnen neue Kundschaft - zahlungskräftige Bürger, die in Köthen Heilung suchten. In der Stadt hatte schon zwischen 1821 und 1835 der angefeindete Begründer der Homöopathie, Samuel Hahnemann, praktiziert, ehe der rüstige Achtzigjährige von einer, seinetwegen angereisten, gut fünfzig Jahre jüngeren Französin nach Paris heimgeführt wurde. Nun ließ sich 1854 Arthur Lutze in Köthen nieder. Seine Klinik war das Gebäude Springstraße 28 - zwei barocke Wohnhäuser in modischer Neugotik aufgeputzt.

Arthur Lutze (1813 - 1870), ursprünglich Postsekretär in Nordhausen, studierte Hahnemanns Methoden und promovierte zum Doktor der Medizin. Er bewies genug Sinn für Geschäft und Reklame. Wilhelm von Kügelgen schrieb: "Der preußische Postsekretär Lutze, der sich plötzlich in Köthen, dem Sammelplatze der mauvais sujets aller Art, etabliert hat, hat schon Tausende von Patienten und ist ein steinreicher Mann, baut Paläste und gibt eigenes Papiergeld aus, was zum vollen Wert kursiert. Er trägt einen seidenen Kaftan und einen langen Bart. Die Apotheke erspart man bei seiner Behandlung; er haucht ein Glas Wasser an oder einen Zwieback, läßt jenes trinken und diesen essen, und die Kranken werden gesund. Zugleich ist er auch Seelenarzt, versammelt seine kranken Damen (denn es sind meist Damen) in einem eigens dazu mystisch verzierten Saal und predigt sie mit seinem langen Barte an."

Trotzdem wagte sich Kügelgen Ende 1865 zu Dr. Lutze. "Schon andern Mittags traf ich auf dem Köthener Bahnhofe ein, wo Lutzes Equipage mich erwartete. Ich bekam ein prächtiges Zimmer mit hohen gotischen Fenstern ... Der Speisesaal ist wie alle Gesellschaftsräume in diesem Hause architektonisch schön gebaut, mit einer Abondance von Licht und mit exotischen Gewächsen fast waldartig dekoriert ... Lutzes Haus bot viel des Interessanten. Es ist ein Museum, angefüllt mit reichen Kunstschätzen und den merkwürdigsten Kuriositäten ... Wundervolle riesige Korallengewächse und ein chinesisches Tamtam ... Ein schönes Piano, auf welchem Frau Lutze sich eben ein Gesangsstück begleitet hatte, fing plötzlich an von selbst zu spielen."

Dr. Arthur Lutze, der durch Auflegen der Hand das Trinkwasser "heilsam magnetisierte", wurde von Kügelgen beschrieben als "kein bewußter Betrüger, aber unwillkürlicher Schwindler, vor allem aber von oben bis unten vollgeladen mit der lächerlichsten, ganz unbemäntelten Eitelkeit."

Die Eisenbahn war auch in der zweiten Hälfte des 19. Jahrhunderts Voraussetzung für das Wachstum der Stadt.

Zählte sie um 1861 rund 10000 Einwohner, waren es um die Jahrhundertwende bereits 22000; nun ist man bei 34500 Einwohner angelangt. Sie fanden in Zucker- und Maschinenfabriken, in Druckereien und chemischen Betrieben Arbeitsplätze. Der Großhandel mit landwirtschaftlichen Erzeugnissen, doch auch mit Braunkohle und ihren Veredelungsprodukten blühte. Nach Aken, Bernburg, Dessau, Magdeburg, Halle verlaufen noch immer Schienenstränge.

Die Eisenbahn brachte (und bringt) auch Studenten nach Köthen. Ein Bogen spannt sich vom 1784 gegründeten Lehrerseminar zur heutigen Pädagogischen Hochschule "Wolfgang Ratke"; ein zweiter von einer "Technischen Privatschulanstalt", die 1902 Städtisches Institut, später Staatliche Hochschule für angewandte Technik zur heutigen Ingenieurhochschule wurde.

Alle sehr verschiedenen Entwicklungen waren noch nicht vorstellbar, als man um 1845 für 120 Silbergroschen in der 1. Klasse oder 50 in der 3. aus Köthen, dem ersten Eisenbahnknotenpunkt inmitten des Deutschen Bundes, um 8 Uhr 15 losdampfen konnte, um 12 Uhr 45 im geschäftigen Berlin auszusteigen.

INTERMEZZO 2

Anhalt in der Magdeburger Börde

Wilhelm Giese: Kiesgrube bei Großmühlingen

GRAFSCHAFT MÜHLINGEN IM HASENWINKEL

Der eisige Novemberwind hat eine erste Probe Schnee über die flachen Felder der Börde geblasen. Unangenehm ist mein Wanderweg vom Bahnhof Eickendorf her, aber einst wollten die Großmühlinger keine Handbreit Feldmark für die neumodische Eisenbahn opfern; und das war recht getan, denn hier liegt die Bodenwertzahl um den Höchstwert 100.

Linkerhand, hinter kahlem Gesträuch, hebt die tiefstehende Nachmittagssonne den weißgetünchten Schloßbau am Rande des ausgedehnten Dorfes hervor. Rechts ragt der spitze Helm der Backsteinkirche in den makellos stahlblauen Himmel.

Mein Ziel ist der spätmittelalterliche Grafensitz, der auf den neuesten Glanzpostkarten zutreffend als "Renaissanceschloß" vorgestellt wird. "Königliche Frauen gingen als Gäste durch die schweren Steinportale, dehnten sich in wonniglicher Reife in den hohen Lehnstühlen ... In den Ausschnitten der vollen Busen steckten heimliche Sonette der Kavaliere." Diese Bilder phantasierte 1925 Karl Demmel in seinen "Stilsymphonien aus Anhalts Schlössern" über Großmühlingen. Freilich - als sich die deutschen Barockpoeten mit den ersten Sonetten befaßten, gab es hier schon keine Residenz mit ihren Festlichkeiten mehr; blieben nur die vollen Busen.

Selbstverständlich kam im hohen Mittelalter auch einmal irgendein Kaiser durch Großmühlingen, das auf dem alten Weg zwischen Schönebeck an der Elbe und Calbe an der Saale liegt. Als ich zum ersten Mal vor mehreren Jahren am Schloß vorüberkam, war Frühsommer, die Brennesseln standen in voller Blüte, und das Ganze war eine innige Mischung von Verwahrlosung und Verfall.

Ich erfuhr, daß die Abbruchgenehmigung bereits erteilt worden war, ärgerte mich über den nahen Verlust, dem niemand frühzeitig entgegengewirkt hatte, freute mich zugleich aber auch, daß ein Schandfleck weniger Stein des Anstoßes wurde; und denen begegnete ich auf meinen Wanderungen beinah überall.

Nun ist gerade Großmühlingen kein Ort am Rande des historischen Werdens von Anhalt. Im Gegenteil: in der ältesten überlieferten Urkunde zur anhaltischen Landesgeschichte erfahren wir über diesen Landstrich, daß am 13. September 936 Otto I. seine hiesigen Besitzungen einem Quedlinburger Kloster überschrieb. Nach dem Tode des vom sächsischen Kaiserhause hochgeschätzten Markgrafen Gero im Jahre 965 (seine beiden Söhne waren ohne Erben bereits vor ihm gestorben) übernahmen die Askanier die Grafschaften Mühlingen und Wörbzig. Albrecht der Bär (um 1100 - 1170) belehnte schließlich mit diesem Gebiet die Grafen von Dornburg, wohl um auch in diesem Landstrich über sichere, weil abhängige Verbündete jederzeit zu verfügen.

Jenes Geschlecht starb 1240 aus. Darauf wurden die Grafen von Arnstein mit Dornburg und Mühlingen belehnt, doch waren gerade von letztgenannter Grafschaft schon einige Teile in den Besitz des Magdeburger Erzbistums geraten, und in ihm herrschten mächtige Herren. Als deshalb wieder einmal die Magdeburger Bürger, die im hohen und späten Mittelalter eigentlich unentwegt gegen die Erzbischöfe opponierten, Verbündete suchten, fanden sie auch in Albrecht Graf von Mühlingen und in dem Herrn zu Barby mit seinen Gewappneten bereitwillige Mitkämpfer. Darauf ließ Erzbischof Burchard 1318 das Großmühlinger Schloß zerstören. Aber die Magdeburger Bürger halfen bald beim Neuaufbau mit.

Um 1300 erreichte die Grafschaft Mühlingen-Barby ihre größte Ausdehnung. Da verfügte man nicht nur auf dem linken Elbufer über Gebiete um Unseburg, Schönebeck, Barby und Rosenburg, sondern besaß auch Walternienburg und das Zerbster Land auf dem rechten. Man versuchte sich der Lehnshoheit durch die anhaltischen Fürsten zu entziehen. Und nach dem Aussterben der alten Bernburger Linie im Jahre 1468 erreichte das Grafenhaus - auch mit einigen Winkelzügen - die Reichsunmittelbarkeit und wurde 1497 eine Grafschaft. Aber was nützten Rangerhöhung und klangvolle Titel, wenn die wirtschaftliche Grundlage dieser Kleinstaaten miserabel war und durch Erbteilungen sich empfindlich schwächte?

Im Zeitalter der Reformation wuchs das schlichte, kleine Renaissanceschloß auf älteren Grundmauern. Die hufeisenförmige Anlage wird im Süden durch eine Mauer mit dem Tor abgeschlossen. Über die steinerne Brücke führt mich der Großmühlinger Gerald Goedeke, Lehrer und Galerieleiter, Bibliophile mit einer bedeutenden Hermann-Hesse-Sammlung, Organisator von Vorträgen, Lesungen, Ausstellungen und Konzerten im wiedererstandenen Bauwerk, Arbeiten, an welchen auch seine Frau Gabriele bedeutenden Anteil hat. Die Brücke überspannt einen Graben, der 1875 zugeschüttet wurde. Man möchte ihn wieder herrichten, denn das Wasser dafür fließt noch wie in uralten Zeiten von Eggersdorf her.

In der letzten, dunkelblauen Abenddämmerung wirkt der kleine Schloßhof märchenhaft und unheimlich. Ich tappe über die unberührten Schneeschleier, um ihn auszumessen: zweiundzwanzig Schritte zum Quadrat ... Platz genug, denke ich, um das Mühlinger Kontingent zur Reichsheer um die Mitte des 16. Jahrhunderts zur Parade aufzustellen - acht Reiter und sechzehn Mann Fußvolk aus dem Ländchen, das das Volk noch immer mit gutmütigem Spott den Hasenwinkel nennt.

Im Westflügel (auch ein großes Wort!) befindet sich ein steinernes Portal, durch das Karl Demmels Phantasie die königlich-vollbusigen Damen in wonniglicher Reife schreiten sah. Über ihm erinnern Medaillons mit Büsten an Graf Wolfgang I. und seine Gemahlin (1540). Der Mühlinger Landesherr - er lebte von 1495 bis 1565 - und seine Agnes von Mansfeld hatten zwanzig Söhne und sieben Töchter...

Hier ist nicht der Raum, viele Einzelheiten der fruchtbaren Mühlinger Geschichte nachzuzeichnen. Im Schloß kann man sich in ansehnlichen Sammlungen umtun, zu denen die Lehrerin Christel Ebeling und viele, die ungenannt bleiben müssen, beigetragen haben. Urkunden, historische Fotos und Gerätschaften, zu denen auch mein Begleiter Gerald Goedeke unentwegt Kommentare und Anekdoten erzählen kann.

Wilhelm Giese: Renaissanceschloß Großmühlingen

Wichtig erscheint mir: Neben der Landwirtschaft blühte um Großmühlingen besonders die Schafzucht. Mit der Wolle handelten vor allem Juden, deren Gemeinde nach 1806 eine Synagoge bauen und einen Friedhof anlegen durfte. Ein weiteres Kapitel der ökonomischen Entwicklung: Als vor gut einhundert Jahren das "Braunkohle-Fieber" in Mitteldeutschland auch das Dorf Großmühlingen, in welchem immerhin über 2000 Einwohner leben, erreichte, standen große Veränderungen in dieser anhaltischen Enklave an. Und Gerald Goedeke erzählt, man sei erfreut gewesen, nun auch eine Stadt zu werden. Doch als die Großmühlinger nebenbei erfuhren, daß damit auch sämtliche Steuersätze steigen müßten, genügte ihnen ihr "Dorf" vollauf, heißt es.

Tatsächlich konnte Braunkohle als Brennmaterial und Grundstoff für die chemische Industrie in der 2. Hälfte des 19. Jahrhunderts hier doch in den Gruben "Alexander Karl", "Gotttes Segen", "Gute Hoffnung" und "Gnadenhütte" unter Tage abgebaut werden. Im Dezember 1859 wurde sogar eine Eisenbahnstrecke zwischen "Gottes Segen" und dem Bahnhof Eggersdorf in Betrieb genommen, wo sie auf die Trasse Staßfurt-Magdeburg traf. Doch dieser Bergbau verlor früh wieder an Bedeutung. Landwirtschaft gedieh auf dem wertvollen Boden weiterhin.

Von der "Heimatstube" die knarrende Treppe hinab in den Flur des Westflügels. Die Tür zum "Rittersaal" wird geöffnet. gegenüber geht es in die ursprüngliche Kapelle. Welche Schicksale! Im Gottesdienstraum standen nach 1945 die Kühe, im Rittersaal saßen noch vor Jahren Schülerinnen und Schüler. Nun ist vor allem der "Rittersaal" das Juwel der historischen Anlage. Das ist nicht übertrieben. Dieser sterngewölbte Raum ist eine einmalige Kostbarkeit der Innenarchitektur um 1600 und in dieser Qualität ohne vergleichbares Beispiel. Alle weißgetünchten Flächen werden durch eine Fülle von Stuckreliefs als bizarre Licht- und Schattenflächen phantastisch belebt. Man sieht viele Motive, die der Manierismus bevorzugte. Ich sehe verschlungene Ringe, ein Kind, das mit einem Schädel spielt, schnäbelnde Tauben. Girlanden sind aus Früchten und Blüten gewunden. Ein krebsschwänziger Kobold schleppt einen Eimer am Seil, Engel breiten die Flügel aus, Narren tanzen grotesk und wilde Männer, die Wappenhalter des Harzes, schauen auf uns Staunende herab. Auf den Gewölberippen liegen große Diamanten und andere gefaßte Edelsteine. Roll- und Beschlagwerk umrahmt weiße Flächen. Und spätestens dann wird einem bewußt, daß es da einst aufgemalte Inschriften gegeben haben muß, Devisen zu den Allegorien, wie man sie gerade um 1600 liebte, auch in Büchern druckte. Ursprünglich wird alles farbig gefaßt und vergoldet gewesen sein: die Papageien zwischen den Weintraubenranken, die Rosen, die im Mühlinger Wappen für den Besitz der Roseburg erscheinen.

Wer genug Phantasie besitzt, wird empfinden, daß die farbige Gewölbedecke die Menschen wie ein Zelt aus kostbar gewirktem Tuch umgab und vom alltäglichen Einerlei abschirmte. Eine seltsame Welt für sich. Unter einem Himmel mit geheimnisvollen Zeichen und Bildern. Ein Firmament, in dem jeder auf seine Weise lesen konnte. Das Datum "1607" verrät, daß zu gleicher Zeit der Große Krieg in Deutschland sich rüstete. Schon vorher erprobten sich die zwanzig Söhne des Grafen Wolfgang I. als Soldaten und starben auf den Schlachtfeldern zwischen den Niederlanden und Ungarn. Im Jahre 1584 wurde die Grafschaft (auf ungefähr 32000 Meißner Gulden geschätzt) unter fünf Überlebenden geteilt; 1595 waren es nur noch zwei, von denen der eine Barby und Walternienburg, der andere Rosenburg und Mühlingen erhielt.

Am 6. Januar - dem Tag der Heiligen Drei Könige - 1632 verwüsteten die Pappenheimer Schloß und Dorf vollkommen. Die regierenden Grafen von Mühlingen hatten ihr Lehen von Anhalt empfangen, waren aber mit Steuern und Dienstfolge nur dem Kaiser schuldig. Folglich gab es einige Komplikationen, als mit dem zwanzigjährigen August Ludwig, der 1659 starb, der Mannesstamm erlosch. Was folgte, war der kleinlich-bissige Kampf um den Besitz, der auch noch heutzutage allentwegen studiert werden kann. Der sächsische Kurfürst ließ in Mühlingen acht Soldaten samt Korporal einrücken, um die Grafschaft im Hasenwinkel zu kassieren. Beinahe eine Köpenickiade im 17. Jahrhundert. Barby und sein Umland kam tatsächlich an Sachsen, ehe es 1815 Preußen zugeteilt wurde. Und Mühlingen nebst Walternienburg gerieten an Anhalt-Zerbst. Der Bruder des regierenden Landesfürsten residierte nach 1710 sogar im Großmühlinger Schloß. Aber auch diese Linie endete 1793, Mühlingen (und Coswig) zählten nun zu Anhalt-Bernburg bis 1847, da war der Dessauer Herzog Landesherr. Alle Fürsten nannten sich also auch Grafen von Mühlingen und deren Wappen - ein weißer Adler mit roter Zunge und goldenen Fängen auf blauem Feld - gehörte selbstverständlich zum großen Gesamtwappen Anhalts.

Als am 30. September 1983 der renovierte "Rittersaal" eingeweiht werden konnte, war das erste, nervenaufreibende Stück einer jahrelangen Arbeit abgeschlossen, wie sie gerade in der DDR, die allüberall durch Pläne spontane Initiativen kanalisierte, nur Idealisten leisten konnten. Der Stellmachermeister Hugo Möbius hatte sich mit der Großmühlinger Kulturbund-Gruppe gegen den Abriß gestemmt. Der persönliche Einsatz vieler Bürgerinnen und Bürger für ihr verwahrlostes Schloß und ihr bewiesener Arbeitswille waren so mächtig und überzeugend, daß schließlich auch staatliche Behörden das mühselige Werk förderten: freilich blieb die eigentliche Arbeit dem Dorf überlassen. Wenn man mir vor Jahren und angesichts des Trümmerhaufens in der Brennesselwildnis dieses wunderbare Wiedererstehen eines ansehnlichen Renaissanceschlosses mit vielen Ausstellungsräumen, Rittersaal und mancherlei Gelegenheiten für festliche Gelegenheiten prophezeit hätte, ich hätte es nicht für möglich gehalten. Nun ist etwas erstanden, auf das in Großmühlingen noch Kinder und Kindeskinder stolz sein müssen.

Gerald Goedeke schließt die Türen und schaltet das warme, gelbe Licht hinter den altenneuen Fenstern aus, Licht, in dem die Schneeflocken glitzern. Der Wind heult, die kahlen Äste in den Parkbäumen schlagen klappernd aneinander. Es ist die Stimmung für einen Ort, an welchem sich vielleicht noch heutzutage Fuchs und Hase "Gute Nacht!" sagen können. Aber inzwischen hausen sie im Großmühlinger Schloß wieder standesgemäß. Auf einem alten Bild in der Schloßkapelle trägt die Eule einen dunklen Talar mit gefälteter Halskrause, die Katze dagegen Säbel, Feldherrenhut mit Federbusch und Schärpe, verwegen sträuben sich die Schnurrbarthaare - jeder Zoll ein Herr im Hasenwinkel! Auf einem anderen Gemälde sieht man eine mit Braten und Weinen reichbesetzte Tafel mit der Inschrift "Dies ist der Inbegriff von unsern Lebens-Lust". Auch keine vollbusigen Damen mit Gedichten in dem Zwischenraum, den man korrekt Busen nennt. Aber man muß eben schon einmal persönlich nach Großmühlingen reisen, denn hier hat man noch nie alles, was man hat, einfach für jedermann zur Schau gestellt.

Von Zerbst in den Dessauer Wasserwinkel

Wilhelm Giese: Das einstige Schloß zu Zerbst

ZERBST. BUTTER, BIER UND BÜCHER

Auf der Wanddekoration im Restaurant "Rephuns Garten" sind die Sehenswürdigkeiten der Stadt Zerbst zu sehen, garniert mit Zwiebeln und Lauch. Vermutlich soll an den witzigen Namen "Zippelzerbst" erinnert werden. Ein Heimatforscher hat schon vor Jahren geschrieben: "Die Zibbel oder Zippel - das sind die Zwiebeln, die bei uns früher stärker angebaut wurden als heute." Und weiter: "Schon vor dreihundert Jahren erschien ein Büchlein voller Bissigkeit und Spott, das für Reisende bestimmt war. Es trägt den Vermerk 'Zippelzerbst MDCLX'".

Tatsächlich hieß das heutzutage überaus seltene Büchlein, obwohl es zwischen 1656 und 1755 rund vierzig Auflagen und Nachdrucke gab, genau "Lustige Gesellschaft COMES FACUNDUS", doch sein fingierter Druckort war durchweg "Zippelzerbst im Drömling". Jene Landschaft liegt freilich im Südwesten der Altmark und war ein wegeloser Sumpf und Morast. Der Verfasser der "Lustigen Gesellschaft" soll der Altmärker Johannes Prätorius (1630 - 1680) gewesen sein. Wer in der Zerbster Gegend fragt (und ich habe dies weidlich getan), wie die Zwiebel in der Mundart heißt, bekommt durchweg die Antwort - Bolle!

Andererseits verlangte schon König Friedrich Wilhelm I. von Preußen, er wolle nicht "so schnöde als einen Fürsten von Zipsel-Zerbst" behandelt werden. Er dachte offensichtlich dabei nicht an Zwiebeln. Auch als im Jahre 1835 in Aschersleben der "Zippelmarkt" endlich vornehm in "Zwiebelmarkt" umbenannt werden sollte, unterblieb das schließlich. Die Ratsherren wollten sich wohl nicht lächerlich machen, denn das Volk zwischen Harz, Elbe und Saale dachte beim Zippel eben nicht an die volkstümliche Bolle. Der Zippel ist in dieser Landschaft ein Zipfel. Und als der Soldatenkönig etwas von Zips- oder Zipsel-Zerbst raunzte, ging es - wie man selbst im Deutschen Wörterbuch der Brüder Grimm nachlesen kann - ihm auch nur derb und geradeaus um irgendein, um das Zipfelzerbst. Schließlich war schon der Schwankbuchverfasser Johannes Prätorius überzeugt: "Man soll die Etymologiam der innerlichen Teutschen Oerter nirgendsanders als von ihrem unüberwindlichen Volcke nehmen". Und seine zum Kauf herausgeforderten Leser erkannten schnell den wahren Sinn von Zippelzerbst im Drömling, nämlich "Zipfel-Zerbst im Sumpf", ahnten folgerichtig, im Büchlein ging es weniger um Zwiebeln als um ... starken Tobak. Ihre Vermutungen bestätigten sich schon auf den ersten Seiten: eine deftige Anekdote nach der anderen!

Wer heutzutage nach Zerbst kommt, sieht ansehnliche Teile der Stadtmauer, dann folgen Straßen mit Neubauten, die allmählich zum Kern gewachsen sind. Am Vormittag des 16. April 1945 wurde die historisch wertvolle Stadt zu vier Fünftel und sein Schloß mit unersetzlichen Kunst- und Geschichtssammlungen zum Werden und Wachsen des alten Anhalts durch einen

Bombenangriff zerstört. Auf dem Markt, auf denen alte Gebäude und neue Wohnhäuser kaum Harmonie finden, steht eine grüne Säule. Auf ihr glänzt die vergoldete "Butterjungfrau", ein auffallend kleines Figürchen. Dafür sind die Deutungen üppig gewachsen für diese Statue, welche die Zerbster mit beispielloser Liebe über wenigstens fünf Jahrhunderte immer wieder erneuert haben.

Der Marktplatz in Zerbst (um 1850)

Im Jahre 1833 wurde folgende Erklärung aufgeschrieben: Die Butterjungfrau sei ursprünglich das Ziel für ein Armbrustschießen gewesen. In einer Rechnung von 1403 erkennt man einen gewissen Zusammenhang zwischen Ausgaben "vor eyn eiken holt tu der junc-frowen" und "dy bred tu deme schildekenbome". Das läßt einen Vergleich mit der Überlieferung zu, daß die Magdeburger im Jahre 1387 einen "Schützenhof" veranstalteten, wo man "um die Jungfrau" schoß, die ein Mann aus Ascherleben gewann. Die übrigen Preise waren an einem "Schildekenbaum" öffentlich ausgehängt. Die Jungfrau, welche einen Kranz hochhält, ist die Magdeburger Wappenfigur, und wir wissen sogar, daß die Patrizier der Elbestadt 1229 als ersten Preis ihres weitberühmten Schützenwettbewerbes ein lebendiges "gelüstiges Fräulein" samt Mitgift aussetzten. Zerbst, das auch Magdeburger Stadtrecht übernahm, pflegte in jenen Jahrhunderten sehr enge Bindungen mit der mächtigen Stadt aus wirtschaftlichen Gründen.

In den Jahren 1416, 1443, 1456, 1479 wurden die Farben der Zerbster Jungfrau aufgefrischt. Wir kennen erst die Farbgebung für die metallene Figur, die 1562 ihre "holtzern" Vorgängerinnen ablöste (und diese Farben werden mit Sicherheit der Tradition entsprochen haben): ein rotes Gewand, eine grüne Stange, - und das sind die Magdeburger Stadtfarben. Sie "hat einen Arm in der Seiten, in der anderen Hand einen güldenen Apfel". Und den goldenen Apfel führten bereits nach der antiken Mythologie die Göttinnen Hera, Athene und Aphrodite als Siegespreis für einen Wettkampf. Aber auch das angebetete Venusbild in Magdeburg, von dem alle Chroniken fabulieren, bot mit seinen nackenden Begleiterinnen - Äpfel an.

Danach war die ursprüngliche Zerbster Jungfrau eine Zielscheibe. Und damit wäre erklärt, weshalb sie so winzig ausgefallen ist. Bis um die Zeit gegen 1600 haben wir auch keine Bestätigung für eine "Butter"-Jungfrau. Nach meiner Kenntnis erläuterte der Zerbster Rektor Ernst Wulstorp (1595 - 1665) in lateinischen Versen um 1625, was in Hermann Wäschkes Übersetzung lautet:

"... zu beenden den Groll mit der langen Reihe des Geldes,
von den Wiesen aus, wo der Butterdamm sich erhebet,
bis zum Markte der Stadt mit Freiheit Gabe beglückt hat,
jene viel herrliche Maid, wer immer sie war, von dem Adel,
deren noch heute gedenkt das reiche Geschenk, von den Bürgern
aufgerichtet am Markt und nie zu zerstören, die Säule."

Einen "Butterdamm" hat es nördlich von Zerbst gegeben, und er führte durch eine sumpfige Wiese, die erst um 1856 urbar gemacht wurde. Allerdings wird der Name übereinstimmend aus slawischen Sprachwurzeln abgeleitet: "Butterdämme" (wie heute noch beispielsweise bei Luckau) sind "Eichendämme", wie auch unangefochten "Ciervisti" (= Zerbst, zuerst im Jahre 948 als Bezeichnung des Gaues) als "Eichenland" erklärt wurde. Südlich von Zerbst befindet sich noch das Dorf Eichholz ...

In manchen Sagenüberlieferungen für diese merkwürdige Figur geistert eine Gräfin von Lindau oder von Ruppin umher, welche den Bürgern "Freiheiten" gewährt hätte. (Heutzutage nennen die Kunstwissenschaftler die Statue "ein Sinnbild einer nicht mehr bekannten Freiheit", eines Privilegs der Stadt.) Anhalt erwarb das Zerbster Land erst im Jahre 1307 von den Brandenburgern. Es war kein glückvoller Kauf, denn der direkte Weg vom Mittelpunkt Köthen verlief über Aken an der Elbe. Dort hatte es auch eine anhaltische Burg gegeben - bis 1276, wo man sie an das Erzbistum Magdeburg verkaufte, ohne zu ahnen, wie wichtig der Übergang werden würde. Und Barby war in kursächsischem Besitz.

Als freilich die askanischen Kurfürsten von Sachsen 1422 ausstarben, kam das reiche Land nicht wie abgesprochen an die anhaltischen Vettern, sondern an die rivalisierenden Wettiner. In Roßlau gab es deshalb die einzige Elbbrücke in Anhalt, und der Weg in das Zerbster Land auf dem rechten Elbufer blieb immer ungünstig.

Zurück zur Ruppiner Gräfin! Nachdem 1307 Albrecht I. (gestorben 1316) Zerbst erworben hatte, waren anhaltische Fürsten die Stadtherren. Dann müßte die Schwester Agnes des regierenden Albrecht II. (gestorben 1362) etwas mit der Figur zu tun gehabt haben; sie heiratete vor 1324 Ulrich II. von Lindau-Ruppin ...

Damit haben wir zwar keinen urkundlichen Nachweis, sind aber wieder in jener Zeit, wo man regelmäßig und begeistert nach der "Jungfer" schoß.

Im Heimatmuseum Zerbst habe ich mir voller Interesse die "Jungfrau" angesehen, die im Jahre 1561 gegossen wurde. Tatsächlich trägt sie den Apfel wie heutzutage eine Artistin, die ihn einem Kunstschützen zum Ziel hinhält. Ähnlich hielten auch im Barock die hölzernen Türkenfiguren ihren Schild, den man treffen mußte, um zu siegen. Aber nun kommt ein wesentlicher Unterschied der 1561er Jungfrau mit der heutigen! Mit der linken Hand zieht sie ihr Gewand bis in Kniehöhe hinauf. Ein Betrachter notierte 1904: "Dieses Schürzungsmotiv deutet an, daß eine vornehme Frau dargestellt werden sollte; schlichte Frauen ersparten ihrem Manne den Luxus eines Unterkleides, welches zu zeigen sich verlohnte."

Vornehm danebengetroffen! Dieses Hinaufziehen des Kleides war immer eine Geste mit anderem Sinngehalt, und gerade der spätmittelalterliche Mensch, in der Regel Analphabet, faßte das "Schürzungsmotiv" eindeutig erotisch auf. Und vom Hinweis auf ein verstecktes, aber erfreuliches Ziel war es überhaupt nicht weit zur derben Anspielung, zum Vergleich mit dem Bogenschießen. In einem Fastnachtsspiel - die Hinweise könnten außerordentlich vermehrt werden! - heißt es beispielsweise: "Ich pin ein Meir, frisch und stolz und scheuß gern mit dem fleischem Polz (= Bolzen, S.) , der gefidert ist mit zwien Knoden, und die Knopf sein mit (ver)laub zwen Hoden." Das sind Blicke in die alltägliche Sprache und ihre Vorstellungswelt. Auch in Zerbst. Immerhin hinterließ der Zerbster Stadtschreiber Nikolaus Barbi (um 1406) in den Stadtbüchern (!) und auf Zetteln, die er in sie legte, Verse wie "Ach libes Lyp an (= ohne, S.) Ende, hethe ich dyn Dynk in beide Hende, so wolde ich darinne gryfen als in eyn Sackpyphe"...

Noch einmal: Die Jungfrau vom Jahre 1561 lupft den Rock in die Höhe. In Goslar am Harz (amüsanterweise gewann ein Kaufmann aus dieser Stadt 1229 den ersten Schützenpreis in Magdeburg: "das gelüstige Fräulein" namens Sophia) gibt es am Brusttuch, einem Fachwerkhaus voller figurenreicher Schnitzereien von 1521 ebenfalls eine junge Dame. Sie hält in einer Hand einen langen Stößel, wie er in einem Butterfaß bewegt wurde, mit der anderen hebt sie den Rock bis zum - Hintern hoch. "Butterhanne" heißt sie, und ihr Bild von einem Antlitz zum ande-

153

ren geht auf Postkarten jährlich tausendfach in alle Welt. Noch eine "Butterjungfrau" mehr ... Auch in diesem Fall kann man zahlreiche Belege aus der volkstümlich-erotischen Literatur und der Umgangssprache anführen, in denen "buttern" herzlich wenig mit der Produktion jenes nahrhaften Milcherzeugnisses zu tun hat.

Eine nächste Anmerkung: Was da 1904 als "vornehme Frau" beschrieben wurde, trägt lange, offene Haare! Unmöglich in den vergangenen Jahrhunderten! Eine vornehme Frau war unter die Haube gekommen.

Im Jahr 1901 stand der Schriftsteller Karl Emil Franzos (1848 - 1904), der im benachbarten Güterglück auf den Zuganschluß nach Dessau wartete, dann mit dem Versprechen auf "Zerbster Brägenwurst mit Zwiebeln" in die "verschollene Fürstenstadt" gelockt, auf diesem Marktplatz und besah das goldglänzende Wahrzeichen: Da "trat ein Schutzmann an mich heran und erläuterte: 'Dies ist eine alte heidnische Göttin, welche bedeutet, daß hier schon damals auf den Märkten eine gute Ordnung war!' ...

Der Gemüsebauer hingegen meinte: 'dieses ist eine Prinzessin, welche immer nur Zerbster Butter gegessen hat, weil es keine bessere auf der Welt gibt.'" Man sieht, unsere Vorfahren kannten keine normierte Sage über diese Figur. Der Rat sorgte über Jahrhunderte hinweg für eine Renovierung oder Neuschöpfung, die dann wieder hoch auf eine grüne Säule montiert wurde. In den Mauern von Zippelzerbst blieb die Butterjungfrau, und Einwohner wie Durchreisende hatten eine recht lockere Deutung der Namen im Hinterkopf. Gab es noch einen anderen Grund dafür in Zerbst?

In Aschersleben begann kaum 150 Meter vom Zippelmarkt die Badergasse. In ihr stand das städtische Frauenhaus, ein Bordell. Seine Dirnen durften um 1490 nur verschleiert die Straßen betreten. Auch in Magdeburg, Halle, Quedlinburg, Halberstadt, Querfurt und anderen mitteldeutschen Städten gab es selbstverständlich ähnliche Gebäude. Und in Zerbst? Als ich mich vor mehreren Jahren bei dem inzwischen verstorbenen, hochverdienten Heimatforscher Hermann Maenicke danach erkundigte, verneinte er. Zippelzerbst war Zwiebelzerbst und nichts anderes. Wenig später las ich in Selmar Kleemanns Kulturgeschichte Quedlinburgs, das Zerbster Frauenhaus hätte sich in der "Venedischen Straße" befunden. Nein, so etwas gab es in Zerbst nicht, hörte ich erneut. Aber in Hermann Wäschkes Heimatzeitschrift "Alt-Zerbst" fand ich wenigstens acht urkundliche Beweise für das Haus "Zum Venediger" zwischen 1448 und 1524. Zum Beispiel bekamen die Dirnen "Trinkgeld", weil sie für die Fronleichnamsprozession Kränze flochten. Bis zur Reformation fand in Zerbst nämlich ein geistlicher Aufzug statt, in welchem sämtliche Handwerker biblische Geschichten und Legenden vorführten - von den Badern, die "Adam und Eva naket mit Questen" (= Badebüscheln, S.) zeigten, bis zu den Schuhknechten mit der Hölle ...

Wo hätte dieses Haus stehen können? Die Heimatforscher brauchte ich inzwischen nicht mehr zu befragen ... Ich stand vor dem neuen Stadtplan und überlegte. Dann sah ich plötzlich - Klappgasse! In einer wissenschaftlichen Arbeit über alte Zerbster Straßennamen konnte das Wort nicht erklärt werden. Ein Schreiber des 14. Jahrhunderts benutzte es ohne lateinische Übersetzung. In Städten des niederdeutschen Sprachraumes war der Begriff aber allgemein bekannt. In Magdeburg gab es den Tutenklapp, 1552 auch Zitzenklapp. In Quedlinburg hatte man einen Tittenklapp, den man schon einmal mit Ziegenmarkt übersetzen wollte.

Ich fragte unweit der "Butterjungfrau" nach der Klappgasse.

"Janz nahe! 'n Stück vom Marcht, linksrum, an der ollen Stadtmauer!"

Wie in anderen mitteldeutschen Städten: nicht weit von Plätzen, aber möglichst an die Stadtmauer gedrängt. Da lag beispielsweise in Halberstadt der "Rosenwinkel" (nachgewiesen als Bordellstraße): Und selbst die Zerbster Klappgasse führt zur Mauer, an welcher ein Gäßchen noch immer "Im Winkel" heißt.

Wer einst auf dem Markt, unter der Butterjungfrau, gute Geschäfte tätigte, brauchte nicht weit zu laufen, um sich den Beutel durch Wein, Weib und Gesang wieder leeren zu lassen: Lustige Gesellschaft in Zippelzerbst.

Auf dem Markt zu Zerbst steht auch ein Roland. Zum Jubiläum seines großen Kollegen in Bremen verfaßte er Anfang unseres Jahrhunderts eine Postkarte und schrieb über seine "Braut", "damit Du Deine zukünftige Schwägerin besser siehst, hat sie sich auf eine Säule gestellt."

Der steinerne Roland stammt aus den Jahren 1445/46 und ersetzte einen hölzernen Vorgänger, der 1385 erwähnt wurde. Er ist der einzige seiner Sippe in Anhalt, der erhalten blieb.

Am 24. Dezember 1842 bekam in Nürnberg Carl Alexander von Heideloff (1789 - 1865), der sich vielseitig mit der "altdeutschen" Baukunst befaßt hatte, vom Zerbster Stadtrat den Auftrag, den Roland zu restaurieren und ihm ein "Gehäuse" zu schaffen. Offensichtlich war der jahrhundertealte Geselle gar nicht mehr repräsentativ. Den zweiten Entwurf nahm "der durchlauchtigste Herzog Leopold Friedrich" mit "großem Wohlgefallen" an. Der Nürnberger Bildhauer Lorenz Rottermund schuf das Standbild. Es bekam einen Sockel, "da es gegenwärtig zu tief steht". und sollte eigentlich 1847 aufgestellt werden. Leider paßte der barhäuptige Roland nicht in die geschaffene Nische, worauf ihm kurzerhand das Hinterteil abgeschlagen wurde.

Durch die schöne Promenade, die entlang der Stadtmauer (rund vier Kilometer sind erhalten!) zum Heidetor führt, spaziere ich und durch einen Durchbruch. Da bin ich auf einem stillen Schulhof. An dieser Stelle durften sich 1235 die Franziskaner ansiedeln, auch an die Mauer gedrängt, wohin Prostituierte und Juden verwiesen wurden, wo die Stadtarmut hauste. Neun Jahre nach dem Tode des Ordensgründers Franz von Assisi stiftete Sophia von Barby (sie lebte bis 1276, ihr Grabstein ist erhalten) seinen Glaubensbrüdern in Zerbst, das damals noch nicht zu

Anhalt gehörte, eine Heimstatt. Die "Barfüßer" widersetzten sich, als Martin Luther in die Stadt kam, doch ihr Kloster wurde regelrecht gestürmt. Im Kloster richtete man 1532 die Johannes-Schule ein.

An dieser Stelle glückte aber auch am 17. März 1626 den Söldnern unter Ernst von Mansfeld (1580 - 1626) der Einfall in die wohlhabende Stadt, die nach jenem furchtbaren Tag den alten Glanz für immer verlor.

Stadtmauer und Klosterruinen in Zerbst

Ich gehe langsam über den Hof, schaue mir an, was einmal Kirche und Kreuzgang war, dann Zeughaus und Kornmagazin. Nun befinden sich ein Gymnasium, das Heimatmuseum und die Wissenschaftliche Bibliothek der Stadt Zerbst, zu der ich möchte, in dem alten, vielfach umgebauten Gebäude. Die Treppe führt zu einem langen und breiten Korridor mit Klassentüren, hinter denen sich ernste Stimmen erheben, aber Lachen auch. Ein Flur zweigt ab, versperrt durch ein eisernes Gitter, Unwillkürlich schmunzele ich: Besuch im Karzer, klingle, und eine junge Dame kommt mit rasselndem Schlüsselbund. Meine Anmeldung liegt vor und wurde bewilligt.

Die Bibliothekarin Iruta Völlger leitet diese etwas versteckte Sammlung seit 1986. Wir kommen in einen großen, hohen Raum, vollgestellt mit Bücherregalen, durch die eine anhaltende Düsternis herrscht. Sie zwängen auch Schreibtische und Arbeitsplatz am Fenster ein. Die alten Kataloge (neue entstehen!) zählen 40000 Bände. Die Bibliothek ist abgeschlossen, nun werden noch "Anhaltinen" - Werke zur Geschichte und Landeskunde Anhalts - angeschafft und (Faksimile von) Inkunabeln und Drucken bis zum 17. Jahrhundert, wenn der Etat es zuläßt.

Ich bitte, Iruta Völlger möge mir vorlegen: "Lob-Gesang des Zerbster Biers In welchem Die Würde/ Krafft/ Lieblikeit und Mißbrauch desselben fürgestellt wird." Gedruckt 1658 in Wittenberg, verfaßt vom "Kaiserlich gekrönten Poeten" Balthasar Kindermann, einem Zittauer, der 1706 in Magdeburg als Pfarrer starb.

Mein Eifer für die Poesie des Zerbster Bieres wird sofort gedämpft: Das Büchlein besitzt man nicht. Und hier stehe ich ja in einer Schulbibliothek! Da wird ein gestrenger Herr Pädagoge längst diese Verse ausgemustert haben; schon sechzig Jahre nach dem Erscheinen hatte sich ein Herr Gerber empört: "Unter anderen fingiert er (=Kindermann), als ob die Venus in die Wochen gekommen und den Cupido geboren, da wäre nun ein großer Schmauß angestellet und eitel Zerbster Bier dabei getrunken worden, (und) lauter Weiber und Göttinnen dabei erschienen, die hätten sich häßlich betrunken, und eine davon wäre auf der Gasse liegengeblieben, ganz entblößt: Davon singet der liebe Poete also: Hilf Pan! Wie lag das Klotz! das eingesoffne Gut ergoß sich durch den Hals ..." Nein, keine pädagogisch wertvolle Lektüre.

Aber Iruta Völlger hilft bei der Faktensuche zum berühmten Bier aus dieser Stadt: Früher Hinweis 1369, Brauerinnung 1375. Der brandenburgische Kurfürst Friedrich dankte 1464 für ein geschenktes Faß Bier...

Überhaupt, über Jahrhunderte drehte sich das städtische und wirtschaftliche Leben der Stadt um das Bierbrauen. Eine Genehmigung dafür setzte voraus, daß man Handwerker war oder "Zinseinnehmer". Alle schlossen sich in Nachbarschaften zusammen, die einen Brunnen gemeinsam nutzten. Vor Braubeginn ging man zur "Braupredigt" und betete für den Gerstensaft. Das edle Naß wurde schließlich nach Magdeburg gefahren und dort verschifft - elbabwärts nach Hamburg und von dort regelmäßig nach Spanien, England, Frankreich, Dänemark, Schweden, Holland und dem Baltikum.

Der Niedergang setzte mit dem Dreißigjährigen Krieg ein. Dazu kamen Zölle; beispielsweise 1656 in Leipzig, Wittenberg, Hamburg, Barby, Magdeburg und Lübeck. "Haha das Zerbster Bier, das giebet neue Kraft!" sangen die Wittenberger Studenten, und die Zerbster selbst versuchten alles, um den Rückgang der Produktion aufzuhalten. Aus einem Urteil von 1668 ist zu ersehen, daß man das Bier irgendwie veredelte, indem der Daumen eines Gehenkten am Strick im gärenden Trank baumelte ... Auch die Wissenschaftler halfen: der Zerbster Professor Dr. Lim-

157

mer hielt eine Disputation über das einheimische Bier und konstatierte, es sei "erwärmend und sehr gesund", seine gepriesene Goldfarbe entspräche der vom spanischen Wein.

Ein Professor? Ja, sagt Iruta Völlger, in Zerbst gab es so etwas wie eine Universität! Am 30. Januar 1582 eröffnete Fürst Joachim Ernst (1536 - 1586), dem seit 1570 alle anhaltischen Länder gehörten, das "Illustre Gymnasium Anhaltinum". Ähnliches hatte der braunschweigische Herzog Julius 1576 gestiftet, aus dem die Universität Helmstedt wuchs. In Zerbst bot man den jungen Männern eine Vorschule und das Studium an. Im Mittelpunkt stand die Ausbildung von Theologen. Wer sich in Anhalt um eine Pfarrstelle bewarb, mußte wenigstens das letzte Semester und die Prüfungen am "Gymnasium illustre" absolvieren. Man begann mit 67 Studierenden, auch weil man alle Empfänger anhaltischer Stipendien aus Wittenberg und anderen Universitäten zurückbeorderte. Zwischen Gründung und Auflösung 1798 wurden 2 713 Immatrikulierte in Zerbst gezählt (darunter Böhmen, Norweger, Engländer, Franzosen, Litauer und Polen), aber spätestens nach dem Niedergang der Stadt im Dreißigjährigen Krieg wurde deutlich, daß man sich mit diesem Unternehmen finanziell übernommen hatte. "Zerbster Bier und rheinischer Wein, dabei wollen wir lustig sein!" sangen die Jünglinge in großen Universitätsstädten, aber in Zerbst selbst ging es karg und lausig zu. Professoren kosteten viel Geld, auch wenn man durch damalige Universalgenies, die nebeneinander Medizin, Mathematik und Physik (wenn gewünscht, noch etwas mehr) lehrten, wieder sparte. Auch der Vater der Brüder Schlegel war Professor in Zerbst.

Am 28. Dezember 1797 fiel Zerbst mit einem Teil des Fürstentums Anhalt-Zerbst durch Losentscheid an Leopold III. Friedrich Franz von Anhalt-Dessau. Die Zerbster jubelten! Ihr letzter Landesherr Fürst Friedrich August (1734 - 1793) war selten in seinem Lande gewesen, verbrauchte die Einnahmen als überkandidelter Soldatenfanatiker (ständig standen 2 000 Söldner mit elf Obersten unter Waffen) und verkaufte nach modischem Brauch Untertanen an England, wofür er wenigstens 48 000 Pfund Sterling einstrich. Als er kinderlos starb, war die Selbständigkeit dahin.

Leopold III. Friedrich Franz hob auch das "Illustre Gymnasium Anhaltinum" Ostern 1798 auf. Ein verrottetes Unternehmen in verwahrlosten Räumen. Nach umfangreichen Bauarbeiten wurde erst am 4. April 1803 eine Schule eröffnet, die 1836 als Gymnasium den Namen "Francisceum" erhielt.

Dieser Neuordnung verdankt letztlich die Wissenschaftliche Bibliothek ihre Bestand, erzählt Iruta Völlger: Die Rats-, die Gelehrten- und die Kirchenbücherei Sankt Bartholomäus wurden zusammengelegt. In die letztgenannte Sammlung waren nach der Aufhebung des Klosters Nienburg noch 67 Bände geraten. Ein großer Zugang kam nach 1945, da die Bibliothek des "Historischen Lesevereins von 1841" gerettet worden war. Das Glanzstück aber ist eine dreibändige Cranach-Bibel. In seiner Werkstatt in Wittenberg ließ der Maler Abdrucke der Lutherübersetzung auf Pergament in ihren Holzschnitten kolorieren und mit Wappentafeln und Miniaturen zusätzlich ausstatten. Drei Exemplare für Fürsten von Anhalt waren einst in Berlin, Dessau und Zerbst aufbewahrt. Vom Zerbster Exemplar erschien vor einigen Jahren ein Faksimiledruck.

Und was geschah mit dem Zerbster Bier?

Als 1682 Otto Friedrich von der Gröben ein Stückchen Westafrikaküste für Preußen in Besitz nahm, feierte er "mit gutem Zerbster Bier". Holländische Schiffe transportierten es nach Ostindien, weshalb eine Zerbster Brunneninschrift lautete: "Batavia lobet meine Quelle! ..." Um 1740 verschickte man noch über 2 000 Faß jährlich. Dann ging es steil bergab, denn Adel und Bürgertum bevorzugten nun Kaffee und Tee, Wein und Sekt. 1830 nutzte man noch in dreihundert Häusern die Braugerechtigkeit. Um 1846 stellten 80 sehr kleine Brauereien "Bitter-, Süß- und Weißbier" her. Zwar gab es um 1900 in Zerbst rund 90 Schankwirtschaften, doch 1922 nur drei Brauereien. Karl Emil Franzos rechnete 1901 deshalb für jeden Wirt 37 Zecher aus, "die müssen dann natürlich durch Eifer ersetzen, was an der Zahl fehlt". "Nach langen Jahren" braute man 1927 noch einmal das einst berühmte Bitterbier, dann erlosch die lange Tradition.

Heutzutage ist die Zerbster Brägenwurst ein Zeichen der heimischen Kochkunst, aber das Bier strömt aus anderen Quellen und Städten.

Ich gehe über den Schulhof zum Markt, grüße zum Abschied die verschwiegene Butterjungfrau und den strammen Roland von Zippelzerbst. Wie sangen doch die Wittenberger Studenten in einer Parodie eines verbreiteten Volksliedes?

> "Lisettchen, Baumöl meiner Schmerzen,
> du Brustlatz aller kalten Herzen,
> du Kober aller Zier,
> des Trauerns Löschpapier,
> der Seufzer Blasebalg,
> Streubüchse meiner Zähren,
> der Poesie Klistier,
> der Sinnen Zerbster Bier,
> du Ofengabel du des eifrigen Begehrens .."

Inzwischen haben die Zerbster nicht ihrem Bier ein Denkmal gesetzt, sondern einer fleißigen Frau namens Henriette Schulze (1835 - 1900), die einst Tag für Tag auf einem Handwagen Wasser in die Haushalte fuhr. Ich lasse Wasser über meine Hände fließen und wandere in den ausgedehnten Park. Ein Ruinenstück ist alles, was nach dem sinnlosen Bombardement vom Zerbster Residenzschloß übrigblieb. Vor der Vernichtung zeigte man im Museum, das für die Geschichte Anhalts in ihm eingerichtet worden war, auch eine Wiege, in welcher Sophie Auguste Friederike von Anhalt-Zerbst (1729 - 1796) gelegen hatte. Sie war die Schwester des letzten Fürsten von Zerbst. Als Katharina II. Zarin von Rußland machte sie Weltgeschichte und bewegte mit Skandalen noch die Nachwelt. Sie hatte den Plan, daß der von der französischen Revolution vertriebene Ludwig XVIII. (1755 - 1824) - er hatte sich im Exil selbst gekrönt - das Schloß in Zerbst als Residenz in Besitz nehmen sollte. Aber Landesvater Franz in Dessau winkte dankend ab, und die Zarin starb schließlich auch bald.

Ich wanderte gemächlich durch die Stadt, in welcher noch manches an das vergangene Anhalt erinnert. Vor dem Bahnhof liegt tatsächlich noch ein Stückchen von den Schienen, auf denen einst auch Karl Emil Franzos mit der Pferdebahn in die Stadt, "ein guter, alter, anheimelnder Raritätenkasten", fuhr. Und damit sei einem Gottfried Paul von 1658 das letzte Wort in Sachen Zerbst erteilt:

"Du hast jetzund abgesungen,
was uns Zerbst, das schöne, gibt,
wie sein Tun so weit gedrungen,
wie es jeder lobt und liebt,
und wie seine Lieblichkeiten
mit dem besten Nektar streiten.

Nun solange Zerbst wird geben
seinen Honig aller Welt,
allsolange wird auch leben
das, was dir ein Lob bestellt.
Denn das dies mög ewig stehen,
muß der Neid und Mom' (=Momus, Spott) vergehen!"

VON HUNDELUFT ZUR ROSSELMÜNDUNG

C. W. Arldt: Die Elbbrücke bei Dessau (Lithografie um 1840)

Die ältere Frau schaut wie der gute Mond aus dem Bilderbuch, hat ihre Arme vor der Brust verschränkt und redet munter ihrem schweigsamen Gegenüber zu, einem spindeldürren Weiblein, eingerollt in einen langen, schwarzen Mantel, eine plustrige Pelzkappe auf dem Kopf, Dabei ist es im dahinratternden Zug tropisch-heiß, und der Wasserdampf quillt durch die halbgeöffnete Tür herein. Seit Wiesenburg ist die Erzählerin unentwegt bei einem Thema: "De Hieh-

161

ner un Enten mußt ich och noch futtern, dann de Diere zu un los! Wenn ich bloß de Enten los werde! Es sieht schon widder nah'n Räjen aus, immer mit de Musschprütze los, nee! Ich gew de Hiehner immer 'n halwes Brot zum Auspicken, der Rest wird injeweecht, olle Konsumbreetchen woll die nich, awer das kann ich nu nich mehr lange mitmachen - immer: Koof man, koof man! Reis, Haferflocken, Breetchen. Nu is Schluß. Ab mit de Köppe!"

Da wird das Schicksal aber unbarmherzig auf die verwöhnten Hühner dreinschlagen, denke ich, und schon steht am Bahnhof "Jeber-Bergfriede". Nichts wie raus in'n Räjen, und de Musschprütze habe ich wie immer vergessen ...

Im Schalterraum sind alle Bänke besetzt. Streckenarbeiter frühstücken schweigsam: Breetchen mit Jagdwurstscheiben, Sülze aus Alufolie, heißer Kaffee aus der Thermoskanne.

Aber draußen tröpfelt sich der Schauer schnell aus. Ich mache mich auf den Weg. Der Wind, der von den Kiefernwäldern herüberstürmt, ist erfrischend, und der Sand hat das Regenwasser schon aufgesogen.

Eine charakteristische anhaltische Landschaft gibt es nicht. Wenn Begriffe wie Altmark, Börde oder Mark Brandenburg ins Ge-spräch kommen, dann verbinden sich bei den Teilnehmer sofort Bildvorstellungen, deren Einzelheiten im großen und ganzen über-einstimmen. Aber für Anhalt fehlt eine solche ideale Ansicht der Landschaft. Anhalt ist eher ein Staatsgebilde, ein Begriff aus der politischen Geschichte, und selbst die Einwohner dieses Landstreifens von den Höhen des Harzes bis zu den Auen von Saale, Fuhne und Elbe nehmen nur das Bild ihrer Heimat, ihrer unmittelbaren Umwelt als ihre Erinnerung an das alte Anhalt. Nun bin ich wieder durch ein Stück jenes vergangenen Herzogtums unterwegs, und wer ein Foto von meinem Weg betrachtet, der wird wohl beschwören - märkische Heide, märkischer Sand, brandenburgisches.

Der Fläming fällt sehr sanft hinab zur Elbe, dem großen Fluß im mittleren Deutschland. "Hier wechseln langgestreckte Höhenrücken mit den Rinnen kleiner Bäche, die sich häufig zu Teichen erweitern. Der Olbitzbach, die Rossel und die Nuthe sind hier die bedeutendsten Wasseradern." Aus ihrem Lesebuch lernten die heranwachsenden Anhaltiner um 1900 auch: "Die sandigen Höhen tragen meist Kiefernwälder, die man schon von ferne an ihrem bläulichen Schimmer erkennt. In der Nähe machen sie einen düsteren Eindruck ... Fehlt es auch nicht an stattlichen Buchen, Eichen und Birken, so ist doch die Kiefer hier der herrschende Baum ... Beeren und Pilze wandern durch die Hand armer Kinder und Frauen auf den Tisch des Städters."

Wenn man vom rechtselbischen Anhalt spricht, denkt man zunächst (oder ausschließlich) an Zerbst und seine Umgebung, doch auch die Niederung der Rossel sowie das Land um Coswig zählen dazu. Unbestritten ist die dominierende Rolle von Zerbst an der Nuthe. Bergfrieden war ein Vorposten seiner Landwehr (1419 als "an der Bercfrede" erwähnt), ein anderer des westlich gelegene Bärenthoren (1451).

Kirche in Hundeluft

Hundeluft wirkt an diesem stürmischen Morgen still und ausgestorben. Violettschwarze Wolkenmassen reißen plötzlich auseinander. Grelles Sonnenlicht flutet über die waldreiche Gegend, aber ebenso schnell verschwindet das hellblaue Himmelsstück wieder hinter dunkelgrauen Regenwolken. Ein aufgeblasener Plastschwan kurvt hilflos auf seinem Vierquadratmeter-Teich. Eine bunte Katze stelzt träge und unschlüssig auf der Kirchhofmauer, welche die ansehliche Kirche umgibt. Auf deren Wetterfahne sieht man einen langbeinigen Bären, der aufwärts steigt. Der harmonische, achteckige Bau wurde erst 1746 geweiht und erinnert mit Kanzelaltar und der umlaufenden Empore an die Blüte, welche der Klassizismus gerade im östlichen Anhalt erlebte. Aber bereits ein Wappengrabstein aus dem Jahre 1682 weist daraufhin, daß Hundeluft ein viel älteres Schicksal hat.

Hundeluft liegt noch immer an einer wichtigen Straßenkreuzung zwischen Roßlau und Wiesenburg sowie Zerbst und Coswig. Das sind uralte Verbindungswege, die auch vom Lauf der Rossel bestimmt wurden. Ihm folgt ebenfalls die Eisenbahntrasse nach Roßlau.

Nicht mehr beweisbar scheint die Überlieferung, daß um 1280 die Burg Hundeluft, von der aus sich die Handelswege bestens überwachen ließen, im Besitz der Magdeburger Erzbischöfe war. Ein Dorf, das sich im Schutz der Befestigung entwickelte, wird 1307 erwähnt. Ein Ritter von Wallwitz - Verbündeter der berüchtigten von Quitzows -, der aus der Burg den Stützpunkt für seine Raubzüge gegen die Städte und ihre Kaufmannschaft machte, wurde im Jahre 1412 durch die Mannen unter dem Befehl Albrecht von Anhalts verjagt. Die Zerbster, deren wirtschaftlicher Aufstieg durch die adeligen Wegelagerer empfindlich beeinträchtigt wurde, zerstörten die Burg.

Auf der Straße, die nach Düben führt, überquere ich zum ersten Male die Rossel, ein kräftiges Flüßchen, das sich erst bei Bräsen aus mehreren Quellen unweit von Köselitz und Buko bildet. In Bräsen gab es übrigens eine Braunkohlegrube, die nach den beiden Weltkriegen ausgebeutet wurde.

Nahe der Rossel und im Süden von Hundeluft finde ich die Burgstelle, einst eine recht sichere Befestigung in der morastigen Niederung. Ein artesischer Brunnen versorgte die Besatzung, die auf einer annähernd sechseckigen Anlage von rund dreißig Metern Durchmesser lebte. Wälle bis in 1,5 Kilometer Entfernung schützten zusätzlich. Als die Burg, deren zyklopenmächtigen Mauern aus Findlingen aufgetürmt wurden, geschleift war, verlor sich auch bald der strategische Wert. Inzwischen ließen sich die Grenzen zwischen brandenburgischem und askanischem Machtbereich in dieser Landschaft kaum noch verändern. Die Söhne des Albrecht IV. von Köthen-Dessau (er starb 1423) verkauften sogar im Jahre 1457 ihren Besitz Hundeluft mit Ragösen (1214 erwähnt; der Name Rogosone soll Binsen- bzw. Schilfstelle bedeuten, erinnert also an das ursprüngliche Landschaftsbild), Thießen und einigen Wüstungen für 1 000 Schock alte Kreuzgroschen an die Herren von Zerbst, eine ritterliche Familie. Die Nachkommen boten 1734 diesen hochverschuldeten Besitz mit Erfolg dem Fürsten Johann August von Anhalt-Zerbst (1677 - 1742) zum Kauf an. Die Huldigung für den neuen Herrn fand in Hundeluft am 8. Oktober 1735 statt, und der Kirchenneubau ist sichtbares Zeichen dieser Übernahme geblieben.

Um 1540 lebten in Hundeluft lediglich acht Bauernfamilien. Die Feldmark war gering. Man mußte sich auch als Holzarbeiter und Torfstecher verdingen. 1735 wurde ein fürstliches Vorwerk gebildet, ein Rittergut, und um die Selbständigkeit der Bauern stand es miserabel. Im Jahre 1367 zählte man noch einen Kossäter, aber 59 Häusler. Eine Fabrik, die aus Stroh Papier herstellte, ging wieder ein, aber Mahl-, Öl- und Schneidemühlen bestanden länger. Insgesamt eine arme Gegend, die in der weiten Umgebung schlicht "Hundetürkei" genannt wurde.

Der Sturm kräuselt heftig die stille Rossel und zersplittert alle Spiegelbilder des wechselhaften Himmels. Licht und Schatten fliegen über Wiesen und Wälder. Und in aller phantastischen Flüchtigkeit ist plötzlich auch der legendäre, geheimnisumwitterte Mann aus Hundeluft, der angeblich Jakob Rehbock hieß, da. Ein Müller soll er gewesen sein, aber er wandelte durch das Land als der letzte männliche Sproß aus dem Stamme der brandenburgischen Askanier, der mit Markgraf Otto I. - einem Sohn von Albrecht dem Bären - in der Geschichte wurzelt. Der echte Waldemar starb zwar 1319, erschien aber im August 1348 wieder auf Erden. Er sei als Büßer unerkannt und armselig unterwegs gewesen, soll er berichtet haben, da er eine nahe Blutsverwandte geheiratet hätte; deshalb sei er schließlich bis nach Jerusalem gepilgert, um Ablaß seiner Sünden zu erlangen. Dieser "falsche Waldemar" soll also Jakob Rehbock aus Hundeluft gewesen sein, doch gibt es auch andere Vermutungen.

164

Wilhelm Giese:
Am Schloß Roßlau

Jenes Jahr 1348 erschien den Zeitgenossen als Anbeginn des Weltunterganges: Am 25. Januar bebte die Erde. Die Beulenpest raffte in Eile alt und jung erbarmungslos dahin. Flagellanten zogen heimat- und ziellos durch dieses Land. In der Altmark fiel ein goldenes Kreuz vom Himmel. Zwischen den Strömen von Wallfahrern kam es zu Mord und Totschlag. Karl IV. (1316 - 1378) mußte sich als Gegenkönig zu Ludwig IV. dem Bayern mühsam und intrigenreich erst einmal durchsetzen. Ein Streitobjekt war die Mark Brandenburg in der Hand Ludwigs, aber Rudolf von Sachsen - auch aus askanischem Hause - verteidigte beharrlich die Überzeugung, nach dem Tode Waldemars hätte die Mark an sein Land fallen müssen. Inzwischen gab es im Brandenburgischen eine Aufsässigkeit gegen den Wittelsbacher Ludwig, die Karl IV. genehm sein mußte. In dieser angespannten Situation war die Erfindung des "falschen Waldemar" mehr als ein geschickter Schachzug. Er stärkte die Macht des deutschen Königs ungemein. Und der sicherlich sehr aufgeweckte Jakob Rehbock half dabei nach Kräften. Zuerst erkannte ihn selbstverständlich Rudolf von Sachsen an. (Der wiedererstandene Waldemar konnte schließlich sogar seinen Siegelring vorweisen.) Erzbischof Otto von Magdeburg folgte, die Fürsten von Anhalt, die Herzöge von Mecklenburg, Herzog Barnim III. von Pommern, die Grafen von Barby und alle, die auf eigene Vorteile bei der Vertreibung der Wittelsbacher aus der Mark Brandenburg hofften. Bereits am 2. Oktober 1348 belehnte Karl IV. den neubelebten Waldemar mit der Mark (dafür bekam er großzügig die Mark Lausitz), und das Haus Anhalt erwarb das Versprechen, sollte der herangereifte Waldemar keinen männlichen Nachkommen mehr vorweisen können, würde es in Brandenburg mitbelehnt. Bereits im August 1348 begann Waldemar in Wolmirstedt bei Magdeburg mit dem Regieren, erteilte vor allen den aufstrebenden Städten großzügig Privilegien, weshalb sie seine besten Parteigänger wurden.

Die Stellung der großen politischen Gestirne wandelte sich auch in diesem Fall schnell. Karl IV. und die Wittelsbacher schlossen einen Kompromiß. Der König schickte den dänischen Monarchen vor, der Waldemar nun für einen Betrüger erklärte. Schiedsgerichte wurden eingesetzt, denen der Beschuldigte auswich. Am 16. Februar 1350 belehnte Karl IV. offiziell die Wittelsbacher mit der Mark Brandenburg und Lausitz. Krieg brach in der Altmark aus: Waldemar und die Städte gegen die verhaßten Wittelsbacher. Doch das Glück kehrte sich gegen den Hundelufter, wenn er es denn war, alle einstigen Freunde fielen ihm in den Rücken. Doch erst am 10. März 1355 entließ der umstrittene "Fürst" in Dessau alle Untertanen aus seinem Dienst. Das geschah freilich erst, nachdem der brandenburgische Markgraf Ludwig der Römer dem regierenden Dessauer Fürsten eine hohe Geldsumme gezahlt hatte. Im Jahre 1356 starb dann Jakob Rehbock bei seinen "Vettern" in Dessau und wurde in ihrer Gruft beigesetzt. Und 1372 verzichteten die Wittelsbacher für 500 000 Gulden endlich auf die Mark Brandenburg, die darauf der inzwischen zum Kaiser gekrönte Karl IV. persönlich übernahm. Den Luxemburgern folgten die

Hohenzollern, und die Askanier bekamen nie wieder eine Chance in Brandenburg. Es blieb bei den Uferstücken am rechten Elbufer und auch dem schönen Lauf der Rossel. Zwischen Hundeluft und dem Unterlauf des Flüßchens bei Mühlstedt breitet sich das Naturschutzgebiet Buchholz aus. Inmitten dieses eingeengten Talabschnittes komme ich an diesem ungemütlichen, aber charaktervollen Herbst vornittags nach Thießen.

Wenn man den Sprachforschern glaubt, dann wurzeln die heutigen Namen Thießen und Dessau in einem uralten Wort, mit dem man auf Stromschnellen, auf Katarakte hinwies. Thießens ältere Schreibweisen wie Disne (1303) oder Diezen verdeutlichen den Umstand. Ursprünglich wird der Ort zur Burg Hundeluft gehört haben, nach 1414 den erwähnten Herren von Zerbst, die auch hier Anfang des 16. Jahrhunderts für einen Neubau des Gotteshauses sorgten. Es konnte 1965 restauriert werden. Grabsteine für Mitglieder der Familie von Zerbst rahmen das Portal ein und finden sich an den Mauern. Später war Thießen eine herzogliche Domäne. Wer sich auskennt, kommt aber nicht nur des ehrwürdigen Gotteshauses oder der Forellenzucht oder der idyllischen Landschaft wegen in dieses Dorf im alten Anhalt, sondern er besucht ein technisches Denkmal von außergewöhnlichem Wert. In einer Gegend, in welcher die metallurgische Industrie sich nicht entwickelte, steht ein Kupferhammer, aufwendig rekonstruiert. Seinen Antrieb besorgte die Rossel, die schon von altersher in Thießen zweimal aufgestaut wurde (einmal für eine Mühle).

Im Thießener Kupferhammer (um 1935)

Über den Erbauer oder das Gründungsjahr des Kupferhammers gibt es keinerlei Überlieferungen. Frühester Hinweis: nach dem Kirchenbuch starb 1603 "Salomon, des Kupferschmieds Geselle, ein Preusse". Man erfährt, daß 1653 "Zachariaß Felber" - Kupfer- und Hammerschmied - sich beschwert, weil die Kunden aus dem Zerbster Land lieber nach Dörnitz bei Burg ihre Aufträge bringen, andererseits durch kursächsische Verbote nichts nach Wittenberg oder Torgau verkauft werden kann.

Jahrhundertelang schmiedete man in Thießen Mansfelder Kupfer, das auf der "Alten Berliner Straße" transportiert wurde - über die Elbe bei Aken oder Roßlau, weiter nach Thießen, Hundeluft, Treuenbrietzen ...

Um 1935 produzierten die Kupferschmiede in Thießen noch. Im Jahre 1933 ersetzte ein Eichenstamm aus Wörlitz eine Welle aus Kiefernholz. Damals schrieb Hanns Weltzel:
"Es ist merkwürdig, daß man in einer Zeit, da man beinahe ganze Autos und Flugzeuge pressen kann, seine Kessel noch von den Kupferschmieden schlagen lassen muß ... Aus kleinen Kupferbarren werden mit dem Breithammer allmählich Schalen von ungefähr 640 Millimeter Durchmesser geklopft; beiläufig vierzehn solcher Schalen ergeben mit dem Schläger - das ist die Deckscheibe, die innen liegt und auf die der Tiefhammer trifft - und der Klammer (dies ist die etwas größere Außenscheibe, die alle anderen umfaßt) das Gespann. Es wird im Glühofen schmiegsam gemacht und unter dem Tiefhammer geschlagen, bis sich des Gespanns flache Muschel wölbt, bs ihre Wände langsam in die Höhe steigen und so die Kessel entstehen. Eine Schere schneidet den Rand des Gespanns ab, das sich ja aus vierzehn Schalen zusammensetzt, und aus denen nun vierzehn Kessel geworden sind, die sich einer aus den anderen herausziehen lassen ..."
Mit mancherlei Mühen ist die technische Anlage erhalten worden, ein stimmungsvoller Fleck an der Rossel, der für den heutigen Besucher die schwere Arbeit von einst vergessen macht.
Wenn die Rossel das Buchholz verläßt, fließt sie durch Mühlstedt. Roßlau erscheint am Horizont, die landschaftlichen Reize werden rar, und nach kuriosem wie dem Hundelufter Rehbock und dem Thießener Hammerwerk, was soll da noch das kleine Mühlstedt bieten?
Ich wandere zur Kirche, einem nüchternen Bau des ausgehenden Jahrhunderts, aber wer aufmerksam hinsieht, bemerkt die Rudimente einer spätromanischen Feldsteinkirche. Durch erkennbare Rundbogenportale, stelle ich mir vor, wird wohl noch der Mühlstedter Pastor - der Magister Johann Rudolph Marcus (geboren in Coswig) - um die Mitte des 18. Jahrhunderts gewandelt sein. Für mich ist und bleibt er das Muster des gelahrten Dorfpredigers, der neben seinem Amte mit akademischer Akribie eine mehr als erstaunliche Grillenfängerei betrieb. Eine Frucht seiner Zusammenklauberei von Bücherwissen ist die Abhandlung "Historische Nachricht von Gelehrten, welche etwas besonders an ihren Weibern erlebet" (in Jüterbog gedruckt), welche er "an Seiner Hochehrwürden Herrn Magister Bielern, Ober-Pfarrern und Senioren zu Schweinitz, beym Absterben Dessen Frau Eheliebste wohlmeynend übersendet."
Der brave Mühlstedter Pfarrer bereicherte die Wissenschaft mit einer Systematik, was dem Gelehrten mit seinem Weibe widerfahren kann. Eine Kostprobe:
2. Daß sie die Hochzeit mit ihnen aufschieben,
5. Daß sie gern getrunken,
6. Daß sie lüstern worden,
7. Daß sie sehr böse geworden (sechs Seiten Beispiele mit Literaturverzeichnis!),

> 12. Daß sie ihnen untreu worden,
> 19. Daß sie vom Donner erschlagen,
> 20. Daß sie im Wasser umgekommen,
> 22. Daß sie sich selbst erhenket,
> 26. Daß sie dieselben neben sich tot im Bette gefunden,
> 27. Daß sie dieselben über 50 Jahre gehabt,
> 32. Daß sie ihre Männer durch Verschwendung und Schulden arm gemacht ...

Wahrhaftig ein kunterbuntes Eheleben der Gelehrten! Und das Ganze schickte der brave Marcus auch noch als "Trostschreiben" an einem betrübten Witwer!

Die Rossel fließt nun ihrer Mündung in die Elbe zu. Der Stadt Roßlau (zuerst 1215 genannt) hat sie den Namen gegeben, aber die Einheimischen sagen öfter "die Bache" zu ihr.

Im Herzogtum Anhalt war Roßlau ein "Kreisgerichtskommissions-Bezirk" des Kreises Zerbst. Die Burgstelle, günstig an der Flußmündung und einem Elbübergang gelegen, war ursprünglich ein Lehen des Reichsstiftes Quedlinburg, das aber früh in den Besitz der askanischen Fürsten geriet. Vorübergehend wurde es den Grafen von Lindau überlassen, doch 1353 zurückgekauft. Es wird wohl Zufall sein, daß ein Jahr später erstmals eine Elbfähre erwähnt wird. Sie war über Jahrhunderte hinweg äußerst wichtig als Nord-Süd-Verbindung zwischen der Mark Brandenburg und Anhalt sowie dem Harz. Der Architekt Peter Niuron (im Verein mit Bruder und Vetter) aus Lugano bewerkstelligte einen ersten Brückenbau im Jahre 1583, den Fürst Joachim Ernst (1536 - 1586) in Auftrag gegeben hatte. Ein weithin bestauntes Wunderwerk aus Holz. In Zerbst druckte man sogar eine Flugschrift "Gespräch eines Boten und Aufsehers der neuerbaueten Brücke".

Georg Philipp Harsdörffer (1607 - 1658) - Mitglied der "Fruchtbringenden Gesellschaft" zu Köthen - schrieb im Dreißigjährigen Krieg:

> "Es schlürfen die Pfeifen, es würblen die Trumlen,
> die Reuter und Beuter zu Pferde sich tumlen,
> die Donnerkartaunen durchblitzen die Luft,
> es schüttern die Täler, es splittert die Gruft,
> es knirschen die Räder, es rollen die Wägen,
> es rasselt und prasselt der eiserne Regen,
> ein jeder den Nächsten zu würgen begehrt,
> so flinkert und blinkert das rasende Schwert."

Das konnte auch ein Bild dieser Gegend im Frühjahr 1626 sein. Der Besitz der strategisch wichtigen Brücke war hart umkämpft. Wallenstein siegte hier über Ernst von Mansfeld. Tilly ließ fünf Jahre später das technische Meisterwerk abbrennen. 1682 fuhr eine Gierfähre. Erst Fürst Leopold I. (1676 - 1747) - der alte Dessauer - ließ 1735 eine Pontonbrücke anlegen, vier Jahre danach eine neue Holzbrücke, deren Oberbau im Siebenjährigen Krieg abgebaut werden konnte. Starker Eisgang zerstörte sie dennoch. Der Enkel Leopold III. Friedrich Franz (1740 - 1817) ordnete einen Neubau an, den freilich 1806 die preußischen Truppen auf ihrem hektischen Rückzug vor der napoleonischen Armee niederbrannten. Der technische Fortschritt ermöglichte 1836 erstmals steinerne Pfeiler für den Überweg, den seit 1840 selbst die Eisenbahn nutzte. Im Jahre 1886 konnte eine separate Eisenbahnbrücke in Betrieb genommen werden, die wiederum dem Krieg 1945 zum Opfer fiel. 1960 entstand eine neue Straßenbrücke, ergänzt zehn Jahre darauf durch einen Bau für den wachsenden Schienenverkehr.

Die Historie von Roßlau ist immer mit der Elbüberquerung verknüpft gewesen. Erst 1603 wurde aus der Siedlung an der Rosselmündung eine Stadt, von der allerdings nach der Schlacht 1626 nur noch fünfzehn Häuser schwerbeschädigt standen. Von einem Gotteshaus, das dem Heiligen Nikolaus, dem Schutzheiligen der landfahrenden Kaufleute, geweiht worden war, blieb kein Stein stehen. Die Marienkirche wurde ebenfalls eingeäschert. Die stehengebliebenen Mauern nutzte man für einen notdürftigen Neubau. Die heutige Kirche konnte erst zwischen 1851 und 1854 errichtet werden, auch recht nüchtern. Man sollte aber ein Adjektiv anschließen, wenn man durch Roßlaus alte Straße spaziert: zweckmäßig. Daß man mit diesen anhaltischen Tugenden (nehmen wir ruhig noch die Sparsamkeit hinzu) auch ästhetisch Reizvolles in der Architektur schaffen konnte, bewies ein Sohn dieser Stadt - Christian Gottfried Bandhauer (1790 - 1837), der es vom Zimmerergesellen zum anhalt-köthenschen Baurat brachte. Im alten Anhalt gerät man vor seine Schöpfungen unterschiedlichster Art: das Pfarrhaus in Kleinpaschleben, der Ferdinandsbau des Köthener Schlosses und seine ehemalige Kirche, in Grimschleben bei Nienburg ein Schafstall, eine Brauerei in Roßlaus Kleiner Marktstraße, ein Gutshaus in Weißandt-Gölzau. Doch eine eigentliche Kuriosität hat Bandhauer seiner Vaterstadt hinterlassen, als er nach 1822 vor den damaligen Toren einen neuen Friedhof plante und anlegen ließ.

Ursprünglich führte eine Allee von der Stadt hügelan zum Gottesacker. In ihr kamen die Trauernden auf ein merkwürdiges Eingangstor zu, das noch erhalten ist, wenn auch nicht in einstiger Funktion und im allmählichen Verfall. Bandhauer schuf für Roßlau einen altägyptischen Torbau mit zwei wuchtigen Ecktürmen. Ihr Grundriß ist quadratisch, die Wandflächen neigen sich der Mittelachse zu. Mich erinnert alles unwillkürlich an den Schauplatz in Mozarts "Zauberflöte", an Sarastros Reich. Die Dächer dieser Pylone waren bepflanzt, und wahrscheinlich sollte alles ein begreifbares Zeichen sein, daß hier eine unbekannte Welt begann.

Ich wandere über den Friedhof, der gerade unter grellem Nachmittagssonnenlicht liegt. Zerzauste Kiefern und exotisches Strauchwerk. Die letzten gelben Blätter wirbeln im Wind. Alle Herbstblumen leuchten in kräftigen, warmen Farben. Ich bleibe vor Treppen stehen, die in das Erdreich hinein und vor antikische Fassaden vor Grüften führen. Noch mehr nahe Tore in das Totenreich.

R. Bürger: Die Burg Roßlau (um 1840)

Auch auf dem weiten Platz um die Burg Roßlau ist es still. Auf der Freilichtbühne, am Jahn-Denkmal, auf den Häuschen und Tischen der "Burgschenke", überall liegt welkes Laub. Nur die hohen Mauern der Burg, die im Wesentlichen ein hübsches, romantisches Äußeres aus dem vorigen Jahrhundert besitzt, sind grün vom Efeu übersponnen, der bis zu den Traufen hinaufwächst. Dieses angenehme Bild verdankt das hochaufragende Bauwerk dem letzten Herzog von Anhalt-Köthen Heinrich (1773 - 1847), auf dessen Anordnungen hin im Jahre 1836 notwendige Um- und Neubauten ins Werk gesetzt wurden. 1923 ließ der Besitzer - der Herzog von Anhalt - das Innere durchgehend als Wohnungen gestalten. Es wird ursprünglich eine slawische Wasserburg gewesen sein, die an der Mündung des Flusses stand. Nun sind ihre Gräben, die auch spätere Anlagen umgaben und schützten, teilweise längst zugeschüttet oder auf der Nordseite, wo die Rossel fließt, als Teiche erhalten.

Ich wandere in der frühen Dämmerung auf die Straßenbrücke, die gerade wieder repariert wird, und schaue über die Stadt und ihren Fluß. Roßlau führt im Wappen ein Segelschiff. Eine wichtige Werft wurde 1866 gegründet, 1908 in eine Aktiengesellschaft umgeformt, 1946 enteignet und "volkseigen". Als technisches Denkmal ist der Roßlauer Raddampfer "Württemberg" in Magdeburg erhalten und zu besichtigen. In den Jahrzehnten der DDR wurden hier nicht nur für die Binnenschiffahrt Motorgüterschiffe, sondern auch für die Meere Küsten-, Kühl- und Containerschiffe auf Kiel gelegt und erlebten ihren Stapellauf. Nun, nach der Einheit Deutschlands seit dem 3. Oktober 1990, gibt es harte Konkurrenz.

An der Elbe bei Roßlau hat es festliche Tage gegeben: Um 1900 veranstaltete hier der "Sächsisch-Anhaltinische Regattaverein" glanzvolle Wettfahrten.

Bittere Zeiten: Nach der Not im Gefolge des Siebenjährigen Krieges war Roßlau ein Sammelplatz für Deutsche, die als Auswanderer nach Rußland wollten. Die Zarin Katharina II., die Handwerker anwarb, war Schwester des regierenden Fürsten von Anhalt-Zerbst. Im Jahre 1766 verließen rund 4 000 Familien ihre Heimat für immer, fuhren auf dem Fluß davon nach Hamburg, kamen über Lübeck und die Ostsee in das fremde, unvorstellbar weite Land, an die Wolga.

Es gab auch Ärger: Die vielen Elbzölle verteuerten über Jahrhunderte Rohstoffe und Produkte. Im Jahre 1858 bezahlte man für eine Tonne von Magdeburg bis Hamburg 17 Groschen 4 Pfennige Zollgebühren. Der Frachttarif der konkurrierenden Eisenbahn lag wesentlich tiefer. Schon während des gesamten 18. Jahrhunderts wurde zwischen Preußen und Sachsen auch auf der Elbe ein erbitterter Wirtschaftskampf durch Retorsions-(=Vergeltungs)zölle ausgetragen. Anhalt beteiligte sich zu seinen Gunsten. Es verfügte über Zollstellen auf der Elbe - Coswig, Roßlau, an der Mulde - Dessau, auf der Saale - Bernburg (dort wurde auch Schleusengeld erhoben) und Nienburg. In völliger Verkennung der Machtverhältnisse führte dann Herzog Ferdinand von Anhalt-Köthen (1769 - 1830) einen für sein Land verderblichen Handelskrieg bis 1828 gegen Preußen. Dann traten sein Land und Anhalt-Dessau dem preußischem Zollsystem bei, was Anhalt-Bernburg bereits zwei Jahre zuvor getan hatte.

Über die Stadt an Rossel und Elbe erfuhren die Kinder im alten Anhalt um 1904 aus ihrem Lesebuch: "Die geraden und breiten Straßen bezeichnen Roßlau als junge Stadt. Das schnelle Wachstum, durch das es sich unter den anhaltischen Städten den fünften Platz erobert hat, verdankt es dem Handel, aber auch der Tätigkeit am Orte selbst. Werden doch hier Fabrikate hergestellt, die man weithin begehrt. Ja, die in Roßlau erbauten Schiffe befahren nicht nur deutsche, sondern auch amerikanische Ströme." Wünschen wir Roßlau auch in Zukunft gute Fahrt, wie man so sagt! Noch etwas Kurioses aus dem Ländchen um die Rossel: Seit dem Sommer 1991 schippert ein Mississippi-Flußdampfer aus Roßlau auf dem Arendsee in der Altmark ...

VON JESSNITZ DURCH DEN IRRGARTEN NACH RAGUHN

Rathaus und Marktplatz in Jeßnitz

Wer mit dem Zug von Dessau gen Süden nach Bitterfeld reist, bemerkt während des kurzen Aufenthaltes im Bahnhof Jeßnitz sicherlich nur, daß die Stadt unmittelbar vor dem Empfangsgebäude mit einem hübschen Villenviertel und viel Grün beginnt. Wer freilich wie ich ahnungslos aussteigt, muß erfahren, daß zur Stadt Jeßnitz noch ein ordentlicher Wanderweg zurückzulegen ist.

Das Bahnhofsviertel ist erst nach 1918 entstanden. Jeßnitz mit seinem historischen Kern liegt inmitten der Mulde, kaum zugänglich für die alte Eisenbahnstrecke. Das lese ich von einer Tafel mit einem gemalten Wanderplan ab. Und farbige Tupfen schlängeln sich durch die Muldeniederung zu einem wohl sehenswerten Labyrinth, zum Irrgarten in Altjeßnitz. Schon die Worte sind verlockend, und so gebe ich gern meinen Plan auf, von Jeßnitz schnurstracks nach Raguhn zu spazieren.

Zunächst geht es geradenwegs nach Osten hinein in eine weite Aue, auf eine Brücke, von der sich Deichdämme und Überflutungsflächen überschauen lassen. Die dumpffeuchte Luft riecht aufdringlich nach Chemie, und Wolfener und Bitterfelder Schornsteine stehen im Dunst am Horizont.

Ein modernes Gotteshaus ist mit der schlanken Figur eines Bischofs geschmückt. Jeßnitz ist der einzige Ort im alten Anhalt, der bis zur Reformation zum Bistum Meißen gehörte.

Linkerhand Wiesen, rechts eine Häuserzeile, gelbe Klinkersteine, auch einige Restposten in Grün und Braun sind vermauert: "Jagdschlößchen" steht noch an der Fassade und "Hotel & Restaurant und Ausspann" (1898 erbaut). Dann kräuseln sich unter mir graue Wellenkämme. Die Fuhne fließt durch die Niederung bis nach Raguhn parallel zur Mulde, ehe sie dort mundet. Zwischen ihrem Unterlauf und der schönen braunen Mulde liegt nun wie auf einem Eiland die alte Stadt. Der Fluß mit seinen kräftigen Mäandern hat die Lage von Jeßnitz über Jahrhunderte hinweg beeinflußt. "Die Stadt Jeßnitz ist so ungünstig an den Muldeufern erbaut, daß man nicht genügend Raum gelassen hat, sie durch Dämme vor der Hochflut schützen zu können. Hier kommt es daher zuweilen vor, daß die Bürger wie in Venedig auf Kähnen zwischen den Häuserreihen entlang fahren" (1904). Auch politische und kirchliche Grenzen im Mittelalter wurden durch den Flußlauf, der einst wohl westlich von Jeßnitz, dem "Eschenort", sein Bett nahm, bestimmt. In der ersten Hälfte des 13. Jahrhunderts kam die Siedlung dann zum Magdeburger Erzbistum, zu dem das nahe Raguhn schon vorher zählte.

In ältester Zeit besaßen die Wettiner Jeßnitz. Erst 1263 übernahmen die Fürsten von Anhalt den Ort mit einer wichtigen Furt, um die Mitte des 16. Jahrhunderts kam man an Anhalt-Dessau. Über die mittelalterliche Geschichte ist wenig bekannt. Eine Burg (1259 erwähnt) sicherte den Muldeübergang. Durch die natürlichen Gegebenheiten mußte die Feldmark immer unbedeutend bleiben, aber Händler und Handwerker fanden Auskommen. Zahlreiche Hochwasserwellen zerstörten Vorstädte und Erweiterungen, ehe 1911 ein wirksamer Wall aufgeworfen wurde.

Ich komme durch eine Bärgasse, an der es einmal ein Bärtor gab. An einer Schule vorüber, deren Neubauten 1931 plastisch geschmückt wurden. Der Lehrer hat alles überstanden, aber der Schüler ist inzwischen kopflos, nur sein eisernes Rückgrat ragt noch aus dem Kragen.

Die Wasserkraft der dahinfließenden Mulde konnte durch Mühlen und Manufakturen genutzt werden. Jüdische Händler sorgten für ein großes Absatzgebiet. Jüdische Unternehmer bauten vor allem die Tuchfabrikation im 19. Jahrhundert auf. In diesem Zusammenhang sei angemerkt, daß auch eine wichtige jüdische Druckerei in dieser Stadt bereits zwischen 1718 und 1726 bzw. 1739 und 1747 arbeitete. Nach 1867 belieferte man von Jeßnitz aus die Welt beinah konkurrenzlos mit Fahnen und Flaggen, die man farbig druckte. Erst 1930 kam die Produktion zum Erliegen.

Bereits im Jahre 1398 wurde eine Mühle erwähnt, im 18. Jahrhundert ist von Walk- und Ölmühlen die Rede. Eine Papiermühle gab es seit 1675, die ein Privileg für "anhaltische Lumpen" verteidigte, deren Export 1794 überhaupt verboten wurde. Eine Pulvermühle flog 1717 in die Luft ...

Zwischen den Muldeinseln, auf denen die Stadt steht, fließt noch immer schäumend der Fluß über Staustufen und läßt die Brücke zittern.

Eine lange Brücke nach Roßdorf (auf dem rechten Ufer) stand schon im Jahre 1259. Wie alle ähnlichen Übergänge war auch Jeßnitz deshalb in Kriegszeiten ein oft umkämpftes Ziel für Söldner und Soldaten. Im Dreißigjährigen Krieg war man brückenlos. Der wirtschaftliche Aufstieg Anhalts nach 1850 beförderte dann auch hier den ersten eisernen Brückenbau im Herzogtum. Die Eisenkonstruktion kam aus Roßlau. Am 15. November 1867 fuhr zur Einweihung der greise Herzog Leopold IV. Friedrich über den neuen Weg.

Ich gehe noch einmal zurück zur Altstadt, deren Kern verhältnismäßig hoch über den normalen Hochwasserständen lag. Die drei Tore wurden bereits im vorigen Jahrhundert abgetragen, aber Stadtkirche, Rathaus und Markt, auf engem Raum gelegen, geben noch immer ein charakteristisches Bild von einer anhaltischen Kleinstadt. Aber sie selbst zeugen nicht für deren Alter. Der hohe Turm der Marienkirche wurde erst zwischen 1831 und 1833 errichtet. Zur Grundsteinlegung blies man den "Dessauer Marsch" ("So leben wir alle Tage!"). Im Jahre 1870 wurde schließlich das alte Kirchenschiff niedergerissen, und ein Jahr später gab es den heutigen Bau.

Das schlichte Rathaus entstand erst nach dem Stadtbrand von 1768. Im weißen Wappenschild führen die Jeßnitzer zwei rote Türme, zwischen denen ein Stern steht; früher sah man an seiner Stelle ein Gebilde wie eine Spindel, das auch als Szepter bezeichnet wurde.

Ich entdecke eine Gedenktafel für Hermann Conradi, geboren 1862 an dieser Stelle. Hermann Conradi aus Jeßnitz? Die Literaturgeschichten, wenn sie ihn denn noch erwähnen, nennen ihn unter den Vorläufern des Expressionismus. Verzweifeltes Auflehnen durch krassen Naturalismus. Glänzend begabt, urteilten Zeitgenossen, aber unfähig zu regelmäßiger praktischer Arbeit.

> "Wie ich mich auf den Frühling freue!
> Wie mir das Alte und doch so Neue
> schon im tiefsten Winter die Seele bewegt.
> Noch war's erst Weihnacht! Noch atmet der Winter
> aus vollen Lungen!
> Und doch ist's mir, als ob schon dahinter, sehnsuchtsbezwungen,
> leise, ganz leise der Lenz sich regt."

In seinem 28. Lebensjahr starb Conradi als "ewiger Student" im fernen Würzburg.

Die zunehmenden sozialen Spannungen im Bitterfelder Industrierevier explodierten nach dem ersten Weltkrieg und dem Untergang des Herzogtums Anhalt. Im Kapp-Putsch (13. bis 17. März 1920) schlossen sich auch zahllose Jeßnitzer dem Generalstreik an, der die junge Weimarer Republik verteidigen wollte. Man zog nach Dessau, der Hauptstadt des Freistaates. Als später die zurückgekehrte Einwohnerwehr durch Wittenberger Landjäger entwaffnet werden sollte, kam es zu Schießereien, denen auch Unbeteiligte zum Opfer fielen. Unter großer Anteilnahme der Bevölkerung wurden dann am 21. März fünf Tote zur letzten Ruhe geleitet, und die Glocken läuteten anderthalb Stunden ...

Ich komme über die Muldebrücke auf das rechte Flußufer. Die Markierungspunkte für den Wanderer, der zum Irrgarten möchte, finde ich auf Mauern, aber auch auf Stämmen und Masten. Grau liegt der graue Herbsthimmel über der Niederung. Auf den bereits bestellten Ackerflächen ruht naßkalte Luft, und stille Vögel stelzen über die dunklen Schollen. Letzte welke Blätter an den schwarzen Bäumen an der Straße. Zum Fluß hin steht das "Pulverhäuschen", im Jahre 1963 noch einmal instandgesetzt.

Im Herbst 1813 war der Muldeübergang zerstört. Es wälzte sich der Krieg näher und näher. Einen schwankenden Notbehelf trugen vertäute Tonnen. General Friedrich Wilhelm von Bülow (1755 - 1816) richtete am 6. Oktober sein Hauptquartier in der Jeßnitzer Mühle ein. An der Spitze der Nordarmee kam zwei Tage darauf Jean Baptiste Fürst Bernadotte (1764 - 1844) an, der spätere König von Schweden und Norwegen. Beide Befehlshaber ritten bald mit ihren Stäben zum Pfarrhaus in Mühlbeck, dort wurden sie von Gebhard Leberecht von Blücher (1742 - 1819) und Hans David Ludwig York von Wartenburg (1759 - 1830) erwartet. Der Kreis um die Armee Napoleons wurde spürbar enger, ihr Handlungsspielraum stieß an näherrückende Grenzen. Am Abend des 9. Oktober 1813 weilte Blücher noch einmal in Jeßnitz, am kommenden Morgen begann der Abmarsch der verbündeten Truppen. Preußische und russische, englische und schwedische Offiziere und Soldaten zogen muldeaufwärts und in Richtung Leipzig, wo sich zwischen 16. und 19. Oktober das Schicksal Napoleons entscheiden sollte.

Ich bin unterwegs von Jeßnitz in Anhalt und will nach Raguhn in Anhalt, doch dazwischen liegt Altjeßnitz in Preußen. Das ausgedehnte Dorf beginnt mit einem hügeligen Friedhof, einem Wäldchen von ungefähr vierzig Bäumen (aber unter Naturschutz), dann folgen Häuser und Gehöfte, und die roten Markierungspunkte führen endlich zu einem Wegweiser, der eine Gaststätte in Roßdorf oder das Labyrinth in 80 Meter Entfernung anbietet.

Da ist ein ansehnlicher Parkplatz, es gibt Fahrradständer und Toiletten auf der einen Straßenseite, auf der anderen das "Naherholungszentrum" Irrgarten. Ich vermute einmal, ein Labyrinth ist nicht geeignet, um die Nerven zu beruhigen und die entspannte Erholung zu befördern. Im Gegenteil.

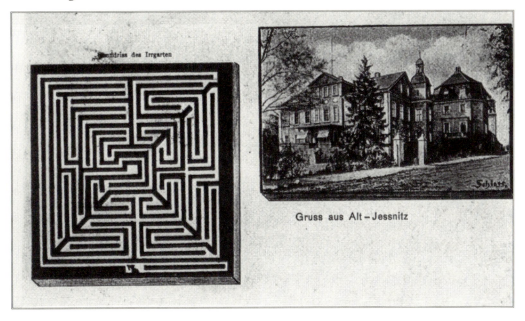

Der Irrgarten in Altjeßnitz gehört zu einem barocken Park aus der zweiten Hälfte des 19. Jahrhunderts. Viel ist nicht von ihm übriggeblieben. Eine Kirche steht abseits. Bei der Renovierung nach dem zweiten Weltkrieg konnten wertvolle Wandmalereien entdeckt werden. Die blattlosen Bäume sehen struppig aus, aber auf dem Rondell vor dem Irrgarten ist das dunkle Rot der letzten Rosen umso wirkungsvoller. Eine weißgeputzte Göttin Ceres aus Stein weist alle Besucher mit lässiger Handbewegung zum Eingang in der Heckenwand. Außer mir ist niemand weit und breit zu sehen. Über die teilweise entblätterten Hecken erhebt sich in einiger Entfernung eine rotbemalte Aussichtsplattform als Siegerpodest für die erfolgreichen Bezwinger des Labyrinths.

Die Heckengänge wurzeln auf einem Quadrat von fünfzig Meter Seitenlänge. Ein überschaubarer Fleck Erde. Aber der Einrichter des Irrgartens hat auf ihm eine Wegstrecke von einem guten Kilometer untergebracht. Man gerät vor neunzehn Wegverzweigungen. Aber niemals mehr vor einen roten Markierungspunkt für sorgenfreie Wanderer.

Selbstverständlich weiß jeder gebildete Mensch, wie man einwandfrei durch ein Labyrinth kommt: Nach der Methode des Mathematikers Tremaux geht man einen beliebigen Weg. Kommt man an einen Endpunkt, kehrt man wieder um. Trifft man auf eine Kreuzung, wählt man einen beliebigen Weg. In beiden Fällen werden die gewählten Wege markiert. Kommt man jedoch zu einer bereits passierten Kreuzung, und zwar auf einem Weg, den man zuvor noch nicht durchlaufen hat, so geht man diesen Weg zurück. Durchwandert jemand jedoch den Weg zum zweiten Male, so wählen die Wanderer einen neuen Weg, den sie noch nicht oder - falls es keinen solchen gibt - erst einmal durchlaufen ... und wenn man sich hoffnungslos verlaufen hat ... Aber weshalb wiederhole ich solche Alltagsweisheiten?

Ich kam zu einer eigenen Formel und wollte mich nach dem Grad des "Abtretens" der Wege richten. Der Blätterteppich war gegen die Logik. Und die Parkordnung verbot mir streng das Durchbrechen der Hecken. Freilich war es für mich amüsant, nach wieviel Metern entfernt vom Verbotsschild die Besucher den vorgeschriebenen Weg verlassen hatten, um quer durchs Gesträuch das Siegertreppchen zu erreichen. An diesen Stellen rankt sich Stacheldraht zwischen Stämmen und Gezweig.

Ich gab schnell auf. Gründe fanden sich in Fülle: niemand war außer mir im Irrgarten, ich wollte nach Raguhn und nicht mit dem Nachtzug abreisen ... Doch ich empfehle den Irrgarten in Altjeßnitz besonders Lehrerinnen und Lehrern, die auf einem Wandertag für einige Zeit Ruhe finden möchten. Hinein mit der anvertrauten Jugend! Und man selbst sucht sich ein stilles Plätzchen in Ein- und Ausgangsnähe. (Daß dieses Labyrinth im neugeschaffenen Sachsen-Anhalt ein Schulungszentrum für Behördenbesucher werden soll, wo man sich in Wochenendseminaren ertüchtigen kann, konnte amtlich nicht bestätigt werden, da ich die betreffende Auskunftsstelle noch nicht fand, d. Verf.)

Während der Park noch erhalten ist, fiel das Schloß der Freiherren von Ende-Altjeßnitz 1945 größtenteils einem Brand anheim. Ich wanderte weiter nach Norden durch die herbstliche Aue. Nach meiner Karte hieß der nächste Ort Raguhn-Ost, aber das Ortsschild kündigte Kleckewitz an. Und dabei bleibts och, sagte ein Mann vom Kutschbock herab und konnte mühsam die Pferde zum Vorwärts-trotten bewegen.

In der Lindenstraße springt ein fürchterlicher Hund gegen das Zwingergitter. Aus einer Wanderanleitung auf psychologischer Grundlage hatte ich erst wenige Tage zuvor erfahren, in solchen Fälle lasse sich der Köter leicht beruhigen. Man soll laut schmatzen und kauen, dann weiß der vorgepreschte Hund sofort: stop! da kommt der Erste aus dem Rudel, der frißt schon längst, wenn ich noch gar nichts wittere. Ich gab mir sehr große Mühe, doch die tolle Töle hatte nicht den psychologischen Aufsatz gelesen. Und zu meinem Glück war auch kein Kleckewitzer in der Nähe.

Wieder über eine Brücke, nun nach Westen, noch eine Inselstadt zwischen Mulde und mündender Fuhne: Raguhn. Die Siedlung wird erst 1285 urkundlich erwähnt, doch ist der Übergang für den alten Weg von Köthen oder Halle in Richtung Wittenberg sicherlich viel älter. Durch ihn ist eine Burg namens Lippehne oder Lipena - sie stand einen Kilometer südlich von der heutigen Altstadt - erklärbar. Ihrem Vogt war die spätere Stadt Raguhn noch lange Zeit unterstellt.

Ich verlasse die mittäglich-friedliche Stadt im grauen Nieselregen. Den Weg nach Lipena hat mir Jörg Mantzsch gezeigt, ein junger Raguhner und begeisterter Historiker seiner Heimat. Es geht in die trübe Niederung mit ihren Tümpeln, Bächen und dichtem Buschwerk. Sumpfig sind manche Wiesenstücke immer. Jörg Mantzsch hat sich mit den beinah vergessenen Flurnamen befaßt: Kuheichen, Fürstenhäger, Eichböcke, und er hat nach Resten von mittelalterlichen Siedlungen gesucht. Kudau war bereits im beginnenden 16. Jahrhundert eine Wüstung. Noch ließ sich aber seine U-förmige Wallanlage erkennen. Keramische Scherben und Spinnwirtel.

Die früheste Geschichte des alten Anhalts, wie sie überliefert wurde, ist mit der Burg Lipena verbunden. Fürst Heinrich I. (um 1170 - 1252), der sich als erster "von Anhalt" nannte, residierte auch auf dieser Burg. Und in einer seiner bekannten Urkunden erscheint ein Eike von Repgow als Zeuge. Ein Name, der immer mit dem Rechtsbuch "Sachsenspiegel" (zwischen 1220 und 1232 niedergeschrieben) verbunden bleibt. Die Familie von Repgow (aus dem anhaltischen Reppichau) ist auch in Altjeßnitz nachgewiesen.

Auf dem Gelände des einstigen "Schützenhauses", das 1945 vom Feuer verwüstet worden war, richtete in den sechziger Jahren die "Gesellschaft für Sport und Technik" der DDR ein "Schießzentrum" ein. Die Ausflugsgaststätte war aus einem Jagdschloß der Dessauer Fürsten hervorgegangen. Da gab es früher eine Inschrift: "Ihro hochfürstl. Durchl. Fürst Dietrich von Anhalt etc. haben in Vormundtschaft des Durchl. Erbprintz L.(eopold) F.(ried-rich) Franz Fürsten zu Anhalt etc. als Landes Regente dieses Haus wieder von Grunde aus erbauen laßen. 1753."

Als eine neue Baustelle planiert wurde, machte 1987 Jörg Mantzsch hochinteressante Funde: mittelalterliche Scherben und menschliche Gebeine. Obwohl er sofort das Museum in Bitterfeld benachrichtigte und einen Artikel in der Zeitung veröffentlichte, gingen die Erdarbeiten unbehelligt weiter. Und hervorgeholte Tongefäße wurden gleich in die vorbeifließende Mulde "gefeuert", wie die Arbeiter später beiläufig erzählten. Hört sich an wie ein Eulenspiegelstreich ...

Und da habe ich gleich das Stichwort für den Weg zurück nach Raguhn: Im Frühsommer 1956 trieben sich einige Männer aus Berlin in der Aue herum, erkundigten sich bei den mißtrauischen Landleuten nach der Strömung des Flusses, nach Hochwasserständen und Stellen, wo man die Mulde durchwaten könnte. Schließlich bauten Pioniere der "Kasernierten Volkspolizei" der DDR eine Brücke, die unterhalb des Wasserspiegels lag. Lastkraftwagen schafften Zelte, aber auch Mörser und Kanonen (wie sich herausstellte - aus Holz) heran. Hundert Pferde gewöhnte man täglich mit Feuerwerkskörpern an die bevorstehenden Kämpfe. Da waren wenigstens 700 Spanier und Geusen, die vom Hauptquartier im Raguhner Rathaus über Sprechfunk kommandiert wurden. Und endlich begannen der französische Schauspieler Gerard Philippe und der niederländische Regisseur Joris Ivens mit den Aufnahmen der Schlachtszenen für den Film "Till Ulenspiegel", einer französisch-deutschen Gemeinschaftsproduktion. Das Lied "Ich hab auf meine Fahne geschrieben - Leben, Leben, immer nur Licht!" - zigmal über die Lautsprecher abgespielt - wurde für lange Zeit konkurrenzloser Hit der Raguhner, und ihr Kulturhaus erhielt den Namen des frühverstorbenen, unvergessenen Schauspielers.

Der Nieselregen kümmert vor sich hin. Das Leben auf der Hauptstraße ist geschäftig, aber ohne Hast und Eile. Vom Rathaus leuchten die Farben des Wappens. Ich sehe - wie in Jeßnitz - zwei Türme, aber hier balanciert das anhaltische Wappentier, der schwarze Bär, auf der Mauer, und er ist für mich immer das Zeichen für bedächtige Ruhe und Gemütlichkeit.

Raguhn ist zweifellos im Schutz der Burg Lipena herangewachsen. Aber es wurde auch die Vermutung geäußert, daß die Siedlung als anhaltische Konkurrenz geschaffen ist, als der Nachbarort muldeaufwärts noch magdeburgisch war. Auf den frühesten Wappendarstellungen gab es freilich noch keinen Bären zu sehen, sondern drei Neunaugen, aalartige Fische. Die Sage weiß, die Neunaugen seien beim Hochwasser des Jahres 1573 in der Kirche gefangen worden, aber die bekannten Abbildungen sind älter. Die Chronik kennt nicht alle Hochwasserfluten und Eisgänge, unter denen Raguhn zu leiden hatte. Sie bedeuteten immer auch zerstörte Brücken, Mühlen und Gärten. Am Portal der Kirche meißelte man den Höchststand 1573 ein: "tanta altitudo Muldeau". Das heutige Gebäude ist ein neugotischer Bau von Carlo Ignazio Pozzi aus dem Jahre 1840.

Das Zeitalter der Manufakturen, der wachsenden Industrialisierung, begann in Raguhn wie in der Nachbarstadt - mit der Tuchmacherei und der Papierherstellung, doch hier war man weniger erfolgreich, ja, es wird glaubhaft überliefert, daß Raguhner ihre Stoffe oft als "Jeßnitzer Ware" ausgaben.

Ich schaue dem eingedeichten Fluß, der nach Norden strömt, nach. Der nächste Ort auf seinem linken Ufer heißt Priorau. Der Name wird wenigen etwas bedeuten. Nur für die Menschen hat er einen wunderbaren Klang, denen er die Heimat bezeichnet.

Jeßnitz und Raguhn sind wohl keine Städte, die man bequem den Allerweltstouristen vorzeigen kann. Doch sie haben ihre unverwechselbare Geschichte, die ihren Charakter prägte. Und sie sind für viele Generationen Heimat, ein Ort, den kein anderer Fleck auf dieser Erde sein kann.Priorau war dieses Ziel der Sehnsucht für den barocker Dichter Philipp von Zesen (1619 - 1689), der in jenem Dorf geboren wurde. Er schrieb in seinem Gedicht "Prirau oder Lob des Vaterlandes" wenige Jahre vor seinem Tode fern der Heimat:

"Kann ich schon bei dir nicht sein,
treckt und schleppt mich schon von dir
mein Verhängnis an den Rhein,
an die Amstel ferne weg; dannoch denk ich,
liebste Mutter,
liebstes Rirau, stets an dich. Du bist meiner
Sinnen Futter.
Du bist meiner Seele Spiel. Dieses spielet
für und für,
ist der Leib schon in Hamburg, dannoch schier
allein bei dir."

GÄRTEN UND SCHLÖSSER

Oranienbaum

"Kleider, Sitten, Trank und Speise
sind nun nach der Franzen Weise.
Ei, so laßt auch an der Elbe
unsern Garten, wie derselbe
bei den Franzen wird geleget,
angebauet und verpfleget,
legen, bauen und verpflegen."

Georg Gräfflinger (1665)

Alle drängen und schieben sich in den blauen Omnibus; eine sportliche Übung, auf die ich nach dem Mittagessen keinen Bedarf habe.

"Fährt der Bus nach Oranienbaum?" frage ich.

"Steht doch dran!" Die wohlgenährte Dame steigt mit beiden prallen Taschen schnaufend die Stufen hinauf.

Obaum: Kreidebuchstaben auf schwarzem Brett. Obaum, das hab ich übersehen; auf Ranjnboom und den Necknamen Mauseboom war ich vorbereitet, und daß die Glocken dort rufen "Bummbaum - Kaldaun".

Vor 350 Jahren hätte mich ein Fuhrwerk weder nach Obaum noch Oranienbaum mitgenommen. Damals hieß der Ort Nischwitz. Er wurde bereits 1179 erwähnt, gehörte zum Nienburger Kloster, von welchem im Jahre 1512 Ernst von Anhalt-Zerbst die wüste Dorfstelle und Jagdrechte erwarb. "Unvergeßlich wird mir das saftige Wildbret bleiben mit den Preißelbeeren", schwärmte 1764 der englische Reisende Boswell von der fürstlichen Tafel in Dessau. Es wurde aus den Wäldern um Oranienbaum geliefert. Aus der Wüstung Nischwitz war eine Stadt geworden.

Ich fahre standfest eingekeilt nach Obaum. Es gelingen einige Blicke in die grüne Muldeniederung, auf den Turmobelisken der Jonitzer Kirche im Norden, auf den Napoleonsturm im Süden, der dem "Turm der Winde" in Athen - aus dem 1. Jahrhundert vor unserer Zeitrechnung mit Sonnen- und Wasseruhr, gekrönt von der Wetterfahne - nachgestaltet ist. Die schnurgerade Straße durch Wälder folgt einer ungepflasterten Allee, die der Alte Dessauer Leopold I. (1676 - 1747) in Auftrag gegeben hatte. Zwischen 1828 und 1832 entstand aus ihr eine Chaussee.

Das "Chinesische Haus" im Schloßpark Oranienbaum (um 1800)

Busbahnhof Obaum. Nun schiebt mich der drangvolle Strom an die frische Luft. Ich atme tief und setze mich auf eine Bank, bis die Eiligen sich in alle Windrichtungen verteilt haben und entschwinden. Ruhe! Immerhin befindet sich der Busbahnhof, wie Ausschachtungen bewiesen, auf dem Friedhof des verschwundenen Nischwitz.

Dann überquere ich eine belebte Kreuzung und bin nach sehr kurzer Zeit vor der östlichen Fassade des Schlosses Oranienbaum, stehe inmitten der erhaltenen Versatzstücke einer barocken Idealstadt.

Schon während des Dreißigjährigen Krieges kauften Fürst Johann Casimir von Anhalt-Dessau und seine Gemahlin Agnes Teile der Nischwitzer Flur, und die Fürstin ließ um 1645 ein festes Haus mit einem Wirtschaftshof errichten. Beider Sohn Johann Georg II. (1627 - 1693) begründete als brandenburgischer General und Feldherr nicht nur die soldatische Tradition der Dessauer Fürsten, sondern wurde durch Heirat auch Schwager des Kurfürsten Friedrich Wilhelm (1620 - 1688). Jener hatte für seine oranische Gemahlin Luise die Stadt Oranienburg entstehen lassen, einer anderen Schwester zuliebe wuchs ein Oranienstein, folgerichtig gründete Johann Georg II., der 1659 aus dem Hause Oranien Henriette Katharine heiratete, ein Oranienbaum. Grund und Boden waren der Fürstin bereits zur Hochzeit geschenkt worden, aber an das umgehende Entstehen von Schloß und Stadt war nach der allgemeinen Verarmung in den langen Kriegsjahrzehnten nicht zu denken.

Fürsten, die ihre engverknüpften Wünsche von Reichtum und Macht verwirklichen wollten, führten ein strenges Regiment in der Wirtschaft ihres Landes. Alle Einfuhren mußten auf ein Minimum gedrosselt werden. Sämtliche Rohstoffquellen waren auszubeuten. Gesteigerte Ausfuhren brachten Gold und Silber in die Kassen. Durch die Heirat der oranischen Prinzessin gab es gute Beziehungen zu den Niederlanden, dem damals wirtschaftlich, militärisch und geistig fortschrittlichsten Land Europas. Der holländische Einfluß belebte nun Wissenschaft, Kunst und Landeskultur im Dessauer "Wasserwinkel" und darüber hinaus.

Auf der Nischwitzer Flur gab es Sand mehr als genug und Holz ebenfalls - 1669 wurde deshalb eine Glashütte angelegt. Ackerbau und Viehzucht steigerten ihre Erträge. Im Jahre 1693 begann man auf sechs Morgen mit dem Anbau von Tabak und hatte damit Glück. Schon nach einigen Jahren warf die Tabakverarbeitung größere Gewinne für die Unternehmer ab.

Im Jahre 1683 wurde der Grundstein für das barocke Schloß gelegt. Ein Niederländer, der Architekt Cornelis Ryckwaert (er starb 1693), bekam den Bauauftrag. Er hatte sich unter anderem mit brandenburgischen Festungsbauten und dem Plan für das Zerbster Residenzschloß 1681 bewährt. Als Ingenieur richtete er zwischen Roßlau und Dessau eine Elbfähre ein.

Henriette Katharina verlangte vom Architekten Ryckwaert nicht nur das repräsentative, dreiflügelige Schloß, sondern auch dessen Kontrapunkt - eine Stadt.

Das zweistöckige Schloß ist gelb und weiß getüncht und umgibt auch mit anschließenden Kavaliershäusern und zurückgesetzten ehemaligen Ställen den weiten, grasbewachsenen Ehrenhof. Auf ihm stehen Taxuskegel wie verwunschene Wachtsoldaten. Alles atmet Ruhe. Helle Rollos sind vor den meisten Fenstern. In jenen Räumen ist ein Staatsarchiv untergebracht.

Als Schloß Oranienbaum 1698 eingeweiht werden konnte, lebte Fürst Johann Georg II. bereits seit fünf Jahren nicht mehr. Aus dem festlichen Sommersitz war die stille Heimstatt einer Witwe geworden. Freilich konnte sich hierher Henriette Katharina nicht zurückziehen. Der einzige Sohn Leopold I. war noch unmündig, sie führte für ihn die Regentschaft zwischen 1693 und 1698. Sie war Mittelpunkt des Dessauer Hofes. Mit arg geschnürter Taille ließ sie sich malen, den schwarzen Witwenschleier graziös wie eine spanische Tänzerin haltend. Aber auch Besucher wie den sächsischen Kurfürsten August der Starke (1699) oder König Friedrich I. von Preußen (1708) empfing sie in ihrem Lieblingssitz Oranienbaum.

Ich wandere durch Ryckwaerts ausgeführten Plan einer idealen Barockstadt. Seine Achse nach Osten verläuft vom Schloßportal mit seiner doppelläufigen Freitreppe durch den Ehrenhof. Dann verbreitert sie sich zu einem kurzen Alleestück, welches mit den Gasthöfen "Jagdbarer Hirschen" und "Güldenes Parforce-Horn" begann. Ich folge ihm auf den quadratischen, baumbestandenen Marktplatz, der in sich in vier Quartiere aufgeteilt ist. Dadurch sind die Richtungen von Hauptstraßen in vier Himmelsrichtungen festgelegt, die im Verein mit Nebenstraßen das Bauland wie durch rechtwinklige Koordinaten überziehen. Ordnung nach mathematischen Gesichtspunkten; und Unterordnung ebenfalls, denn obwohl Oranienbaum bereits 1695 die Marktgerechtigkeit verliehen wurde, gab es bis 1852 keine eigene städtische Verwaltung.

Henriette Katharina folgte dem christlichen Bekenntnis, wie es der Reformator Johann Calvin (1509 - 1564) in Worte gebracht hatte. Folglich war die Stadtkirche, ein Bruchsteinbau auf elliptischem Grundriß, auf dem vom Markt die Straße nach Süden zuführt, der calvinistischen Gemeinde bestimmt. Die Lutheraner erhielten erst nach 1750 ein armseliges, bald baufälliges Kirchlein an der nordöstlichen Grenze des Parkes.

Im Zentrum des spätbarocken Oranienbaums, im Mittelpunkt seines Marktes, steht ein hübscher Orangenbaum. Er trägt schmiedeeiserne Blätter und neun vergoldete Früchte, ragt aus einer Vase aus Sandstein, an der sich zwei weibliche Wesen zu kurvenreichen Henkeln krümmen.

Eine Prinzessin von Oranien gab sich selbstverständlich an ihrem Lieblingsort nicht nur mit einem leblosen Bäumchen, dessen Früchte an ihren Familiennamen erinnerten, zufrieden. Eine Orangerie mußte gebaut werden, in welcher eiserne Öfen den exotischen Pflanzen Wärme und große Fenster ihnen helles Licht gaben. Eine Inventur 1754 ergab unter anderen 417 Orangen- und Zitronenbäume, elf Oleander, 39 Myrten, sechs Granatapfel- und elf Feigenbäume. Als 1812 der Vorrat vom Schloß Friederikenberg nach Oranienbaum transportiert war, ließ sich der Termin für einen Neubau der Orangerie nicht länger hinauszögern.

Ich gehe an dem Bau mit seiner imposanten Länge von 175 Metern entlang. Durch die hohen Eingänge haben die Gärtnerinnen und Gärtner die Kübel mit Bäumen und Sträuchern unter das sichere Dach gefahren. Der Sommer stiehlt sich davon. Die Nächte werden kalt.

Die neue Orangerie wurde 1818 fertig. Vier Jahre später erntete man knapp 2 500 Orangen! Doch im vorigen Jahrhundert nahm das Interesse an den Orangenbäumen überall ab. In Oranienbaum wuchsen um 1920 rund hundert Exemplare.

Im Jahre 1926 übernahm die Stadt die verwaiste Schloßanlage. Ihr folgte 1934 die Joachim-Ernst-Stiftung, deren Bemühungen im wesentlichen das heutige Bild zu verdanken ist.

Es ist ein Wochentag. Ausflügler, die Zeit zum Schlendern mitbringen, fehlen auf den weiten Parkflächen westlich vom ockergelben Schloß.

Gärten sind mancherlei Moden unterworfen worden. Die Niederländerin Henriette Katharina ließ auf einer Terrasse zunächst einen holländischen Garten anlegen - ein einziger Kampfplatz gegen das Natürliche. Nur niedrige Buchsbaumhecken, die kunstvolle Schnörkellinien bildeten, wurden geduldet. Der Boden verschwand unter einer Schicht aus farbigen Glas- und Porzellanscherben, mit denen ornamentale Flächen ausgelegt waren. Auf sie setzte man dann einige Kübel und Töpfe mit ausgewählten Pflanzen.

Im Jahre 1785 brachte Fürst Leopold III. Friedrich Franz von Anhalt-Dessau (1740 - 1817) von seiner vierten Englandreise Anregungen mit, die ihn bewogen, aus dem unansehnlichen Insel-und-Kanalgarten im Norden des Oranienbaumer Parkes einen chinesischen Garten schaffen zu lassen. Chinesische Gärten waren doch in Großbritannien neueste Mode, also schloß man sich ihr zwischen 1793 und 1797 tatkräftig an.

Ich erlebe das englisch-chinesische Intermezzo im gelben Licht einer schon tiefstehenden Nachmittagssonne. Es leuchten die grünen Wetterseiten der grauen Stämme. Laub ist herabgefallen. Gelbe Birkenblättchen liegen still auf den bizarren Wasserflächen zwischen großen und kleinen Inseln. Durch die gelichteten Zweige sehe ich hinüber zu einem mehrgeschossigen Türmchen im chinesischen Stil auf einer Anhöhe. Sein Vorbild sah der Fürst und Parkgestalter im englischen Kew Gardens. Und hier ließ er seine Reiseerinnerungen noch einmal greifbar entstehen.

Sir William Chambers (1726 - 1796) hatte China bereist und veröffentlichte 1757 phantastische Beschreibungen von Gärten. Die Chinesen versuchten in ihren Gärten, alle Üppigkeit der Flora, alle Landschaftsformen auf kleinem Raum zu versammeln zu einem kontrastreichen Mikrokosmos. Aus seinen Erlebnissen schuf nun wiederum Chambers überraschende Entwürfe und berichtete in seinem Buch: Die Chinesen meinen, die Schönheit der Pflanzenwelt sei in hohem Maße vom Wasserreichtum abhängig, der gleichzeitig Mannigfaltigkeit und Gegensätze in der Szenerie hervorbringt ... Auf der höchsten Terrasse ragt meist ein Turm für astronomische Berechnungen ... In die Seen sind auch große, künstliche Felsen gesetzt ... Die Felsen selbst sind mit Moos, Efeu, Farnen bepflanzt ... Ganz oben auf diesen felsigen Eilanden stehen Einsiedeleien und Tempel ... Nicht weniger einfallsreich erweisen sich die Chinesen bei ihren Brücken ...

Das lese ich wie eine Beschreibung der Oranienbaumer Schöpfung, für welche Georg Christoph Hesekiel (1732 - 1818) verantwortlich war. Er hatte seinem Fürsten zunächst als Kammerdiener, später als Baurat gedient.

Hesekiel ließ den ursprünglichen Inselgarten entschlammen und Findlinge heranschaffen. Aus diesen Steinbrocken entstand auch das Fundament für ein Teehaus, das sich über der Wasserfläche wölbt. Leider ist seine Ausstattung mit Tapeten, Lampengehäusen und Möbeln, mit Statuen und Wandbildern im chinesischen Stil verlorengegangen. Zugegeben: Es wird große Mühe kosten, aber dieses einmalige Ensemble eines englisch-chinesischen Gartens aus dem alten Anhalt muß uns und der Nachwelt erhalten bleiben.

Ich spaziere über die geschlängelten Wege und über gebogene Brückchen mit lediglich fußhohem Geländer. Man kann wohl von jedem Punkt den gesamten China-Garten überschauen, doch erlebt man immer neue, stimmungsvolle Ansichten.

"In chinesisch dekorierten Tanzsälen spielen als Chinesen verkleidete Musikanten auf; die Damen sind a la chinoise frisiert, und das chinesische Fest endet mit einem chinesischen Feuerwerk." Die Mode erreichte ihren Höhepunkt; mit diesem Überschwang aber wohl nicht mehr im stillen Oranienbaum. Immerhin gab es hier um 1800 zwei chinesische Gondeln. Und darin, stelle ich mir vor, saßen die anhaltischen Herrschaften und probierten die Orangen der Oranienbaumer Ernte, die inzwischen modisch Apfelsinen - also "Äpfel aus China" - genannt wurden.

Ich finde es wunderschön im Oranienbaumer Schloßpark, hinter dem die rote Sonne sinkt. Doch das hilft mir nicht: mal sehen, wie ich nun im Omnibus transportiert werde - behutsam wie Apfelsinen oder bequem wie Heringe ...

Mosigkau

"Wie hat der Sturm zerrissen
des Himmels graues Kleid!
Die Wolkenfetzen flattern
umher in mattem Streit.
Und rote Feuerflammen
ziehn zwischen ihnen hin.
Das nenn ich einen Morgen
so recht nach meinem Sinn! ...

Wilhelm Müller (1794 - 1827), aus Dessau

Die Bremsen stöhnen und quietschen, der Zug hält. Vor mir hopst ein junges Mädchen vom Trittbrett, läuft über die Gleise, schnappt sich ein Fahrrad und verschwindet um die Ecke, ehe ich den Bahnsteig hinter mir habe. Sie hat ihr eigenes, stürmisches Wetter.

Der naßkalte Wind läßt ein Stück Papier an seinen Reißnägeln flattern: "Im Winterhalbjahr (November bis März) ist das Museum nur nach vorheriger Anmeldung zu besichtigen. Das Museum ist nicht geheizt." Ich freue mich, denn der November beginnt erst morgen.

Im dunkelgrauen Marmor des Morgenhimmels verblaßt allmählich der rote Widerschein der aufgehenden Sonne. Es wird heller. Kahl stehn die Bäume in der "Knobelsdorff-Allee", glitschig zusammengeklebt liegt ihr Laub auch auf allen Wegen. Am Weg stehen Neubauten. Vor der Kaufhalle klirren leise Milchflaschen in den Beuteln eiliger Kunden. Und ich gehe an einer langen Mauer entlang, bleibe stehen, strecke mich und spähe hinüber: ja, graubraune Dächer, weiße Fensterrahmen in gelben Fassaden - Schloß Mosigkau. Es ist zum bewunderten Höhepunkt anhaltischer Baukunst im 18. Jahrhundert aufgerückt, denn das Zerbster Schloß wurde 1945 katastrophal zerbombt und das Bauwerk in Dornburg (im Inneren sowieso unvollendet geblieben) ist als Staatsarchiv kein Touristenziel.

Ein Aushang an der Mauerpforte bestätigt: Heute ist der letzte Öffnungstag, und an der Tür zum Kassenraum im Kavalierhaus wird das zu meiner Beruhigung noch einmal wiederholt. Aber ich nehme schnell meine Hand von der Klinke. Bis neun Uhr müssen noch sieben Minuten vergehen!

Vor dieser Seite des Rokokobauwerkes, an dessen Fronten hohe Halbsäulen auf den heraufdämmernden, klassizistischen Kunstgeschmack hinweisen, hielt nach der schweren Zerstörung Dessaus am 7. März 1945 Fürst Leopold I. (1676 - 1747) als Denkmal einsame Wache. Im Jahre 1988, zur 775-Jahr-Feier, zog er zurück zur Stadt, zum angestammten Platz. Dieser "preußische Zuchtmeister", habe ich aus dem anhaltischen Volksschul-Lesebuch (1904) erfahren, "war ein Mann von ansehnlicher Körpergröße, ... eher knochig als beleibt zu nennen ... Von Jugend auf der rauhen Luft und der brennenden Sonnenhitze ausgesetzt, war seine Gesichtsfarbe ganz braun, wozu wohl auch der Pulverdampf in den vielen Schlachten beigetragen haben mochte." Sein Denkmalsgesicht ist inzwischen kupfergrün. "Spinat und Schinken war eins seiner Lieblingsgerichte", belehrt das Lesebuch, und mit dem Dessauer Poeten Wilhelm Müller mag singen, wer will - "Mein Schatz hat's Grün so gern".

Leopold I. hieß der Alte Dessauer, weil auch vier von seinen fünf Söhnen den Rang eines Generalfeldmarschalls bzw. -leutnants in Preußen innehatten; ein Außenseiter diente in Sachsen.

Die militärischen Neuerungen erprobte Leopold I. seit 1694 im ihm übergebenen brandenburgischen Regiment Anhalt. Er ließ seine Infanteristen gleichmäßig uniformieren. Ständiges Exerzieren zermürbte jede Individualität. Im Gleichschritt, marsch! Auf den Gewehrlauf ein Bajonett, statt eines hölzernen Ladestockes einen eisernen. Aufmarsch zu neuer Schlachtordnung, Schießen der Salven bis zum Schlagen beim Spießrutenlauf - alles in exaktem Takt. Und dazu der Marsch des alten Dessauers: "So leben wir alle Tage..."

1697 übernahm Leopold I. von Anhalt-Dessau die Herrschaft. Ein Jahr später wurde zum letzten Mal der Landtag einberufen. Er opponierte vergeblich gegen willkürliche Steuern und Akzise beim Kaiser, doch mit Geld konnte man da vieles bewirken. Für 92 000 Taler wurde Leopolds unstandesgemäße Gattin, die Apothekertochter Anna-Luise Föhse aus Dessau, schließlich Reichsgräfin. Der Fürst ordnete eine "Neuvermessung" seines Landes an. Da die "neue" Maßeinheit kleiner war, verloren Adel, Kirche und Bauern umgehend ein Drittel ihres Besitzes, der als "herrenloses Gut" Leopold zufiel. Doch die Betroffenen behielten der Zahl nach ihren Grund und Boden, mußten demnach dieselbe Steuer abführen! Fürsteneinmaleins. Alle 48, durchweg verschuldeten Rittergüter seines Landes kaufte Leopold nach und nach auf ...1742 auch ein Gut in Mosigkau. Er schenkte es - erheblich im Wert gesteigert durch Steuer- und Abgabenfreiheit und eigene Gerichtsbarkeit - seiner dritten (und Lieblings)Tochter Anna Wilhelmine (1715 - 1780). Die geschäftstüchtige Prinzessin kaufte um Mosigkau noch Acker- und Wiesenflächen hinzu, ließ 1752 Pläne für ihre Residenz zeichnen und zwischen 1753 und 1757 das Bauwerk ausführen.

Nun ist es 9 Uhr. Der Kassenraum ist geöffnet und angenehm warm. Eine ältere Dame sitzt am Schreibtisch und teilt mir freundlich mit, heute sei geschlossen. Naja, sagt Frau Will und ihre Verlegenheit nimmt zu, da seien wohl Aushänge am Bahnhof und anderswo, aber um 10 Uhr finde eine Beratung ...

In mir wächst ein Rückgrat wie ein eiserner Ladestock.

Frau Will telefoniert. Das Ergebnis: Sie schüttelt den Kopf.

Wir tragen den Fall zwei jungen Mitarbeitern vor. Ja, heute ist noch Sommeröffnungszeit, aber es bleibt geschlossen, weil sowieso niemand kommt.

Aber der Herr ist doch von weither gekommen, sagt Frau Will.

Nur einige Blicke, bettele ich: keine Führung!

Das geht nicht; und sie gehen davon.

Ich danke mit einem resigniertem Lächeln.

Der "alte Dessauer"

Frau Will wehrt ab, erkundet am Fenster die Lage und greift zum Schlüsselbund. Erst sträube ich mich, aber schließlich folge ich der guten Fee zum schlafenden Schloß hinüber. Der letzte Oktobersturm heult. Die schwere Eichentür fällt ins Schloß. Düster ist der Flur. Ich schlüpfe in zu kleine Pantoffeln und schlurfe wie der große Muck in das Vorzimmer, wo man einst erfuhr, ob man zur Audienz vorgelassen wurde. Wer mehr Zeit als ich habe, mag sich die Porträts der Eltern und einiger Schwestern der ersten Schloßherrin Anna Wilhelmine betrachten. Sie selbst - im Gegensatz zum Vater und zum Lesebuch "eher beleibt als knochig zu nennen" - schaut mich als ungefähr Dreißigjährige an: Edelsteine im dunklen Haar, im lachsrosa Staatskleid aus schimmerndem Atlas, der Mantel aus rotem Samt, verbrämt mit Hermelinfellen, ist gerade abgelegt, überall weißer Spitzenschmuck. Die Wespentaille gelang dem späteren Hofmaler Lisiewski mit leichter Hand auf dem Gemälde; beim Versuch, sie auch in natura zu erreichen, hätte Anna Wilhelmine das Atmen aufgeben müssen ...

Die rechte Hand der Schloßbauherrin liegt auf Orangen. "Im dunklen Laub die Goldorangen glühn", heißt es bei Goethe, der damit an Italien erinnerte. Hier leuchten sie auch aus dem Blätterwerk, aber weisen auf das Haus Oranien.

Wilhelm I. von Oranien (1533 - 1584) hatte den siegreichen Freiheitskampf der Niederländer gegen Spanien geführt. Seinem unglücklichen Sohn Philipp Wilhelm - er lebte dreißig Jahre in Gefangenschaft - folgte der Bruder Moritz, jenem der Stiefbruder Heinrich Friedrich. Letzterer heiratete 1625 Amalie von Solms. Deren Liebe gehörte der blühenden Malerei der Niederlande. Sie erwarb ungefähr 250 Gemälde, die sie 1675 ihren vier Töchtern vererbte. Die jüngste Erbin - Henriette Katharina (1637 - 1703) heiratete Johann Georg II. von Anhalt-Dessau und brachte die Bilder, mit denen sie aufgewachsen war, an die Mulde. Als 1697 eine ihrer Schwestern starb, erweiterte sich der Schatz aus der "Oranischen Erbschaft", der 1747 testamentarisch Anna Wilhelmine zufiel. Da bestimmt worden war, daß die Kunstwerke immer an weibliche Erben gingen, hatte auch Henriette Katharinas Tochter Marie Eleonore ihren Anteil bekommen. Sie wurde sehr jung an einen Neffen des polnischen Königs verheiratet, kehrte aber schon als achtzehnjährige Witwe an den Dessauer Hof zurück; selbstverständlich mit den Gemälden. Auch ihr Porträt erblicke ich im Vorüberschlurfen.

Es will mir scheinen, als seien der Park, alle Fassaden und Räume des Schlosses letztlich nur Stufen, die den Besucher allmählich in eine andere, in diese eigene Welt des Festsaales führen sollen. Sie wird nicht abgeschlossen oder abgeschirmt durch Wände. Man nimmt sie kaum wahr, denn sie ermöglichen Blicke in natürliche und illusionäre, in magische Räume. Durch die fünf hohen Fenstertüren ist der Park ganz nahegerückt. Der Blick des erstaunten Betrachters verliert sich in die eingebildeten Räume, die uns Spiegelflächen zaubern. Er trifft unmittelbar daneben in die benachbarten Kabinette, deren Türen geöffnet sind. Und dann sind die goldgerahmten Gemälde, auf denen die Kunst ihre phantastischen Formen und Farben zeigt. Ihre Flächen sind fast lückenlos aneinandergefügt und machen ebenfalls die Wände vergessen.

Frau Will macht mich auf das Glanzstück der Mosigkauer Galerie aufmerksam: Anthonis van Dyck (1599 - 1641) hat den ungefähr fünfjährigen Prinzen Wilhelm II. von Nassau-Oranien gemalt. Er war der ältere Bruder der Henriette Katharina, wurde als Fünfzehnjähriger mit der zehnjährigen Tochter von König Karl I. von England verheiratet und starb bereits 1650.

Mosigkau wurde der Sommersitz der unverheirateten Anna Wilhelmine und ihrer Hofdamen und Bediensteten. Ein formvollendetes Kunstwerk, zu welchem Sandstein, Holz und Glas aus Sachsen kamen, aber auch italienische Stukkateure vom Dresdner Hof, "Marmorierer" und Kunstschlosser einen kräftigen Zustrom vom Farb- und Formensinn aus dem "Elbflorenz" bewirkten.

Im Jahre 1775 wurde ein Gartenstück nach japanischem Geschmack umgestaltet. Für die Orangerie - sie bestand 1769 aus rund 900, zum Teil sehr kostbaren Pflanzen - wurden Feigen- und Kaffeebäume angeschafft, Pampelmusen und natürlich auch Orangen, Orangen ...

Immer, wenn Anna Wilhelmine wieder von Dessau in den Mosigkauer Sommer übersiedelte, war ein Jahr unwiederbringlich vergangen. Wenn sich auch ihr Leben dem Ende näherte, so wollte sie doch ihre Schöpfung weiter und weiter lebendig wissen. Sie stiftete den Besitz mit allen Privilegien einer Gemeinschaft von Frauen, die, wie sie, unverheiratet geblieben waren. Nach ihrem Testament (1779) sollten im "Hochadeligen Fräuleinstift zu Mosigkau" stets eine Äbtissin und sechs Damen leben, durch einen Stiftsdirektor und -rat sollten die Liegenschaften im Ort, in Hohsdorf und Nienburg sowie ein Kapital von 70 000 Taler in Gold verwaltet werden. Die Erträge kamen zahlreichen charitativen Aufgaben zugute. Anna Wilhelmine verfügte auch, daß die 1 200 Taler, die ihre festliche Totenfeier kosten würde, an Hilfsbedürftige verteilt wurden. Ohne jeden Aufwand wurde sie zur Mitternacht des 9. April 1730 in der Fürstengruft der Dessauer Schloßkirche beigesetzt.

Das letzte Patenkind der Stiftsgründerin hieß Anette von Glaffey (1778 - 1858). Im Jahre 1836 wurde sie Äbtissin. Eine enttäuschte Frau, deren Liebe zum Dichter Friedrich von Matthisson (1761 - 1831), der als Vorleser und Reisebegleiter der Dessauer Fürstin Luise sein Brot verdiente, nicht erwidert wurde. Matthisson heiratete Anettes Kusine Luise, ließ sich aber bald wieder von ihr scheiden. Solch ein Vorgang gab nicht nur lange Stoff für Klatsch und Tratsch, sondern - so will es die hartnäckige Legende - dem Dichter auch klagende Verse wie :

"Einst, o Wunder ! entblüht auf meinem Grabe,
eine Blume der Asche meines Herzens;
deutlich schimmert auf jedem Purpurblättchen:
Adelaide . "

Und diese Adelaide soll niemand anders als jene Anette gewesen sein. Ich gerate vor ihr Porträt. Sie hat sich als Türkin malen lassen. Und die Stiftsdamen mußten im Schloß auf ihre Anweisung hin Seidenraupen züchten und füttern. Kein Wunder, daß Anette von Glaffey mit ihrem exzentrischen Wesen nicht vergessen wurde.

Mosigkau, die Sommerresidenz, war schlecht zum Domizil für hochadelige Damen geeignet. Das stellte sich in jedem Herbst und Winter aufs neue und unerfreulich heraus. Infolge des schlechten Wasserabflusses faulte der Fußboden im Festsaal und mußte bereits 1736 erneuert werden. Hundert Jahre später konnte die kostbare Stuckdecke nur mit größter Mühe gerettet werden. Alle Balken waren verrottet. Eisenschienen wurden eingezogen. Schwamm wucherte und zerstörte Wände und Türen. Der Besucher bemerkt kaum etwas davon, mit welcher Vorsorge das wertvolle Bauwerk und seine großartige Innenarchitektur ständig gesichert wird. Zum Glück wurden 1981 im einstigen Stiftsgut die zentralen Restaurierungswerkstätten des Bezirkes Halle eingerichtet.

Holländische Fliesen, japanische Lackarbeiten, chinesische und Meißener Porzellane, Gobelins und Stickereien, französische Möbel, Gemälde und Kunsthandwerk, das man im Rokoko liebte und herstellte, sind im Schloß Mosigkau, zusanmengetragen in den letzten Jahrzehnten aus anderen Schlössern im alten Anhalt, zu bewundern.

Frau Will schließt sorgfältig die Tür. Sie kennt die "Mosigkauer Damen" noch aus ihrer Jugendzeit. Sie waren als tatkräftige Christinnen mit dem Leben im Dorf verbunden und saßen im Gottesdienst in ihrer Loge. Über dem Kassenraum im Kavaliershaus hat die letzte Stiftsdame bis Ende der sechziger Jahre gewohnt und gelebt.

Der Herbststurm rüttelt an den schwarzen Bäumen. Über der Festsaalfront sehe ich steinerne Allegorien vom Frühling und Sommer. Das ist ein fernes Geschehen. Blätter wirbelt der Wind von großen Laubhaufen. In Kästen und Kübeln sollen die wertvollen Pflanzen den kommenden Winter in der Orangerie überstehen. Ein ungläubiges Erstaunen: Da wächst noch ein Granatapfelbaum, der im Jahre 1749 beschafft wurde; da war Anna Wilhelmine noch 34 Jahre jung, und vom Schloß Mosigkau existierte kein Entwurf ...

In den Irrgarten wage ich mich angesichts der tief heranjagenden Regenwolken nicht. Das Gartenidyll am "Japanischen Pavillon" ist herbstlich zerzaust und entblättert. In sentimentaler Stimmung soll hier Wilhelm Müller um 1818 seine Verse "Am Brunnen vor dem Tore ..." niedergeschrieben haben.

Von der Orangerie schaue ich noch einmal zurück durch die Allee zum Schloß Anna Wilhelminens. Auch am Tor hängt der Zettel mit der trügerischen Botschaft, heute wäre noch das Museum geöffnet, doch morgen, am 1. November ... Wilhelm Müller verfaßte auch:

"Nun gute Nacht! Nun gute Ruh!
Und morgen früh wann öffnest du?
Ich bin der letzte Gast im Haus,
und eh es dämmert, wand'r ich aus."

Luisium

"So kommst du aus Louisiums Hainen auch,
aus heiliger Schwelle dort, wo geräuschlos rings
die Lüfte sind und friedlich um Dein Dach
die geselligen Bäume spielen."

Friedrich Hölderlin (1770 - 1843)

Die breite Allee wird allmählich wieder von Kräutern und Gestrüpp zurückerobert. Die Brombeerranken mit ihren letzten roten und gelben Blättern drängen schon über den noch erkennbaren Pfad. Von der Wasserstadt Dessaus, die als Straßensiedlung nach 1706 auf Anordnung von Fürst Leopold I. auf dem rechten Muldeufer entstand, kommt wohl kaum noch jemand diesen Weg entlang. Omnibusse und Autos nehmen einen bequemeren Weg.

Das Wäldchen empfängt mich mit herbstlicher Einsamkeit. Feucht und kühl ist die Luft in ihm, und der Geruch des verwesenden Laubes breitet sich überall aus. Müde scheint ein Wasserfaden aus der gefaßten Quelle zu sickern. Der Graben öffnet sich zu einem sichelförmigen Teich, auf dessen eisgrauem Spiegel reglos und dicht die braunen Blätter schwimmen. Zwischen ihnen spiegelt sich hellgelb das Bild des schlichten, würfelförmigen Schlosses wie ein Mosaik mit vielen fehlenden Steinen.

Wilhelm Giese: Luisium

Am 24. September 1774 galt dieses schmale Gewässer als der Styx, der Fluß, welcher sich neunmal um den Hades, die Welt der Toten, walzt. Und Charon, der Fährmann auf dem Styx, ruderte in seinem Nachen den "Schatten" Elises, der "voll Verwunderung und Entzücken ... diese neuen Gegenden" erblickte: "Ist es nun ein Traum? Jeder Hain und jede Wiese sind Gesang um mich herum".

Die ausgewählten Zuschauer erlebten an jenem 24. September "ein Vorspiel mit Arien", das Anton Schweitzer nach einem Text von Johann Georg Jacobi (1740 - 1814) - einem Schützling des Halberstädter Dichters Gleim - komponiert hatte. Theaterbegeisterte hatten sich zur Aufführung zusammengefunden, und sie eröffneten auch das Schloßtheater 1777 mit diesem Singspiel "Elysium" - und schwang in diesem Wort nicht irgendwie "Luisium" mit?

Henriette Wilhelmine Luise (1750 - 1811) feierte am 24. September ihren Geburtstag. Als Gemahlin von Leopold III. Friedrich Franz (1740 - 1817) war sie Fürstin von Anhalt-Dessau geworden; nicht freiwillig. Um ihre Hand als Prinzessin von Brandenburg-Schwedt hatte zwar der kurländische Herzog Peter von Biron angehalten, aber da hatte König Friedrich II. von Preußen auch ein gewichtiges Wort mitzusprechen. Der "Weise von Sanssouci" - selbst in unglücklicher Ehe (wenn man sie überhaupt so nennen darf) lebend - präsentierte Luise dem Dessauer Landesherren, nutzte Abhängigkeiten aus: 1767 fand die mehr oder weniger befohlene Hochzeit statt.

Leopold III. Friedrich Franz, Enkel des Alten Dessauers, verlor als Elfjähriger seine Eltern. Verwandte und die Hofgesellschaft mühten sich um den verwaisten Erbprinzen, um den noch Unmündigen; fast alle waren dabei auf ihren eigenen Vorteil bedacht. Für den Dreizehnjährigen wurde das Gelände des heutigen Luisiums - als Obstgarten und Vogelherd 1728 beschrieben - angekauft. Es entstand in gehörigem Abstand zur Residenz Dessau ein abgeschirmter Platz zum Spielen und zur standesgemäßen Belehrung. Der Erbprinz erhielt eine Kegelbahn und eine kleine Orangerie, es war Platz zum Reitunterricht und für einen zahmen Hirsch, für Schwäne, Rehe und Affen. Sicherlich wurde seine Vorstellungswelt entscheidend von dieser Umwelt und Umgebung geprägt, die später so beharrlich daraufzielte, aus seinem gesamten Land einen einzigen großen, fruchtbaren und schönen Park zu schaffen.

Die militärische Ausbildung in Preußen war für die Dessauer seit Generationen selbstverständlich. Doch der siebzehnjährige Leopold III. Friedrich Franz setzte seinen Willen durch: Er kehrte jener Armee den Rücken, was ihm der starrsinnige Friedrich der Große nie verzieh. Anhalt-Dessau hatte darunter zu leiden und mußte zahlen.

Den sächsischen Adeligen Friedrich Wilhelm von Erdmannsdorff (1736 - 1800) hatte der junge Fürst an seinem sechzehnten Geburtstag kennengelernt. Erdmannsdorff reiste später im Gefolge des Fürsten und entdeckte dabei seine Berufung zum Architekten.

Am 24. September 1774 wurde mit der Freilichtaufführung des Singspiels "Elysium" auch das Richtfest des Schlosses gefeiert, das man um 1780 allgemein dann "Luisium" nannte. Mit seiner schlichten Außengestaltung und der frühklassizistischen Innenarchitektur wurde es ein Meisterwerk Erdmannsdorffs.

"Hier werden keine Tränen fließen", sang man in der festlichen Aufführung. Doch die Lieblosigkeit zwischen dem Fürsten und seiner Gemahlin ließ sich nicht kaschieren. Der Alltag blieb eine endlose Kette von Verbitterung oder Gleichgültigkeit. Sie führte dazu, daß die Fürstin einverstanden war, als ihr Mann mit der Gärtnerstochter Luise Schoch eine kinderreiche Nebenehe führte ...

Elisa von der Recke (1754 - 1833), deren Schwester Dorothea den abgewiesenen Herzog von Kurland ehelichte, notierte 1794 bei einem Besuch in Wörlitz: "Was hätte die Frau (=Luise, S.) Gutes wirken können, wenn sie in früherer Jugend einen Freund, eine Freundin gehabt hätte, die ihrer Seele die Richtung gegeben haben würde, das Vertrauen ihres gutherzigen, doch schwachen Gemahls zu gewinnen und so durch ihn dies Land zu beglücken . Der Fürst wäre ... glücklicher gewesen, als er jetzt ist; denn nun ist er ein Spiel seiner Mätressen, und trübe Schwermut und Untätigkeit haben sich auch seiner bemeistert ... und daß eben der Fürst, der so für die Verschönerung seines Landes sorgt, nicht einmal die Treppe zum Kirchenstuhle seiner Gemahlin zurecht machen läßt, die schon vor fünf Jahren zum Halsbrechen war, dann scheint mir es, daß der Fürst eher zum Gärtner als zum Fürsten passen würde, vorzüglich wenn ich sehe, wie alle Regierungsgeschäfte hier vernachlässigt werden."

Ich wandere um das stille und verschlossene Gebäude. Der Architekt Erdmannsdorff hat es auf einer bescheidenen Anhöhe und im Mittelpunkt eines achtstrahligen Sterns aus Wegen und Blickrichtungen errichten lassen. Zur Elbe, vor derem Hochwasser eine Wallmauer, die den gesamten Park umgibt, schützen soll, blicke ich hinüber. Das Dessauer Georgium ist in der Ferne zu entdecken. Die weißgestrichene Bogenbrücke wölbt sich über den Teich, und der Weg führte zum einstigen Gestüt, das auf den Muldewiesen zwischen 1779 und 1781 erbaut wurde . Die Achse nach Süden, am Pegasusbrunnen vorüber, lenkt den Blick zu einem Obelisk, der dem vordem bescheidenen Turm der Kirche des Dorfes Jonitz aufgesetzt wurde. In ihm ist das Mausoleum für die Herzogin Luise und ihren Gemahl.

Vielleicht haben die vielen enttäuschten Hoffnungen im Leben der beiden Menschen in den letzten Lebensjahren ein melancholisches Gefühl füreinander geweckt. Jedenfalls zog sich der Fürst - nun zum Herzog erklärt - in das "Luisium" - für ihn auch der Ort seiner Kinder- und Jugendjahre - zurück.

Anfang August 1817 ritt Herzog Leopold III. Friedrich Franz in Wörlitz vom Gotischen Haus zur eisernen Brücke, deren Schmiedewerk aus Mägdesprung stammte. Dort habe das

Pferd einen Fehltritt getan, berichtete er seinem Obersattelknecht, er sei aus dem Sattel geglitten und gestürzt. Man mußte ihn zum "Luisium" bringen. Der Hofchirurg Pietsch begann keine Operation. In diesem abgelegenen Schloß starb der altersschwache Herzog, der "Vater Franz" für sein Land und die nachfolgenden Generationen, am 9.August 1817. Er wurde zunächst auf dem Neuen Friedhof zu Dessau beigesetzt, 1822 aber neben seiner Gemahlin im vollendeten Jonitzer Kirchturm.

"Gräber winken - und vernichtet
ist der Tugendfeinde Spott.
In der Hölle wird gerichtet,
und im Himmel ist ein Gott!"

Diese Verse von Johann Georg Jacobi zur Musik von Anton Schweitzer erklangen am 24. September 1774 über diesen Teich, der als der unheimliche Styx seine Rolle im theatralischen Spiel zugeteilt bekommen hatte. Da war das Reich des Todes für das junge Fürstenpaar noch keinen Gedanken wert.

Ein Eichhörnchen huscht und raschelt durch die hingesunkenen Blätter. Ohne Leben scheint das Schloß. Der Weg über die weiße Brücke ist versperrt. In der Orangerie am Wirtschaftshof ist eine Gaststätte eingerichtet worden. Ruhetag. Meinetwegen. Friedrich Hölderlin ist 1795 nach einer Fußwanderung von Jena aus über diese Wege gegangen. In einer Ode hat er Fürstin Luise - poetisch zur Iphigenie verklärt - angesprochen.

Ich gehe über Gras und Laub zur Ruine eines römischen Triumphbogens. Seine Rundung scheint das Bild einer Statue, die sich in einigem Abstand erhebt, einzurahmen: sie stellt eine Frau, geheimnisvoll verschleiert, dar.

Alles scheint mir an diesem Herbsttag auf eine berührende Nachdenklichkeit gestimmt, auf das Innehalten zwischen dem Vergangenem, dessen Einzelheiten lautlos zerfallen und verloren sind, und dem Zukünftigen, das wir uns vorstellen wollen und doch nicht erkennen können.

HERZOGLICHES DESSAU

"Gegen Dessau hat niemand was, gegen Dessau kann niemand was haben; ich kann mir das ebensowenig denken wie einen finsteren Haß gegen einen dicken, gemütlichen Onkel."

Karl Emil Franzos (1901)

Wilhelm Giese: Das Residenzschloß Dessau

Nach dem Tod des letzten Herzogs von Bernburg waren alle anhaltischen Teilstaaten in der Hand eines Landesherren vereinigt. Das sollte "auf immer" gelten, und die Hauptperson in diesem historischen Ereignis war Leopold IV. Friedrich von Anhalt-Dessau (1794 - 1871), der darauf den Titel "Herzog von Anhalt" annahm. Ein stets aufmerksam umsorgter Herr. Als Karl Dauthendey ihn im Juli 1843 mit der neuesten Erfindung "photographieren" wollte und erklärte, wegen der ungenügenden Lichtverhältnisse im Herzoglichen Schloß sei das nur im umgebenden Park zu bewerkstelligen, erfuhr er vom wahrhaft bestürzten Hofmarschall: "Unmöglich können wir Seine Durchlaucht bemühen, wegen einer Aufnahme das Schloß zu verlassen ... Denn noch niemals hat der Herzog in Festtracht zu Fuß das Haus verlassen. Seine Durchlaucht kann auch nicht in Schuhen zu Fuß durch den Gartensand daherkommen, denn das verstößt gegen jede hergebrachte Sitte!" Erst nach mancherlei Verhandlungen konnte damals der Herzog doch noch "abgelichtet" werden. Und da es ihm offenbar gefallen hatte, befahl er gutgelaunt, Dauthendey solle nun den gesamten Hofstaat fotografieren.

In der Nähe des Großen Marktes mit dem repräsentativen Rathaus - in Formen und Schmuck der Renaissance nachempfunden und von 1899 bis 1901 erbaut - stand das Schloß der Fürsten von Anhalt-Dessau. Mit dem Bombardement am 7. März 1945 wurde es wie die Innenstadt in Schutt und Asche gelegt.

Der dreiflügelige, verputzte Backsteinbau war in verschiedenen Jahrhunderten entstanden. Einige dürftig gesicherte Bauteile sind noch vorhanden, Mauerreste und Trümmer, schwarz sind die Statuen auf dem Torbau, der zu der traurigen Hinterlassenschaft des Krieges führt.

Dessau erscheint nach anderen Städten und Befestigungen der askanischen Fürsten erst spät in der Geschichte - im Jahre 1228. Im Niederungsgebiet von Elbe und Mulde war die Ansiedlung schwer. Der Elbübergang nach Roßlau begünstigte schließlich allmählich die Entwicklung. Im Jahre 1341 bauten die Fürsten von Anhalt als Landesherren ein Schloß in der Stadt, aber erst im Jahre 1603 wurde sie eine Residenz. Der Westflügel der erkennbaren Anlage entstand nach 1530, die beiden anderen, inzwischen abgetragenen schuf nach 1748 Georg Wenzeslaus von Knobelsdorff. Immer wurde bereits vorhandene Bausubstanz genutzt. Zuletzt kam 1874 ein Treppenhaus vor den Mittelbau. Trotz mancherlei unterschiedlicher Stilzutaten war das schließlich Herzogliche Schloß ein ansehnlicher Bau.

Ich betrachte ihn auf einer prächtigen Speisenkarte vom 12. Dezember 1874 - inzwischen regierte Herzog Friedrich I. (1831 - 1904) - , wo zwischen Schloßansicht und dem Stammwappen zwei Landsknechte die Ankündigung des Menüs bewachen: Suppe Löwenstein, Austern, Lachs in Sauce Colbert, Rinderfilet auf Gärtnerinnenart, Schnepfen a la Godard, Wildschweinkopf mit Sauce Cumberland, Hummer mit Teufelssoße, gebratene Fasane, Salate, Spargel, Obst, Kuchen, Eis, Gebäck. Selbstverständlich war alles französisch angekündigt. Wenn sich schon der letzte

Herzog Heinrich von Anhalt-Köthen als Mundkoch Monsieur Pierre Louis Desbarats - auch ein geschätzter Kochbuch-Verfasser - leisten konnte...

In einem Reiseführer aus dem Jahre 1914 steht: "Besichtigung des Herzoglichen Schlosses in Abwesenheit des Hofes durch das Hofmarschallamt", doch - vermute ich einmal - war wohl gemeint, die Besucher hätten sich gefälligst beim Hofmarschallamt zu melden. Diese Herren waren eben immer mit höchstwichtigen Aufgaben betraut. Zur Hochzeit von Ernst von Sachsen-Altenburg mit Agnes von Anhalt-Dessau am 28. April 1853 im Schloß an der Mulde erschienen immerhin: Seine Majestät der König von Preußen, Ihre Königliche Hoheit der Prinz von Preußen, die Prinzen Friedrich Wilhelm, Friedrich und Georg von Preußen, Seine Königliche Hoheit Prinz Johann von Sachsen und Ihre Königlichen Hoheiten die Prinzen Albert und Georg von Sachsen. Und das ist nur der Anfang der Gästeliste, und jeder sollte sich in einem bestimmten Saal bzw. Zimmer versammeln, und dann mußte "Oberhofmarschall Freiherr von Loen Exzellenz mit dem großen Marschallstabe" auch noch alle sammeln und zum Hochzeitszug ordnen, treppauf, treppab ...

Im Erdgeschoß konnte man "altdeutsche Gemächer" bewundern. Überall waren wertvolle Gemälde aus der Blütezeit der Malerei in Italien und Holland. Napoleons silbernen Becher nebst Tellern hatte man bei Waterloo erbeutet, Degen und Stock des Alten Dessauers gehörten zum Familienerbe. Und der sogenannte Krötenring, den eine Dessauer Fürstin von einer Kröte bekommen hatte, der sie immer nach beendigter Mahlzeit die Brotkrumen aus einem Schloßfenster zuwarf. Dazu die Warnung vor einem Brand in der Weihnachtszeit (weshalb in jenen Tagen das Hofmarschallamt konsequent zusätzliche Wachen einrichtete) und die Verheißung, die Nachkommen werden blühen, wenn der Ring gut aufbewahrt wird.

Das Geschlecht der Fürsten von Anhalt hatte im Mittelalter und auch in der Neuzeit manche Gefahren glücklich überstanden. Oftmals wurde das Land zwischen Harz und Elbe aufgeteilt, so daß die Splitterstaaten wirtschaftlich kaum bestehen konnten. Aber immer wieder rechtzeitig gab es neue Zusammenschlüsse. Den Herzogstitel erhielt Leopold III. Friedrich Franz von Dessau (1740 - 1817) erst nach dem Eintritt in den Rheinbund, einer Sammlung deutscher Staaten unter dem Protektorat Napoleons. Das war am 18. April 1807. Der Fürst von Nassau hatte den Titel bereits im Jahr zuvor erhalten. Aber das "Ceremoniel" des preußischen Hofes machte in solchen Angelegenheiten feine Unterschiede. Segnete ein Nassauer das Zeitliche, legte man keine Hoftrauer an, da es sich lediglich um ein "neufürstliches Haus" handelte. Starb ein Anhalter Herzog, war dagegen Hoftrauer verordnet. Vielleicht war das auch eine Art von unbewußtem Dank für die zahlreichen Fürsten von Anhalt, die zum Ruhm der preußischen Armee beitrugen oder Berliner Prinzessinnen - freilich manchmal unter Druck und auch aus "illegitimen Verhältnissen" - ehelichten.

Im Deutschen Bund - nach 1815 - kam das Herzogtum Anhalt auf Rang 21 zwischen Oesterreich (Nr. 1) und Hamburg (Nr.38). Zum Bundesheer mußten lediglich Infanteristen abkommandiert werden, und zwar aus Dessau 529 Mann, aus Köthen 325 und aus Bernburg 370. Im Jahre 1828 trat man dem Zollverein bei. 1844 errang man endlich die Anrede "Hoheit". Und im Jahre 1863 war es - wie schon berichtet - endlich so weit: Anhalt, auf ewig ungeteilt!

R. Bürger: Das Herzogliche Schloß Dessau mit der Staustufe für die Mulde (um 1840)

Umgehend bekam auch Hofbildhauer Schubert einen Auftrag für ein "Jubeldenkmal". Am 10. August 1867 konnte das höchstdekorative und ausgeklügelte Werk in Form eines Brunnens auf dem kleinen Markt in Dessau enthüllt werden:

"An den Denkmalsecken unmittelbar über der Brunnenschale sitzen vier weibliche Gestalten, die mit überaus sinnig gewählten Beizeichen die vier Hauptstädte Anhalts verkörpern: Dessau, ein liebliches Mädchen, die Blumen der umgebenden Parklandschaft im Haar und auf dem Schoße, Lyra, Maske, Malerpalette, die Symbole der Kunst, in der Hand; das ehrwürdige Zerbst in mittelalterlicher Tracht auf gotischem Sessel mit offenem Buche, dem Symbol der dort blühenden Gelehrtenschule, und dem hopfenumrankten Stabe des Braugewerbes; Köthen, eine blühende, kräftige Frauengestalt, die Vertreterin der wohlhabenden Landwirtschaft, Ähren und das Kammrad der Fabriken in den Händen; Bernburg, das wohlbefestigte, thront auf felsigem Sitz, mit hoher Mauerkrone geschmückt, mit dem Bergwerkshammer und Merkurstab auf seinen Bergbau und Handel deutend."

Herzogliches Residenzschloß zu Dessau (Westflügel)

Nicht jeder erkannte Dessau, das "liebliche Mädchen". Karl Emil Franzos schrieb 1901 über diesen Teil des "Jubeldenkmals": "Eine empfindsame, zimperliche, gleichwohl wenig bekleidete Jungfrau von erbarmungswürdig kargen Formen, die in eine Lyra greift, um, nach ihrem Gesichtsausdruck zu schließen, etwas sehr Sentimentales vorzutragen; bewahre, das ist Dessau nicht, sondern ein behaglicher, wohlgenährter Geschäftsonkel in den besten Jahren ... Dessau blüht als die reiche Hauptstadt eines der wohlhabendsten Länder Deutschlands, von den Strahlen höfischer Gunst, aber noch kräftiger von dem Feuer zahlreicher Maschinenkessel durchwärmt".

Ja, diese Beobachtung trifft ins Schwarze. In Anhalt-Köthen und Anhalt-Bernburg gab es in der 1. Hälfte des 19. Jahrhunderts dahinsiechende, regierungsuntüchtige Herzöge. Das Bürgertum schuf - relativ wenig reglementiert - Voraussetzungen für den technologischen Fortschritt und für völlig neue Industrie. Zunächst sorgte man für moderne Transportwege. Die älteste Eisenbahnlinie konnte am 19. Juni 1840 zwischen Köthen und Calbe an der Saale in Betrieb genommen werden; sie war Teil der Verbindung zwischen Magdeburg und Halle, dann Leipzig und Dresden. Bereits im Herbst 1841 erreichte man vom Anhalter Bahnhof in Berlin über Wittenberg, Coswig und Roßlau die Residenzstadt Dessau, fand Anschluß bis nach Köthen. Am 1. November 1857 kam die Strecke Dessau-Bitterfeld-Leipzig hinzu, im Vereinigungsjahr 1863 die "Friedrichsbahn" nach Zerbst. Bald wurde Anhalt von dreizehn Eisenbahnlinien durchschnitten.

Nach 1850 war lange Zeit Dessau der Ort, durch welchen aller Güterverkehr auf Schienen zwischen Berlin und Halle, Leipzig sowie dem Süden des Deutschen Reiches kam. Seit 1859 wurde durch die Firmen Ziegler, Uhlmann und Co. der sogenannte Wallwitzhafen bei Dessau ausgebaut. Er bekam Bahnanschluß und bewerkstelligte den steigenden Umschlag von und nach Hamburg - aus Anhalt überwiegend Braunkohle, Getreide und Mehl, Baumaterialien. Parallel lief die Arbeit im "Leopoldshafen" am alten Kornhaus. Allein im Wallwitzhafen wurden beispielsweise 1891 von der Eisenbahn auf die Elbschiffe 1,5 Millionen Zentner und umgekehrt 2,8 Millionen Zentner bewegt. Inzwischen wuchs Dessau - Residenzstadt und günstig gelegener Handels- und Umschlagplatz - zu einer leistungsfähigen Industriestadt heran.

Diese Entwicklung begann zunächst 1856 mit der Ansiedlung der "Deutschen Continental-Gas-Gesellschaft" durch Dr. Wilhelm Oechelhäuser, einem Unternehmen, das führend in der Gas- und Elektrizitätsversorgung wurde. Es installierte unter anderen die Gasversorgung von Warschau und wurde bis Odessa tätig. Maschinenbaufirmen kamen hinzu. Hugo Junkers (1859 - 1935), der seit 1888 bei Oechelhäuser mit der Verbesserung von Gasmotoren befaßt war, gründete vier Jahre darauf in Dessau seine eigene Firma. Sie stellte geschätzte Gasbadeöfen, Heizungen und Wassererhitzer her und im Jahre 1915 das erste Ganzmetallflugzeug der Welt, die J1. Im Jahre 1920 gab es dann Junkers Motorenbau GmbH, Junkers Flugzeugwerke AG, Junkers & Co. sowie die Forschungsanstalt von Professor Junkers. Und auf einem Exerzierplatz am Stadtrand zündete Johannes Winkler (1897 - 1947) 1931 die erste europäische Flüssigkeitsrakete HW1. Durch die Nationalsozialisten wurde Hugo Junkers bereits 1933 enteignet, mit einem Hochverratsprozeß bedroht, und er stand bis zu seinem Tode unter Hausarrest.

Die industrielle Veredelung landwirtschaftlicher Produkte erhöhte ebenfalls den Reichtum in Anhalt. Um 1890 arbeiteten im Land dreißig Zuckerfabriken. Die Raffinerien in Dessau und Dessau-Alten konnten rund 1 500 Arbeiter beschäftigen. Die Brauereien Schultheiß, Schade und Feldschlößchen eroberten gute Marktanteile. Anhalt gehörte tatsächlich - wie Karl Emil Franzos anmerkte - in jener Zeit zu den wohlhabendsten Ländern des Deutschen Reiches. In kurzer Zeit war man nach 1871 ein führender Industriestaat geworden. Vor der Jahrhundertwende fanden drei Viertel der Bevölkerung ihren Lebensunterhalt durch Industrie und Handel, der Rest in der Landwirtschaft. Der Zuzug von Arbeitssuchenden war beachtlich. Im Jahre 1871 zählte man in Anhalt 203 000 Einwohner,1910 waren es 331 000.

Selbstverständlich profitierte auch das Herrscherhaus von der günstigen Entwicklung der Wirtschaft. Zum Hausbesitz zählten ja nach 1871 unter anderen 35 Domänen (20 in Anhalt, 13 in Preußen, zwei in Ungarn) und 20 Forstreviere (14 in Anhalt, vier in Preußen, zwei in Ungarn). Dazu kamen die Schlösser mit bedeutenden Kunstschätzen, zahlreiche Liegenschaften, Firmenbeteiligungen, Fischereirechte usw.

Ein äußerliches Zeichen der gehobenen Bedeutung war die Errichtung des repräsentativen Herzoglichen Palais in der Kavalierstraße in den Jahren 1884 bis 1888, das aber bereits 1927 abgerissen wurde.

Am 23. Mai 1896 wurde durch einen "Landesfestzug" das 25jährige Regierungsjubiläum von Herzog Friedrich I. (1831 - 1904) aufwendig gefeiert. Zweifellos ein Höhepunkt in der Geschichte des Herzogtums Anhalt, denn der umfassende wirtschaftliche Aufschwung hatte mancherlei sozialen Spannungen, die sich in anderen Teilen des Deutschen Kaiserreiches ständig bemerkbar machten, vermieden oder doch gemildert. Am Festzug nahmen 12 000 Menschen teil, dreißig Kapellen musizierten. Festwagen der fünf anhaltischen Kreise, Feuerwehrleute, Schulkinder, Handwerker. "Von den zahlreichen Vereinen war kaum einer unvertreten: da sah man Krieger, Schützen, Sänger, Turner, Radfahrer und Ruderer." Das Geschenk zum Jubiläum des Herzogs - ein prachtvoller Tafelaufsatz aus Silber von fataler Ähnlichkeit mit dem "Jubeldenkmalbrunnen" - wurde sogar auf der Pariser Weltausstellung 1900 ausgestellt. Ein Festspiel im Hoftheater war einstudiert worden: "In einem Schlußbilde sah man die Büste Herzog Friedrichs, umgeben von Genien mit Kränzen und Blumenkörben, während eine Askania über sie einen Silberkranz hielt; wohlgefällig und segnend schauten aus den Wolken die vorgeführten Ahnen: Albrecht der Bär, Graf Bernhard, Fürst Heinrich I., Fürstin Margarete, Fürst Johann Georg I., Fürst Leopold von Dessau und Vater Franz auf den Nachkommen."

Nach Berlin war das aufstrebende Dessau die zweite Stadt mit elektrischer Beleuchtung. Bereits am 13. September 1886 strahlte das neue Licht im Räumen des Schlosses, des Hoftheaters und des Erbprinzenpalais. Das kleine Herzogtum Anhalt stellte dank seiner wirtschaftlichen Leistung etwas Beachtenswertes dar. Um 1900 waren am Herzoglichen Hof in Dessau die Gesandten von Belgien, Großbritannien, Österreich-Ungarn und Preußen akkreditiert, wenn sie auch in Berlin oder Dresden residierten. Und Konsulate Anhalts waren eingerichtet und anerkannt in Argentinien, Bolivien, Brasilien, Italien, Mexiko, Peru, Rumänien, Venezuela, um wenigstens einige internationale Verbindungen zu nennen!

Im Jahre 1904 übernahm Herzog Friedrich II. (1856 - 1918) seine Regierungsgeschäfte. Sie waren bereits eingeschränkt, auch Anhalt war eine konstitutionelle Monarchie, in welcher der Gekrönte Träger der Staatshoheit blieb. Die Staatsminister wurden von ihm noch ohne Einfluß des Landtages ernannt. Aber dann brach der mörderische erste Weltkrieg 1914 aus, und mit der Auflösung des Deutschen Kaiserreiches verlosch auch die Zeit der Landesfürsten. Nach dem Tode Friedrich II. im letzten Kriegsjahr stand kurze Zeit sein Bruder Eduard (geboren 1861) an der Spitze des Herzogtums. Darauf erschien noch Prinzregent Aribert als Vormund des erst 1901 geborenen Joachim Ernst, aber am 13. November 1918 wurde der Thronverzicht bekanntgegeben.

Die expandierende Wirtschaft hatte längst auf die alten Landesgrenzen keine Rücksicht genommen. Sie wuchs auch weiter mit der Zuckerindustrie, die Maschinenbau und Landmaschinenbetriebe anfangs befördert hatte, mit Braunkohleabbau und Kalisalzgewinnung, die Grundlage für bedeutende Chemiekonzerne und die Elektrizitätserzeugung wurden. Es gab kein Herzogtum Anhalt mehr.

Manchmal finde ich noch eine Speisenkarte wie: Tafel anläßlich des Einzuges Kaiser Wilhelm II. in Dessau am 4. Dezember 1889: Austern, Suppe auf sächsische Art, Forellen, Kalbsnuß a la Godard, Aspik nach der Art der Finanziers, Pasteten mit Schnepfen und Trüffeln, gebratenes Wild, Salate und Kompotts, grüne Bohnen, Eis und Dessert. Auch eine Reminiszenz an das alte, vergangene Herzogtum Anhalt, und jeder kann sie nach seinem Gefühl lesen - mit Wehmut oder Kopfschütteln, mit Vergnügen oder lediglich mit Appetit ...

Die Petruskirche in Dessau (1903)

DRAHTFIGUR UND GOLDKUGEL TANZTEN

Der Türflügel schließt sich hinter mir beinahe geräuschlos. Licht eines trüben Tages fällt durch große Fenster von beiden Seiten in diese Aula. Acht Reihen Stühle sind vor mir. In jeder können neunzehn Zuschauer Platz finden; neunzehn? Bei solchen ungeraden Zahlen zähle ich noch einmal. Es bleibt dabei. Stahlrohrstühle. Ich gehe langsam an den Reihen entlang. Das erste Sitzmöbel dieser Bauart entwarf Marcel Breuer im Jahre 1925 in diesem Unternehmen, und seitdem ist für viele Menschen eine sichere Formel - Stahlrohrstuhl=Bauhaus und umgekehrt.

Ich setze mich, müde vom Spazieren über Dessaus Pflaster, in die erste Reihe. Draußen wird es spürbar dunkler um diese Mittagsstunde. Es hat schon einige Male mit Nieseln begonnen, doch ist wohl erst jetzt der endgültige Beschluß zum grauen Herbstregen eingetroffen.

Kein Vorhang verwehrt meinen Blick auf die breite Bühne vor mir. Scheinwerfer sind auf ihre Bretter gerichtet, aber sie bleiben ausgeschaltet. Was ich auf dieser Bauhaus-Bühne sehen möchte, kann nur meine Phantasie sichtbar machen. Das ist eine einsame Vorstellung. Und ich habe nur leblose Bilder zusammensuchen können, wenige Texte gelesen, aber sie haben eine Sehnsucht wachsen lassen, das Vergangene so lebendig und farbenreich in mein Leben zurückzuholen wie nur möglich. Denn "nur allein der Mensch vermag das Unmögliche", hat Goethe behauptet, "er kann dem Augenblick Dauer verleihen."

Auf dem Weg in diese Aula wurde mir für Augenblicke wieder ein Bild eindringlich und nah, das Gemälde "Die Bauhaus-Treppe", 1932 von Oskar Schlemmer geschaffen. Zwei Treppenstücke, rechtwinklig zueinander, getrennt durch einen Absatz. Helle Flächen mit Fensterquadraten, ihre Schatten wie ein Koordinatensystem auf einem bläulichen Wandstück. Und junge Frauen und Männer, die über die Treppenstufen hinaufsteigen.

Am Sonnabend, dem 4. Dezember 1926, versammelten sich die geladenen Gäste in diesem Raum, vor dieser Bühne, um die Eröffnungsfeier des Dessauer Bauhauses zu erleben. Nachmittags konnte die Bauhaus-Siedlung in Dessau-Törten besichtigt werden. In der Zwischenzeit traf man hier die letzten Vorbereitungen, um gegen 20 Uhr mit dem Bauhaus-Fest zu beginnen. Oskar Schlemmer war immer dabei, mit Ideen und Taten.

Diese Bühne war für ihn ein wesentliches Feld seiner künstlerischen Bemühungen in Dessau, obwohl er an das Bauhaus als Formmeister für Wandmalerei berufen wurde.

Ursprünglich hatte der Architekt Walter Gropius (1883 - 1969) sein "Bauhaus" 1919 in Weimar als eine staatliche Kunsthochschule gegründet. Es verstand sich als der Gegenentwurf zur üblichen akademischen Ausbildung und gab dem Handwerklichen wieder seinen wichtigen Platz zurück. Im Jahre 1927 faßte Walter Gropius seinen Plan in die Worte: "Das Bauhaus ist eine

Hochschule für gestaltende Arbeit. Es erstrebt die Sammlung alles künstlerischen Schaffens zur Einheit, die Wiedervereinigung aller werkkünstlerischen Disziplinen zu einer neuen Baukunst."

Ein Zusammenführen verschiedener Kunstformen bewegte auch Oskar Schlemmer. Er war 1888 in Stuttgart geboren, hatte Malerei studiert, von 1914 bis 1918 war er Soldat. Danach versuchte er wie viele andere Künstler auch, die Ängste und Depressionen aus den überstandenen Kriegsjahren durch eigenes, selbstbestimmtes Schaffen zu bewältigen. In seinen Bildern wurde der menschliche Körper streng geometrisch dargestellt. Und Schlemmer ging auf diesem Weg weiter: Aus der flächenhaften Figur entwickelte er dreidimensionale Figurinen. Schlemmer malte 1922 sein "Figurales Kabinett", eine seltsame Anordnung von Schemata, Geraden und einem Ausrufzeichen. Und er setzte Überlegungen zu diesem Bild in Bewegungen um. In Weimar führte er es auf mit "reliefmäßig hintereinander gezeigten halben, ganzen und Viertelfiguren in bunten, unbunten und metallischen Farben, die von unsichtbarer Hand bewegt, mit und ohne Geräusch verbunden, eine Viertelstunde lang gehen, stehen, schweben". Aber nun war der Maler Oskar Schlemmer bereits beim Experimentieren mit raumplastischen Figurinen, abstrakten Plastiken, in denen Menschen steckten.

In jenen Jahrzehnten war der "neue Tanz" im Mittelpunkt vielfältiger Reformbestrebungen. Wenige Namen wie Rudolf von Laban, Mary Wigman und Gret Palucca mögen an sie erinnern. Alle, wohl unzählbaren Bewegungsmöglichkeiten sollten die Tänzer befähigen, die Ausdrucksformen für menschliche Empfindungen und Verhaltensweisen zu finden.

Oskar Schlemmer, auch als begabter Tänzer und Choreograph einst auf der Bühne vor mir, engte die Fülle der Bewegungen merkwürdig ein. Am 30. September 1922 fand im Landestheaters Stuttgart die Uraufführung des "Triadischen Balletts" statt: Drei Tänzer (unter dem vom Romancier Jean Paul entliehenen Pseudonym Walter Schoppe der Schöpfer Oskar Schlemmer selbst) boten in drei Bildern dem neugierigen Publikum drei Stimmungen an. Zuerst eine Burleske vor zitronengelben Vorhängen. Ihr folgte ein feierliches Zeremoniell vor rosafarbenen Hintergrund. Zum Beschluß gab man eine "mystische Phantasie" in schwarz. Im Mittelpunkt der Aufmerksamkeit standen die achtzehn Kostüme; aber das war ein unpassender Ausdruck für diese Gebilde aus Kugel- und Eiformen zusammengesetzt, aus Zylindern und Drahtspiralen, Scheiben und Quadern. Sie schrieben ja den Menschen die Bewegungen vor. Da tanzte eine "Goldkugel", aber in der plastischen Form waren die Arme eingeschlossen, sie konnten nicht wie sonst zur Balance der natürlichen Bewegungen dienen. Der "Abstrakte" besaß ein unförmig dickes, weißes Bein, während das zweite im schwarzen Trikot und vor schwarzem Hintergrund kaum sichtbar war. Schlemmer kam auf den Einfall, weiße Stäbe auf schwarzbekleidete Gliedmaßen zu binden, die eine große Anzahl natürlicher Bewegungen unmöglich machten. Er suchte besessen nach den Gesetzen des "körpermechanischen, mathematischen Tanzes."

In jenem Jahr übernahm Schlemmer die Leitung der Bauhausbühne in Weimar. Seine Inszenierungen boten nur einen Zielpunkt für die Angriffe auf das Bauhaus. Schluß mit allem Experimentieren und seinen unvorhersehbaren Folgen! Das war die einende Losung unter den Gegnern: Die Jugend muß sich rechtzeitig an Normen und Gesetze gewöhnen. Weihnachten 1924 verfügten die Weimaraner Bauhaus-Meister die Schließung der Ausbildungsstätte, um dem drohenden Verbot zuvorzukommen.

Eine neue Heimstatt war in Sicht. In Dessau beschlossen am 24. März 1925 die Stadtverordneten, Baugelände zur Verfügung zu stellen. Die Unterrichts- und Arbeitsstätte wurde vom Freistaat als "Hochschule für Gestaltung" anerkannt. Walter Gropius entwarf diesen Gebäudekomplex. Während er aus Beton, Eisen und Glas entstand, wurde eine Bauhaus G.m.b.H. gegründet, die mit großem Erfolg Lizenzen für die industrielle Fertigung der Entwürfe verkaufte: Möbel, Geschirr, Lampen, Werkzeuge, Spielzeug ... Dieses Bauwerk in Dessau - der Kunstwissenschaftler Lothar Lang hat vorausgesagt, "diese Architekturen werden einst genauso bestaunt und bewundert werden wie die Schöpfungen der Renaissance" - war das Gehäuse für Lehr- und Versuchswerkstätten. Es gab neben einer Weberei die Metallbearbeitung, eine Tischlerei und Räume für Wandmalerei, eine Druckerei, eine Fotoabteilung, um einiges aufzuführen, und zwei freie Malklassen. Und die Bauhaus-Bühne. Leitung: Oskar Schlemmer, einer der Meister neben Walter Gropius, Wassily Kandinsky, Paul Klee, Laszlo Moholy-Nagy und Georg Muche.

Ich sitze vor einer leeren Bühne und versuche, einige alte Fotos, die hier, auf Schlemmers Versuchsfeld gemacht wurden, in den Raum zu übertragen. Ich kann sehen, wo einst helle Seile befestigt wurden, die als Diagonalen in der Mitte des Bühnenraumes zusammentrafen. Links davon stand ein Mann mit Stab und Keule, als wolle er zum Schlag ausholen, dick wattiert, das Gesicht in einem glänzenden Kugelkopf verborgen. Andere balancieren große und kleine Bälle, schauen starr durch Reifen, Stöcke werden in verschiedene Richtungen gehalten, trennen irgendetwas, weisen irgendwohin - aber aus welchem Grunde?

"In seiner Malerei wie in seiner Bühnenarbeit für Ballett und Theater zeigt sich deutlich, daß er den Raum nicht nur mit bloßem Sehvermögen, sondern mit dem ganzen Körper, mit dem Tastgefühl des Tänzers und Schauspielers erlebte", schrieb Walter Gropius über Oskar Schlemmer. Doch dessen Experimente auf der Dessauer Bauhausbühne waren keineswegs unumstritten. Andere versuchten sich in Vorhaben, die bewegte Reliefs in das Spiel brachten. Da war es nur ein kurzer Weg zu abstrakten Filmen. Schlemmers Schwierigkeit bestand weiterhin: Seine bewegten, raumplastischen Figurinen waren ohne Sprache, ohne Musik erfunden. Zur Uraufführung seines "Triadischen Ballattes" stellte man Kompositionen verschiedener Autoren erst zusammen. Erst später schrieb Paul Hindemith (1895 - 1963) dafür seine "Musik für eine mechanische Orgel."

Scheibentänzer, der Türke, die Drahtfigur und der Fächer sind eindrucksvolle Figuren aus Schlemmers Theaterwelt. Sie wanderten auch wieder aus dem Raum zurück auf die Fläche. Für den Künstler, der seine Energie zeitweise dieser Bühne gab, dann wieder seiner Malerei, war es kein Schwanken zwischen verschiedenen Schauplätzen der Kunst. Er mußte auf beiden tätig sein. Zwischen ihnen lebte das Kraftfeld, in welchem er sich behaupten konnte mit seiner menschlichen Eigenart und Einmaligkeit.

Walter Gropius leitete das Bauhaus Dessau bis 1928. Ein Jahr danach siedelte Oskar Schlemmer als Professor nach Breslau über.

Im Bauhaus nahmen Auseinandersetzungen um künstlerische und methodische Standpunkte heftigere Formen an. Sie polarisierten Studenten und Lehrkörper. Der Schweizer Architekt Hannes Meyer (1889-1954) übernahm nach Gropius die Leitung der Hochschule und spottete 1930 über den eingetretenen Stillstand in der künstlerischen Entwicklung: "Der Würfel war Trumpf, und seine Seiten waren gelb, rot, blau, weiß, grau, schwarz. Diesen Bauhauswürfel gab man dem Kind zum Spielen und dem Bauhaussnob zur Spielerei...Man saß und schlief auf der farbigen der Geometrie der Möbel. Man bewohnte die gefärbten Plastiken der Häuser. Auf deren Fußböden lagen als Teppiche die seelischen Komplexe junger Bauhausmädchen."

Im Jahre 1927 las man noch: "Wir fühlen in Dessau die prachtvolle Energie eines Weges, der in die Zukunft dringt." Aber im August 1930 wurde Hannes Meyer wegen "marxistischer Unterrichtsmethoden" gekündigt. Jetzt war die alte Gegnerschaft schnell formiert: "Für uns ist es ganz gleichgültig, ob sich die Bauhausgesinnung in Würfeln oder in Sauerstoff und Kohlenstoff ausdrückt."

Nach einer Polizei-Razzia im April 1932 wurde das Bauhaus besetzt. Am 22. August 1932 verfügte der Dessauer Gemeinderat auf Antrag der faschistischen NSDAP die Auflösung der Hochschule. Die fünf Gegenstimmen stammten vom Oberbürgermeister und von vier Kommunisten.

Man versuchte, dieser drohenden Entwicklung durch eine rasche Übersiedlung nach Berlin auszuweichen, aber am 20. Juli 1933 kam das endgültige Verbot. In Breslau verlor auch Oskar Schlemmer seine Professur. Wer am Bauhaus gelehrt hatte, war den neuen Herren künstlerisch entartet. Ihn trafen Ausstellungs- und Berufsverbot. Auch Oskar Schlemmer, ein Künstler, der nicht nur über seine Bilder öffentlich wirken wollte, sondern in eigener Person auf der Bühne, vor einem Publikum, das er für seine Sicht der Welt gewinnen wollte, agierte, wurde in eine innere Emigration, in die Isolation gezwungen. Er hielt sich und seine Familie über Wasser, -und abgrundtief muß er das kräftezehrende Verhängnis empfunden haben, - als Mitarbeiter in einer Stuttgarter Malerfirma, dann bis zu seinem frühen Tode 1943 als Berater im Labor einer Farbenfabrik in Wuppertal.

Der Bauhauskomplex überstand das schwere Bombardement auf Dessau am 7. März 1945.

Es vergingen einige Jahrzehnte mit mühsamen und langwierigen Auseinandersetzungen über das Vermächtnis der sechs Jahre Bauhaus in Dessau. Erst im Jahre 1976 stellte die Regierung der DDR umfangreiche Mittel für eine umfassende Rekonstruktion und Sanierung des Gebäudekomplexes zur Verfügung. Nun dienen die Räume wieder Forschung und Lehre und für Ausstellungen. Hier ist der Mittelpunkt für die Weiterbildung von Architekten, Städteplanern, Formgestaltern und bildenden Künstlern. Die Bauhausbühne nutzt auch das Landestheater Dessau als eine Spielstätte. Überhaupt ist das Bauhaus ein lebendiger Ort im heutigen Dessauer Kulturleben.

Über Oskar Schlemmer urteilt man inzwischen: "Seine Kunst ist eine der lautersten Erscheinungen der deutschen Kunst der zwanziger Jahre und besonders des Schaffens am Bauhaus." Es soll aber auch erinnert werden. daß ohne die aufopfernde Liebe und das furchtlose Bewahren durch seine Frau Helena Tutein, die im hohen Alter im April 1987 starb, für uns Nachgeborene Oskar Schlemmer wohl ein Unbekannter wäre.

Das Nachdenken vor der leeren Bauhausbühne lähmt mich. Wir sind unterwegs mit der Sehnsucht nach belebenden Eindrücken, nach Erlebnissen, die uns fröhlich überraschen, uns mitreißen und begeistern: Wir reisen in Landstriche, die wir für uns entdecken wollen, in denen wir Flügel bekommen. Aber dann gelangen wir auch an Orte, wo wieder ein Ikarus in ein dunkles, weites Meer abstürzte.

Ich stehe auf und lasse die Aula leer zurück. Was dort einmal lebendig war, ist vergangen. Es ist leblos auf den Fotos. Selbst wenn die eigenartigen Kostüme, wenn die Ausstattung genau rekonstruiert wird, jene Zeit und ihre Menschen können nicht noch einmal zurückkehren. In diesem Gehäuse, auf diesem Podium müssen wir uns in unserer Zeit verwirklichen, bewähren oder versagen.

VON WÖRLITZ NACH COSWIG

"Denn, notabene! in einem Park muß alles
ideal sein,
und - salva venia - jeden Quark
wickeln wir in eine schöne Schal' ein.
So verstecken wir zum Exempel
einen Schweinestall hinter einen Tempel,
und wieder ein Stall, versteht mich schon,
wird gradewegs ein Pantheon.
Die Sach' ist, wenn ein Fremder drin spaziert,
daß alles wohl sich präsentiert..."

Johann Wolfgang von Goethe

Wilhelm Giese; Das Wörlitzer Schloß

Für Schweine war der Wörlitzer Park nicht geschaffen. Aber anfangs wurde das Gotische Haus (und sein Vorläufer) als "Milchhäuschen" genutzt, denn ansehnliche Kühe belebten die geblümten Wiesen. Und verschiedene Einsiedeleien dienten vorzüglich - dank ihrer "Temperierung" - zur Aufbewahrung der Obsternte.

Goethe kannte sich in Wörlitz gut aus. An einem heißen Sommertag saß er im Schatten des Säulenganges vorm Schloß und zeichnete, während Leopold Friedrich Franz von Anhalt-Dessau (1740-1817) vorlas, seine Gemahlin Luise mit einer Stickerei beschäftigt war und ein Hofkavalier nichts tat. Plötzlich summte ein Bienenschwarm vorüber. Während alle dem gefährlichen Insektenwirbel nachblickten, soll Goethe gesagt haben: "Die Menschen, an welchen ein Bienenschwarm vorüberstreicht, treiben nach einem alten Volksglauben dasjenige, was gerade im Augenblick des Ansummens von ihnen mit Vorliebe getrieben wurde, noch oft und sehr lange. Die Fürstin wird noch viel und recht köstlich sticken, der Fürst wird noch unzähligemal interessante Sachen vorlesen, ich selbst werde gewiß unaufhörlich im Zeichnen fortfahren und Sie, mein Herr Kammerherr, werden bis ins Unendliche faulenzen."

Eine kleine Anmerkung zu den Handarbeiten: In einem Reisetagebuch wird aus dem Jahr 1784 überliefert, daß der Schloßverwalter der damaligen Fürstin Besucher meldete, worauf Luise mit ihrer Hofdame für einige Zeit in den Garten ging, damit ihre Wohnräume ungestört besichtigt werden konnten! Der Augenzeuge notierte: "Die Fürstin hat ihr besondres Wohnzimmer, ihr Arbeitszimmer (worin eine Kunkel (=Spinnrocken, S.) und alle Arten von Frauenzimmer-Arbeitszeug waren ...), ihr Musikzimmer und ihr Schlafzimmer. In diesem letztern liegt ihr Sterbekleid, das sie mit eigner Hand gesponnen und genäht hat; mit roter Seide stickte sie darein den Tag, da sie es anfing und da sie es vollendete."

Im ersten Augenblick zweifelt man solche Berichte an. Man kann das bewohnte Schlafzimmer einer Landesfürstin ungeniert besichtigen? Ja. Was damals uns als exzentrisches Verhalten erscheint, sollte alltäglich sein. Das neue Schloß war nicht nur das Zeichen für den gewandelten Kunstgeschmack, in ihm mußte auch eine neue, andere Gesinnung zu Hause sein. Ihre Seele waren die "edle Einfalt" und die Selbstverständlichkeit eines menschlichen Miteinanders. "Der Mensch ist nichts, als was die Erziehung aus ihm macht", verkündete Immanuel Kant (1724 - 1804). Leopold III. Friedrich Franz von Anhalt-Dessau besaß - ungeachtet aller Grenzen und Schwächen, die jeden Menschen in der Verwirklichung seiner Vorsätze hindern und unglücklich einengen können - nicht nur das Gespür für die heraufdämmernden, sozialen Änderungen, sondern er war willens, Mißstände aus dem Weg zu räumen. Er sammelte tatkräftige Mitarbeiter um sich, die aus dem Kleinstaat im Dessauer Wasserwinkel einen blühenden und ertragreichen Garten machen konnten. Und der Garten war und blieb das Abbild des Paradieses, das sich durch angestrengte Arbeit auf Erden verwirklichen ließ.

Der Wörlitzer Park erhielt keine abgrenzenden Gitter und Mauern. Das Schloß gab den architektonischen Hintergrund für zahlreiche Feste, an welchen Bürger und Bauern selbstverständlich teilnahmen. In den weiträumigen Anlagen wurde an Zeitgenossen erinnert, die eine neue Qualität der Erziehung und Bildung des Menschen schufen und beförderten: Jean Jacques Rousseau, Christian Fürchtegott Gellert, Johann Kaspar Lavater, Johann Gottfried Herder. Im Park war auch gleichzeitig Raum für eine Art landwirtschaftlicher Versuchsschau. Rinder weideten im Klee, dessen Anbau dringend empfohlen wurde. Erste Landmaschinen, die aus Frankreich und England bezogen waren, wurden bestaunt. In den Obstplantagen stellte man ertragreiche Züchtungen vor. Die Baumschulen untersuchten den Nutzen eingeführter Gehölze und deren Schönheit für die künstlerische Gestaltung der Landschaft: die Weymouthskiefer aus Nordamerika, die Pappel aus dem Mittelmeerraum, Platanen und Robinien.

Der junge Goethe war bereits 1775, im Jahr seiner Übersiedlung nach Weimar, nach Wörlitz gereist. Das lange Zeit völlig unbedeutende Städtchen liegt an einem toten Arm der Elbe und zwischen ihr und der Mulde in einer flutgefährdeten Niederung. In nur vier Jahren war das Schloß nach Plänen und unter der Aufsicht durch Friedrich Wilhelm von Erdmannsdorff vollendet worden. Erdmannsdorff war ein Dilettant, ein Amateur, und trotzdem 1773 mit dem Wörlitzer Schloß der Begründer des Klassizismus auf dem europäischen Kontinent! Als man das Bauwerk einweihte, erklang die Festmusik vom Wörlitzer Friedrich Wilhelm Rust (1739 - 1796), der auch zu den ersten Komponisten zählt, die Goethes Gedichte vertonten.

"Mich hat's gestern abend, wie wir durch die Seen, Kanäle und Wäldchen schlichen, sehr gerührt, wie die Götter dem Fürsten erlaubt haben, einen Traum um sich herum zu schaffen. Es ist, wenn man so durchzieht, wie ein Märchen, das einem vorgetragen wird, und hat ganz den Charakter der Elysischen Felder. In der sachtesten Mannigfaltigkeit fließt Eins in's Andere; keine Höhe zieht das Aug' und das Verlangen auf einen einzigen Punkt. Man streift herum, ohne zu fragen, wo man ausgegangen ist und hinkommt. Das Buschwerk ist in seiner schönsten Jugend, und das Ganze hat die reinste Lieblichkeit." Das war Goethes Eindruck. Berlin und Potsdam, preußische Residenzen mit ihren Offizierscliquen, der ständigen Soldatenspielerei, waren für ihn - so sehr auch sein Herzog Carl August (ein Neffe Friedrichs II.) auf die militärische Laufbahn zielte - keine Vorbilder, dafür das Wörlitzer Gartenreich in Anhalt - Dessau.

Die griechische Landschaft Arkadien galt den Dichtern als Ort des glücklichen Lebens. In seinem Lehrgedicht "Die Gärten" zitierte Jacques Delille die oft gebrauchte, sentimentale Sentenz "Auch ich war in Arkadien", mit der jeder seinem verlorenen Paradies nachtrauerte. Übrigens zeigt Delilles Titelkupfer mit aufgetürmten Felsen, Wasserfall, antikem Rundtempel und säulenartigem Monument schon viele Gartenarchitekturen, die dann Wörlitz und seine Umgebung abwechslungsreich machten. Mit den wehmütigen Gedanken an Unwiederbringliches

213

konnte Schluß gemacht werden. "Sieh, es kehrt auf Wörlitzens Fluren Arcadia zurück!" schrieb der Dessauer Grafiker Carl Wilhelm Kolbe (1757-1835). Seine Kollegen machten mit zahlreichen Veduten für das Gartenreich Reklame. Auch Poeten und Schriftsteller füllten mit Beschreibungen viele Bögen. Ein Hauch von Arkadien genügte wohl den meisten Besuchern. Mit einem Gefühl vom Elysium zogen sie von dannen.

Mit der Gründung des Philanthropins in Dessau gab es einen Mittelpunkt aller fortschrittlichen Bestrebungen auf dem pädagogischen Feld. Erziehen durch Wege zum bewußten Erkennen, zum Gewinnen von Einsichten, Bilden durch Beobachten, Experimentieren, Schlußfolgern - praktischer Höhepunkt der bürgerlichen Aufklärung inmitten der absolutistischen Kleinstaaterei! Der große Plan wirkte weiter als Vorbild, seine Blüte in Dessau welkte unter schäbigen Zänkereien und Rechthabereien des Lehrerkollegiums. Im Jahre 1793 mußte die einflußreiche Ausbildungsstätte aufgelöst werden.

Fürst "Vater Franz" zog sich teilweise resigniert zurück, in anderen Fällen setzte er tatkräftig seinen Willen durch: "Ein Mann in einer roten Uniform zu Pferde rief mir, doch ganz höflich, zu, mich zu Hause zu halten..., wenn ich nicht Ungelegenheiten mich aussetzen wolle ... als ich einen anderen Mann, gleichfalls zu Pferde, in einer roten Uniform erblickte, der einen Schneidergesellen mit eigener Hand ausprügelte und bei den Haaren raufte. Ein anderer roter Mann, noch jünger, schrie: "Haut die Canaillen zusammen!" ... Und so erfuhr ich denn, daß die beiden roten Herren der Fürst und der Erbprinz gewesen seien." Dieses Erlebnis aus dem Jahre 1793 veröffentlichte Georg Friedrich Rebmann (1768 - 1824), als er sich seines Einzuges in Dessau erinnerte: "Vater Franz", der Enkel des Alten Dessauers. Doch Rebmann bescheinigte dem manchmal jähzornigen Fürsten gleichzeitig, daß seine Landeskinder ihn "beinahe enthusiastisch verehren"; und er schwärmte, "sobald man das Dessauer Ländchen betritt, glaubt man in einen Garten zu kommen ... Gute Wege, Dämme mit Obstbäumen besetzt, Gebäude, welche in schönen Formen aufgeführt sind, fröhliche Landleute - dies alles trägt dazu bei, einen guten Begriff von der Regierung des Landes zu erwecken." Welch ein Lob aus der Feder eines der unbestechlichen und deshalb ständig verfolgten Journalisten aus dem endenden 18. Jahrhundert!

Auch Leopold III. Friedrich Franz, der Fürst und spätere Herzog von Anhalt-Dessau, erlebte unser menschliches Schicksal - nicht alle Blütenträume reifen, aber wenn sich die Möglichkeit ergab, einen Wunsch vor allem im allgemeinen Interesse zu verwirklichen, bewies er Ausdauer. Der Eifer, mit denen einige Vorhaben entstanden, berührt uns heutzutage ein wenig peinlich. "Freilich, er (= der Fürst, S.) hat nur begrenzten Raum, beschränkte Mittel - nun, so müssen Klippen wie Morcheln genügen und ein Vesuv wie der im Stein", notierte Karl Emil Franzos im Sommer 1901. Das ist so eine Seltsamkeit im Wörlitzer Park, die zum Spott verführte und verführen wird.

Auf der ausgedehnten Studienreise des jugendlichen Fürsten in den Jahren 1765 bis 1767 - sie führte zunächst nach Italien, dann nach Frankreich und England - war auch das Königreich Neapel besucht worden. Die Erinnerung an den rauchenden Vulkan sollte in der heimatlichen Auenlandschaft unbedingt wieder Gestalt annehmen. Auf einem wasserumflossenen Fleck Erde, welcher in etwa der Apenninischen Halbinsel nachgeformt war, mußten Arbeiter Findlinge und Felsbrocken zum "Stein" auftürmen. Der gebaute Vulkan bekam nicht nur Grotten und Gänge und ein Theaterrund nach antiken Vorbildern, sondern eben auch einen Kamin. In ihm trafen Feuerwerker ihre Vorbereitungen zu inszenierten Vulkanausbrüchen. Solch Schauspiel wurde beispielsweise für den preußischen König Friedrich Wilhelm III. veranstaltet, aber auch Goethe erlebte es.

Der Stein und die Villa Hamilton im Wörlitzer Park (Postkarte um 1935)

Im Königreich Neapel hatte der Fürst die Antikensammlungen des englischen Gesandten Sir William Hamilton (1730 - 1803) bewundert. Dreißig Jahre später - Hamilton war eine europäische Berühmtheit weniger durch seine Forschungen über die Vasenmalerei der Griechen als durch die Heirat mit einer skandalumwitterten Dame - entstand am "Stein" die Villa Hamilton, wurde mit antiken Originalen, aber mehr noch mit Kopien angefüllt. Pinienartige Kiefern wurden gepflanzt, um das ferne Idyll getreu in der Elbniederung entstehen zu lassen.

Ich schaue lange auf das Spiegelbild des "Steins" im regungslosen Wörlitzer See. Dann wandere ich doch noch ein Stück am stillen, schmalen Georgskanal entlang. Die Blätter sind von Büschen und Bäumen herabgefallen. Ungehindert schweifen die Blicke über Weiden und Felder und hinaus in die Elbwiesen, über denen der dunstige Atem vom großen Fluß lastet. Der tiefgraue Himmel stimmt auf den nahen November ein.

Tal am Venustempel im Wörlitzer Park (um 1840)

Auf halbem Weg zum Großen Walloch hin überquert eine zierliche Brücke den Georgskanal. Feingliedriges, schmiedeeisernes Stabwerk bildet einen halbkreisförmigen Bogen. Und - kaum bemerkt - allmählich schließt sich an diesem stillen und dumpfen Herbsttag auch für mich ein Kreis. Meine Wanderungen durch das alte Anhalt sind bereits vergangenes Leben, schon im grauen Strom der fließenden Zeit versunken, aus dem nur ab und an wieder farbige Spiegelbilder des Gewesenen auftauchen werden.

Auch die eiserne Brücke, die 1791 mit dem Stabwerk aus Mägdesprung über den Georgskanal gewölbt wurde, ist eine nachgestaltete Reiseerinnerung, denn ihr bewundertes Vorbild, die Ironbridge über den Severn bei Coalbrookdale in England, ist der Konstruktion nach (wenn auch nicht in den Ausmaßen) sehr getreu wiederholt.

Ich wandere zurück am Georgskanal zum "Stein". Als Elisa von der Recke 1795 auf diesen Wegen spazierte, war der erste Frühlingstag eingekehrt, und die scharfsichtige Beobachterin notierte in ihrem Tagebuch: "Wie könnte man sich hier im Kreise gewählter Freunde seines Daseins freuen, wenn der Besitzer dieser schönen Anlagen Sinn für gesellige Freuden und sokratischen Lebensgenuß hätte! Jetzt haben die Reisenden den besten Genuß von diesen schönen Anlagen, die mit den häßlich schmutzigen Häusern des Dorfes sehr unangenehm kontrastieren."

Immer wieder Mißverständnisse schon bei den Zeitgenossen von Leopold III. Friedrich Franz! Park und Schloß sollten nie ein Refugium werden. Hier wollte man sich nicht in einem Zirkel Gleichgesinnter abschirmen. Jedermann war willkommen, der sich an den Anlagen erfreuen wollte, der aus ihnen Belehrung und entspannende Erholung gewann. Dabei blieb es. Aber als die Anlagen errichtet waren - niemals folgte man einem Gesamtplan! -, äußerte der Herzog resigniert über den "Stein": "Es ist doch ein verfehltes Werk, etwas Anderes geworden, als ich eigentlich wollte; zu viel und zu Verschiedenartiges auf einem so engen Raum; ich mußte mehr Platz haben."

Die nachfolgenden Herzöge von Anhalt-Dessau belebten nicht den ursprünglichen Geist, der dieses Kunstwerk hervorbrachte. Im Anhaltischen Lesebuch um 1900 genügte für Wörlitz ein Nebensatz, aber dem Alten Dessauer widmeten die Verfasser mehrere Seiten ... Auch eine deutsche Misere.

Von der "Grotte der Egeria", nachgestaltet der Ruine von der Porta Capena in Rom, führt mein Abschiedsweg durch eine schnurgerade Pappelallee nach Norden. Ich schaue hinüber zum italienischen Bauernhaus, das Goethes Freund, Förderer und auch Begleiter in Wörlitz, Carl August von Sachsen-Weimar, dem Fürsten von Anhalt-Dessau zum Geschenk machte.

Endlich ist nur das dunstige Graunrün des Herbsttages um mich. Ein Schwarm Krähen fliegt langsam davon. Der einsame Weg führt mich in einen Zipfel des Wörlitzer Winkels, um den die Elbe sich einem Mäander gleich windet.

Das sumpfige Gelände, einst regelmäßig vom Hochwasser überflutet, war im Mittelalter und noch lange nach ihm eine natürliche Grenze, eine Barriere, an der auch das weitere Vordringen der Askanier vom Harz her enden mußte. Auf dem Gelände des heutigen Wörlitz bestand bereits im 10. Jahrhundert der Mittelpunkt eines Burgwardbezirkes. Vermutlich geriet er 1034 in den Besitz von Adalbert Graf von Ballenstedt. Damit hatten die Askanier früh die

Hauptachse ihres Herrschaftsgebietes geschaffen - vom Tal der Selke über Aschersleben, Bernburg, Köthen in die Niederung zwischen Dessau und Wörlitz, einer Siedlung, die 1440 als Stadt bezeichnet wurde. Im Jahre 1437 muß sich dort ein fürstliches Schloß befunden haben. Freilich gehörte es zu jener Zeit zu Köthen.

Überhaupt war die Bedeutung Dessaus im ausgehenden Mittelalter noch äußerst gering, es gewann aber im Zeitalter der Reformation schnell eine wichtige Position. Philipp Melanchthon (1497 - 1560), Luthers Mitstreiter, schrieb in einem Brief vom 2. Januar 1547: "Als wir neulich zu Dessau waren ... träumte mir, ich bäte den Herzog Moritz (= von Sachsen, S.), er möge unser Wittenberg verschonen". Es wurde auch tatsächlich nach der Schlacht bei Mühlberg am 27. April 1547 durch die Verbündeten des siegreichen Kaiser Karl V. (1500 - 1558) nicht geplündert und gebrandschatzt. Aber der "Schmalkadische Bund" der protestantischen Fürsten und Städte war zerschlagen. Die Sache der Reformation hatte einen heftigen Rückschlag hinzunehmen.

Am Elbufer komme ich zu einer uralten Fährstelle. Zunächst folgen meine Blicke dem dunklen strudelnden Wasser. Auch das unaufhörliche Plätschern und Glucksen nimmt die Sinne in Anspruch. Doch dann trennen sie allmählich das rastlose Dahinfließen vom unbeweglich Bleibenden - den Strom im enggezogenen Bogen seines Flußbettes von der breitdahingelagerten, langgestreckten Silhouette der Stadt Coswig.

In diesen Nachmittagsstunden reißt ein kalter Wind die niedrige Wolkendecke in Streifen und Fetzen und bringt sie in Bewegung. Gerade beleuchtet die Sonne grell das hellgetünchte Schloßmassiv. Dann wandert der Lichtkegel schnell weiter über alte und neue Wohngebäude zur Nikolaikirche im Osten.

"Melanchthon wüßte kein Schloß am Rhein so lustig und bequem gelegen. Es liege (=in Coswig, S.) fein hoch in gesunder Luft, und die Elbe fließe unten vorbei; im Sommer habe es eine große Lust der Schiffe halben, so alle vorüberpassieren und allda anhalten müssen ... Gegenüber im Wörlitzer Winkel wäre ein schöner Vogelgesang, herrliche Jagd, Fischereien", schrieb Kaspar Cruciger im Jahre 1566.

Erst als ich die Fähre auf dem rechten Elbufer verlasse, fällt mir mein Vorsatz ein, auf der Überfahrt zurückzusehen in die Landschaft, durch die ich gegangen bin und die ich nun für unbekannte Zeit wieder verlasse.

Die ersten Lebewesen, denen ich auf dem Uferweg begegne, sind eine dunkelbraune Ziege und ein schläfriges Schaf. Ich treffe auch hier nicht auf offene Ohren, als ich mich mit einem freundlichen Meckern bemerkbar mache. Ich schaue über Gartenzäune. Die Äpfel sind vom Baum nicht geerntet, aber seine Zweige schon mit schweren Steinen behängt.

Langsam komme ich dem Schloß näher. Vor ihm ist zu meiner Verblüffung eine Müllkippe, auf der schweigsame Männer mustern, was sie noch verwenden können. Ein Schild belehrt, es darf lediglich "verdichtungsfähiger" Abfall abgeladen werden. Dadurch wird die sumpfige Wiese befestigt, erfahre ich, bald bekommt der Müll eine Kiesdecke. Warum? Dann kann hier selbst ein Rockmusikkonzert Tausende begeistern.

Das erinnert wieder an Melanchthons "feinen, lustigen" Ort, auf dessen Fest- und Markttagen auch die unternehmungslustigen Studenten der nahenWittenberger Universität ihr Vergnügen suchten.

Coswig liegt an einer sehr alten, wichtigen Straße zwischen Wittenberg und Magdeburg. Sie beförderte Handel und Wandel, aber auch der Krieg kam auf ihr daher. Die Fährstelle war ein strategisch wichtiger Ort. Der Burgward Coswig wird 1137 erwähnt. Der Ort gehörte zum Kloster in Leitzkau. Erst Heinrich I. (um 1170 - 1252), dem ersten Fürsten von Anhalt, glückte 1212 die Erweiterung seines Machtbereiches über die Elbe. Coswig ist die älteste Besitzung der Askanier auf dem rechten Ufer des Stromes. Auch deshalb bekam man 1315 städtische Rechte. Wallanlagen, Gräben und drei Tore schützten die Ansiedlung, die nach 1500 um die Zerbster und Wittenberger Vorstadt kräftig wuchs. Trotzdem fehlte es an Grundbesitz, an Umland, um zu einem weiteren Machtzentrum in Anhalt aufzusteigen. Das rechtselbische Land war längst zwischen Brandenburg und Sachsen-Wittenberg aufgeteilt. So war das Schloß Coswig über Jahrhunderte hinweg selten Residenz, aber oft Witwensitz. Hier lebte mit ihrem Hofgesinde Fürstin Jutta, Gemahlin Sigmund I. von Anhalt-Zerbst (er starb 1405), und hier starb auch 1827 Friederike Auguste Sophie, die letzte Fürstin jenes Landesteiles.

Nach der Mühlberger Schlacht 1547 ließ der siegreiche Feldherr Herzog von Alba das Coswiger Schloß sprengen und niederreißen. Durch diese Niederlage verlor zwar Fürst Wolfgang (1492 - 1566) zunächst sein Land, doch bewirkte er seit 1556 einen Wiederaufbau. Auf den alten Fundamenten und unter Verwendung überlieferter Teile entstand dann nach dem Dreißigjährigen Krieg Schloß Coswig als ältester Barockbau in Anhalt. Bauherrin war Sophie Auguste, die ihre Witwenzeit von 1667 bis 1680 am Ort verbrachte. Man hatte nach dem modischen Vorbild französischer Repräsentationsbauten das Hauptgebäude um zwei Flügel zur Elbe hin erweitert. Zwischen zwei Eckpavillons breitete sich die große Terrasse - sogar mit einem kunstvollen Springbrunnen - aus. Das war ein angenehmer Platz, um die Aussicht auf den schiffbaren Fluß und den Wörlitzer Winkel zu genießen. Auf dem gegenüberliegenden Ufer begann allerdings schon das "Ausland", denn nach der Erbteilung im Jahre 1603 fiel Coswig an Anhalt-Zerbst, ehe es nach dem Aussterben jenes Fürstenhauses 1797 durch Losentscheid die Bernburger erhielten. Auch nach dem Tod der letzten Zerbster Fürstin im Jahre 1827 kümmerten sich die Bernburger Herzöge kaum um das leerstehende Gebäude. Man hatte längst die Residenz nach Ballenstedt verlegt, um durch Eisenhüttenindustrie, Forstwirtschaft und Fremdenverkehr die Finanzkraft zu sichern.

Im November 1853 wurde der Ballenstedter Hofmaler Wilhelm von Kügelgen nach Coswig geschickt. Sein Dessauer Kollege sollte beim Stöbern im verlassenen Schloß Gemälde von Dürer bis Tizian, von Van Dyck bis Wouwerman entdeckt haben. Nun wollte der Herzog von Bernburg genau wissen, welche Schätze er dort noch besaß. "Es ist stockdunkle Nacht, deren Grausen mir als einzigem lebendigen Wesen im Schlosse an die Seele haucht", schrieb der Maler. Aber er nahm die Umstände seiner Mission mit Humor: Kein wertvolles Original befand sich unter den dreihundert verstaubten Gemälden. Nur eine lebensgroße Nymphe - sie schlief und wurde von einem Faun aufgedeckt - gefiel von Kügelgen: "Wegen der Nacktheit konnte ich indessen das Bild nicht nach Ballenstedt nehmen, und es bleibt nun ruhig auf dem Boden der weiteren Zerstörung preisgegeben."

Um 1860 wurden die Schloßräume immerhin als Beamtenwohnungen für das Kreisgericht, die Forstinspektion und das Steueramt genutzt. Dann starb 1863 der letzte Bernburger Herzog. Anhalt war in der Hand des Herzogs von Anhalt-Dessau nach langer Zeit wieder vereint. Zunächst wurde Coswig als Bernburger Teil des einstigen Anhalt-Zerbst ein selbständiger Bezirk, seit 1866 zählte er aber zum Kreis Zerbst.

Und das Schloß? Ja, Melanchthons "feiner, lustiger" Ort wurde Anhalts Zuchthaus und blieb Strafanstalt bis zur Mitte unseres Jahrhunderts. Nach 1953 erhielt das Staatsarchiv die Räume zur Nutzung, und mit der Restaurierung des Bauwerkes konnte begonnen werden.

Ich gehe vom Schloß den Uferweg zurück und komme zu den Treppen zwischen den Gassen und Straßen der "Unter- und Oberfischerei".

Melanchthon hat ja bemerkt, daß die Schiffe in Coswig "anhalten müssen, so aus Böhmen und Meißen herunterlaufen". Hier gab es nicht nur eine wichtige Fähre, einträglicher war sicherlich die Zollstelle. Und selbst für die Privilegien der Coswiger Fischer kam Geld in die fürstliche Kasse. Die Elbe war außerordentlich fischreich. Mitglieder der 1648 privilegierten Zunft der Petrijünger konnten im Fluß und den Waken, die das Hochwasser zurückließ, ihren Fang machen. Wer einen Fisch im Wert über einen halben Taler oder einen Biber heimbrachte, zahlte einen Groschen in die Zunftkasse. Es gab auch hinderliche Auflagen: Im ersten Halbjahr 1703 lieferte man aus Coswig an die fürstliche Küche in Zerbst unter anderen 300 Krebse, acht Pfund Forellen, weitere 38 Pfund Fische, außerdem Aale, Welse.

Die Fischersiedlung war immer wieder vom Hochwasser bedroht. An den alten Wänden finden sich noch Markierungen. Die große Mauer vor der "Oberfischerei" konnte erst zwischen 1822 und 1831 errichtet werden. In einer Nische ist das Stadtwappen angebracht. Auf ihm umgeben zwölf Sterne eine Frauengestalt - aber wer ist dargestellt? Die Heilige Maria, die Fürstin Cordula mit einem Helm oder gar Judith mit dem Haupt des Holofernes? Die Dame stützt sich aber auf jeden Fall auf das askanische Wappen mit dem "Ballenstedter Balken".

C. W. Arldt: Coswig an der Elbe (um 1840)

Ich nehme mir Zeit, um ein eigenwilliges Stück vom alten, historischen Coswig zu betrachten. Manche Häuschen an der hohen Mauer haben einen Eingang in das Erdgeschoß doch führt eine steinerne Brücke von der höhergelegenen Straße in das erste Stockwerk. Alte Schilder und einfacher, plastischer Schmuck erinnern noch an die große Zeit der Elbfischerei. Sie ist abgelaufen. Der kleine Hafen wurde nur noch genutzt, um Baumaterialien umzuschlagen.

Der Wind hat nachgelassen, die Wolken schieben sich zusammen, und es beginnt behutsam zu regnen. Durch die stillen Gassen gehe ich zur Hauptstraße, um ein Gasthaus zu finden. Doch ich gerate vor Gebäude einer längst stillgelegten Papierfabrik, in welchen nicht nur der Krankentransport und die Feuerwehr Unterkommen fanden, sondern zu meiner Überraschung ein Museum. Seine Tür läßt sich öffnen. Über die Treppe komme ich in einen schmucklosen Flur. Eine junge Dame erscheint. Auch sie ist überrascht, daß an diesem regnerischen Nachmittag noch ein Besucher anklopft, nimmt das Schlüsselbund und öffnet mir die Ausstellung.

Eine Tafel belehrt, Coswig sei von "cosa" abgeleitet. Das Wort klingt sehr angenehm, bedeutet aber nur "Ziege". Ich notiere mir den Hinweis und schmunzele eingedenk der Studenten, die in der "Ziegenstadt" ihr Vergnügen suchten. Die junge Dame beobachtet mich argwöhnisch.

Zunftfahnen erinnern an die Handwerker, die an der belebten Straße siedelten, um ihren Lebensunterhalt zu verdienen: Maurer, Schlosser, Schmiede, Zimmerer. 1712: das Privileg für die Apotheke. 1750: ein Pokal für die tapferen Feuerlöscher. Auf einem Hauszeichen aus dem Jahre 1804 halten zwei anhaltische Bären den sächsischen Rautenkranz.

Erinnerungen an die Befreiungskriege. Die schwedische Fahne mit den drei Kronen ist aufgehängt. Carl Johann von Schweden stiftete sie 1841 zur Erinnerung an seinen Aufenthalt in Coswig vor der Leipziger Völkerschlacht. Im Jahre 1927 erneuerte man sie. Damals wurden in Coswig Zündhölzer einer schwedischen Aktiengesellschaft produziert.

In der Mitte des 19. Jahrhunderts begann der Aufstieg zu einer Industriestadt. Die entscheidende Voraussetzung: "Die ältere Strecke der Berlin-Anhaltischen Eisenbahn geht nach Westen über Coswig-Roßlau und Dessau nach Köthen." Seit 1843 klapperten die mechanischen Webstühle. Bereits 1659 hatte eine Handwerkerinnung die ergiebigen Tonvorkommen genutzt. Nun wuchsen die Städte in der "Gründerzeit" um Millionen von Ziegeln für Fabriken, Mietskasernen, Verkehrsbauten und Villen. Geschirr aus Steingut ließ sich gut absetzen. Und die chemische Industrie, die sich schnell im mitteldeutschen Raum ausdehnte, verlangte nach keramischen Röhren, Wannen, nach mannshohen Säureballons. Trotzdem blieb Coswig die ärmste Stadt in Anhalt. Die verbreiteten Industriezweige kamen durchweg mit ungelernten Arbeitern aus. Es wurden Hungerlöhne gezahlt. Eine amtliche Untersuchung im Jahre 1892 ergab, daß auch Kinder unter sechzehn Jahren beispielsweise in der Tonwarenfabrik Wilkendorf bei Coswig häufig bis nach Mitternacht vor den Brennöfen schufteten.

Alle Formen ärgster Ausbeutung waren in dieser Zeit der Industrialisierung zwischen Harz und Elbe selbstverständlich. Lehrlinge in der Zerbster Maschinenfabrik Braun hatten eine Arbeitszeit von sechs bis 21 Uhr, wobei die Pausen insgesamt anderthalb Stunden ausmachten. Die Jeßnitzer Unternehmer Plaut und Schreiber stellten seit 1848 zunächst Tuche her. Dann nutzte man die aufblühende Farbenchemie, bedruckte Stoffe und spezialisierte sich nach 1867 auf die Fahnen- und Flaggenproduktion für alle Welt.

Dort zählte die Arbeitszeit für Kinder über zwölf Jahre im Sommer von sieben bis neunzehn Uhr, im Winter von sieben bis achtzehn Uhr. Für Kinder unter zwölf Jahre galt "nur" die halbe Zeit, weshalb sie die "Volksschule" besuchen konnten. Wer aber bereits zwölf Stunden in der Fabrik war, nahm an der "Fabrikschule" teil: im Sommer von fünf bis 6 Uhr 30, im Winter von 18 Uhr 30 bis 21 Uhr! Wer von uns kann das sich überhaupt vorstellen oder nachempfinden? Die Jungen hatten die hölzernen Druckformen mit Farben zu bestreichen, wofür ein Wochenlohn von 1,75 Mark gezahlt wurde. Die Mädchen - sie legten Fäden in die Spinnmaschinen - bekamen etwa zwei Mark. In jedem Fall mußte aucn Sonntagsarbeit geleistet werden. Inspektionen wurden vorgenommen. In extremen Fällen verwarnte man die Unternehmer, ja sie bekamen vorgehalten, sie trieben "reine Sozialistenzüchterei".

Auch aus diesen Gründen heraus wurde 1885 in Coswig im Jahre 1885 eine Kunsttöpferschule gegründet, um das fachliche Können der Arbeiterschaft wirkungsvoll zu erhöhen. Gebrauchs- und Zierkeramik ist seitdem immer in dieser Stadt produziert worden

Nun erscheint die Museumsaufsicht wieder. Die junge Dame wird, denke ich, gleichsam im Gefühl haben, wieviel Zeit der Normalbesucher für die Ausstellungen benötigt. Ich bin dagegen wohl sehr langsam, schreibe krakelig in einem Heftchen und schaue überdies ständig aus dem Fenster, ob endlich de r Regen weiterzieht.

Ja, ich sammle Nachrichten auch aus Coswigs Historie, wenn sie mir interessant erscheinen, antworte ich. Assistentin Jutta Preiß hat zwar noch ein Studium vor sich, aber in der Geschichte ihrer Stadt kennt sie sich aus. Und sie ist stolz auf das Museum in Coswig, denn in der nahen Kreisstadt Roßlau finde ich so etwas nicht !

Dafür ist aber dort eine Brücke über die Elbe, antworte ich.

Jutta Preiß zündet mit Coswiger Zündhölzern Kerzen in Coswiger Zinn- und Keramikleuchtern an und brüht Tee auf. Ich möchte bitte notieren, daß dieses Museum ursprünglich eine Sammlungs- und Ausstellungsstätte für Coswiger Tonerzeugnisse gewesen sei.

Mit diesem Industriezweig wuchs die Gewerkschaftsbewegung heran, stärkte sich früh die Sozialdemokratie. Im Herbst 1888 streikten die Töpfer. Aber schon fünf Jahre vorher wanderten Dutzende Familien nach Nordamerika aus, um der Verelendung und dem Hunger zu entfliehen.

In Coswig, am östlichen Rande Anhalts gelegen, war stets der preußische Einfluß spürbar. In drei Stunden brachte die Anhalter Bahn schon vor der Revolution 1848 ihre Passagiere von Coswig nach Berlin. Auf dem Hubertusberg wurde 1902 das erste Bismarck-Denkmal im Herzogtum Anhalt aufgestellt. Aber in Coswig, wo 1929 in der Stadtverordnetenversammlung Sozialdemokraten und Kommunisten über zwei Drittel aller Mandate verfügten, entstand auch ein Friedrich-Ebert-Denkmal.

Ob ich auch nicht den Dom von Coswig vergessen habe? fragt Jutta Preiß beim Teetrinken. Einen Dom habe ich nicht gesehen; und wann soll denn Coswig Bischofsitz gewesen sein?

Die spanischen Söldner zerstörten 1547 nicht nur das Schloß, sondern auch einen ansehnlichen Kirchenbau. Er soll sich etwa dem Schloß gegenüber befunden haben, vermutlich auf einer Insel, zu der eine Brücke führte. Das Gotteshaus wurde 1187 urkundlich erwähnt. Fürst Heinrich I. von Anhalt ließ dort 1215 ein Kollegiatstift entstehen. Für diese geistliche Ausbildungsstätte entstand ein Kirchenneubau, den 1275 der Bischof von Brandenburg weihte.

Das "Marien-Stift" - vielleicht erinnert daran das Coswiger Wappen? - war mit der Kirche, Wohngebäuden für Kleriker, Schüler und Beamte, mit einem Hospital, drei Ritterhöfen und einem Friedhof gut ausgestattet, aber es war abhängig vom Schicksal dieses Vorpostens der Askanier auf rechtselbischem Ufer. Man konnte den Besitz nicht erweitern und damit die Bedeutung nicht erhöhen. Als im Jahre 1520 der letzte Propst starb, wählte man schon gar keinen Nachfolger mehr. Wittenberg, der Herd der Reformation, strahlte aus. Zwar standen nach der gewaltsamen Zerstörung der Stiftskirche noch Mauern und der gewölbte Kreuzgang bis zum Dreißigjährigen Krieg, doch dann nutzte man die Ruine wie einen Steinbruch für die Neubauten von Schloß und Rathaus.

Die Regenfront zieht in die Abenddämmerung nach Osten. Die tiefstehende Sonne beleuchtet noch einmal das frischangestrichene, hellocker und weiße Rathaus aus dem Jahre 1569, das 1911 um schlichte Anbauten erweitert werden mußte. Auch das Wappen am Turmquader spiegelt sich im quadratischen Teich, den man sich in Coswig anstelle eines Marktplatzes geleistet hat.

Aber an dieser Stelle war einst ja der Brauteich, aus welchem man für das Coswiger Bier Wasser schöpfte. Freilich erreichte der Trank nie den Ruf des Wittenberger "Kuckuck" oder der Zerbster "Würze". Doch als im Herbst 1858 der Brauteich zugeschüttet wurde, sang ein Männerchor von Coswigern ein eigens verfaßtes Abschiedslied. Ob das aus Wehmut geschah oder aus Erleichterung, ist nicht mehr festzustellen. Der jetzige Teich, hat mir Jutta Preiß erzählt, wäre auch schon zur Karpfenmästung erprobt worden, doch lag er zu nahe an der Einkaufsstraße; besonders in dunklen Nächten.

An der Bushaltestelle warten zwei junge Männer. Sie sind in der Stimmung, wie sie bereits Philipp Melanchthon für Coswig mit "fein, lustig" vermerkte. Allerdings fand ihr Probieren, das bekanntlich über Studieren geht, nicht in Wittenberg statt. Als sie ihren Studienkollegen auf der gegenüberliegenden Straßenseite erblicken - sie nennen ihn achtungsvoll-beschwipst Don Promillo -, verzichten sie auf die abendliche Heimfahrt und eilen ihm nach.

Pünktlich kommt der Bus von Wittenberg durch die Kurve. Nach Magdeburg, sage ich dem hellblonden, jungen Fahrer, und er übersetzt das hörbar mit - Endstation!

Die Sonne ist untergegangen. Ein letzter Hauch von Goldgelb erlischt, und ein Streifen von klarem Gletscherblau leuchtet kalt und eisig auf, ehe schwarze Regenwolken über den Horizont schnell fluten. Der Sturm stemmt sich gegen den Omnibus. Er schüttelt die kahlen Bäume und rüttelt an Gartenzäunen. Mit eintönigem Geräusch fahren wir durch das nächtliche Dunkel. Wenn wir durch Dörfer und Städte kommen, schaut jeder nach dem warmen Licht, das verlockend aus den Fenstern leuchtet. Und jeder freundliche Schein, den ich wahrnehme, ist ein bißchen Vorfreude mehr auf das schönste Erlebnis nach langem, anregendem Unterwegssein, Freude auf das Heimkehrenkönnen.

Wappen der Fürsten von Anhalt
(im 18. Jahrhundert)
mit dem Spruch:
"Wer kennt nicht den Ruhm Anhalts, wer nicht dessen Waffen, Tugenden und Helden?"

Namensverzeichnis

(AB - Anhalt-Bernburg, AD = Anhalt-Dessau, AK = Anhalt-Köthen, AZ = Anhalt-Zerbs)

Adalbert von Ballenstedt 17, 217
Adolf von Anhalt 129
Agnes von AD 184
Agnes von AD 200
Agnes von Zerbst 153
Agnes von Mansfeld 145
Albert von Sachsen 200
Alba, Herzog v. 219
Albrecht der Bär 9 f., 83, 88, 144, 164, 204
Albrecht I . (A) 11, 153, 163
Albrecht II. (A) 153
Albrecht IV. 164
Albrecht von Mühlingen 145
Albuin (Abt) 73
Alexander Carl v. AB 23, 38, 44, 59, 90, 92
Alexius Frd. Christian v. AB 8, 20, 24f., 41, 43f., 90, 92
Alvensleben, Udo v. 60
Andersen, H. Chr. 16, 20
Anna von Byzanz 53
Anna Sophia v. A 132
Anna Wilhelmine v. AD 190 f.
Amalie von Solms 191
Aribert v. A 204
Ariosto, Lud. 135
Arldt, C.W. 161,221
Arnstein, v. 144
August v.A 84
August v. AK 126
August der Starke 185
August Ludwig v. Mühlingen 145

Bach, Johann Sebastian 124 f.
Bach, Leopold August 126f.
Bach,Maria Barbara 11, 113
Baierl, Helmuth Joh. 126

Bakunin 141
Banèr 130
Bardua, Carol. und Wilhelm. 43f. 58f.
Barbi, Nicolaus 1533
Bardeleben, Heinrich v. 77
Barnim III. von Pommern 166
Bartels, Friedrich 48
Bauer, Bruno 129
Beck , K. 137
Beethoven 49
Bekmann, Joh. 24, 63
Berlioz 58
Bernadotte 176
Bernhard v. Ballenstedt 9, 11, 204
Bernhard I. 11, 88
Bernhard II. von Ballenstedt 62
Bernhard IV v. AB 93
Bernhard v. A 82
Bernhard I. von Hecklingen 83
Billung, Hermann 82
Binder, Ludwig 29
Biron, Peter v. 195
Bismarck 224
Blücher 176
Börner, Gertraude 120
Bornstedt, v. 59
Boswell 182
Bote, Herm. 92f.
Bräss, Carl 16
Breuer, Marcel 206
Brockdorf, A. K. v. 63
Brückmann, F . E . 6
Bülow, Fr. W. v. 176
Bürger, R. 171, 201
Burchard (Erzbischof) v. Mgdbg.130

Cäcilie 59
Calvin, Johann 185

Carl August v. Sachsen-Weimar 213, 217
Carl Johann v. Schweden 222
Chambers, William 186 f .
Christian I. v. AB 94
Christian II. v. AB 29, 132
Christian Ludwig v. Brandenbg. 125
Conradi, Hermann 175 f .
Cosel, Gräfin siehe Brockdorf !
Cranach, L. 159
Cruciger, Kaspar 218
Curtze (Arzt) 38

Dauthendey, Karl 199 f .
Delille, J. 213
Demmel, Karl 144
Destarate, P. L. 200
Dietrich v. AD 164
Dietrich v. Plötzkau 83
Dönhoff, Gräfin 44, 140
Dornburg, v. 144
Dorothea Maria v. A 132f.
Dünnehaupt, Gerh . 130
Dürer 220
Duval 15
Dyck, Anton van 191, 220

Ebeling, Christel 131
Ebert, Friedrich 224
Eichendorf J. v. 16, 25, 46
Eileke (Billung) 9, 83
Eike von Repgow 179
Eduard von A 204
Eller, J. Th. 80 f.
Emanuel v. A 84, 126
Emanuel Lebrecht v. A 126
Ende-Altjeßnitz, von 178
Erasmus von Rotterdam 130

Erdmannsdorff, Fr. W .v. 195f., 213 .
Ernst v. AZ 182
Ernst v. Mansfeld 156, 170 Ernst von Sachsen-Altenburg 200
Ernst von Sachsen-Weimar 132
Esico 8, 28, 58
Eulenspiegel 92 f
Ey, August 16

Fahning, Antje K. 110 f.
Felber, Zach. 167
Ferdinand v. AK 8, 46,75,78,138f.,172
Ferdinand II. (Kaiser) 130
Föhse, Anne-Luise 190 f .
Frank, Adolf 115
Franz, Erich 126
Franz von Assisi, 155
Franz II. (Kaiser) 20
Franzos, Karl Emil 154, 159, 198, 214
Freygang , Wilh.v. 8
Friedrich I. Barbarossa 82
Friedrich v. Brandenburg 158
Friedrich I. v. AD 12, 33, 199 f .
Friedrich II. v. AD 204
Friedrich v. AB 29, 84
Friedrich I. v. Preußen 185
Friedrich II. v. Preußen 51, 80, 111, 195, 213
Friedrich v.d. Pfalz 94
Friedrich, Caspar David 43
Friedrich Albrecht v. AB 17, 20, 39, 48, 58
Friedrich August v. AZ 158f.
Friedrich Wilhelm Kurfürst v. Brandenburg 132, 184
Friedrich Wilhelm I. v. Preußen 81, 135
Friedrich Wilhelm II. v. Preußen 80, 150
Friedrich Wilhelm III. v. Preußen 201
Friedrich Wilhelm IV. v. Preußen 38
Friederike v. AB 23, 33, 59f .

Friederike Henriette v. AB 127
Friederike Sophie Auguste v. AZ 219
Fuchs, Friedrich 114f.
Giese 81, 89, 125, 143, 146, 149, 165, 194, 198, 211
Gellert 213
Gero (Markgraf) 53, 68, 71f., 82, 90, 144
Gero (Sohn) 77
Gero (Erzbischof) 71
Georg v. Preußen 200
Georg v. Sachsen 200
Gervinus, G. 133
Glaffey, A.v. 192
Gleim 195
Goedeke, Gerald u. Gabriele 145 f.
Goethe 21, 23, 191, 206, 211f., 215
Gottschalck, Fr. 38
Graef 137f.
Graefe, K.F. 41
Graefflinger, Georg 182
Grimm (Arzt) 38
Grimm (Gebr.) 150
Gröben, O. F. v. d. 159
Gropius, Walter 206 f .
Gustav Adolf v. Schweden 130
Gutsmuths, Fr. 47

Hahnemann, Samuel 141
Hamilton 215
Hans Georg v.A 134
Harsdörffer 169
Hathui 53 f. 72
Hecht, Heidemarie 123
Heideloff, C. A. von 155
Heine, Heinrich 16, 17, 39
Heinrich I. 82
Heinrich I. v. A 10f. 88, 179, 204, 219
Heinrich II. 11
Heinrich III. (Kaiser) 73
Heinrich IV.v.Frankreich 94
Heinrich von Bardeleben 78

Heinrich der Löwe 9
Heinrich der Stolze 9, 83
Heinrich von AK 114, 138f., 171
Heinrich Julius von Braunschw. 143
Heinrich Friedrich v. Oranien 191
Hellfeld, v. 59
Henriette Katharine v. AD 112, 184f., 191
Henriette Wilhelmine Luise v. AD 195, 197 f. siehe auch Luise !
Hermann (Billung) 82
Hermann von Thüringen 10
Heseko 27
Hesekiel, Geo. Chph. 187
Hesse, Hermann 145
Herder 213
Hindemith, Paul 208
Hölderlin 194, 197
Hoffmann von Fallersleben 141
Hoffmann, Hans, 13
Hohmann, Otto 114f.
Holzhausen, J.G.115
Hoppe, Günter 114
Honegger, Peter 93
Hoym, A.M. von 63
Hutten, Ulrich v. 79, 84
Irmengard von Plötzkau 83
Irmengard von Thüringen 10
Ivens, Joris 180

Jacobi, Joh. Georg 195, 197
Jesus von Nazaret 57
Joachim Ernst v. A(20.Jahrh.) 62, 204
Joachim Ernst I. v. A 12, 83, 94, 129, 158
Johann II. 129
Johann August v. AZ 164
Johann Casimir v. AD 184
Johann von Sachsen 200
Johann Georg I. v. AD 69, 204
Johann Georg II . v. AD 11, 112, 132, 184f., 191

Johannes XIII. (Papst) 72
Johannes Tzimiskes 53
Julie von AK 44, 140
Junkers, Hugo 203
Jutta von AZ 205
Kandinsky, W. 208
Kant, Immanuel 111, 212
Karl der Große 89f.
Karl I. von England 192
Karl IV. 166
Karl V. 150f.
Karl Friedrich v. AB 31, 63, 84
Katharina II. 160, 172
Kaulbach Wilh. v. 23
Kindermann, Balthasar 157
Klee, Paul 208
Kleemann, Selmar 154
Kleist, H. v. 56
Knobelsdorff 199
Kolbe, C. W. 214
Konrad III. 9
Konrad von Würzburg 10
Krähenberg, L. 91
Krieger (Autor) 21, 42
Krüger, Franz 138
Krug von Nidda 52 f.
Kügelgen, W. v. 36, 38, 44, 59f., 66, 140f., 220
Kühne (Arzt) 40
Kureck, Joh. Heinrich 23

Laban, Rud. 207
Lavater 213
Lebrecht von AB f. 62, 126
Lennè, P. J. 60
Leopold I. (Der Alte Dessauer) 13, 23, 32, 69, 112, 114, 170, 182, 185, 194, 204
Leopold von AK 126 f.
Leopold III. Friedr. Franz 11, 69, 155f., 158, 179f., 195, 200, 212, 214
Leopold IV. v. AD 8, 17, 199

Lessing 7, 110
Limmer (Arzt) 157
Lindau, Gr.v. 152
Lisiewski (Maler) 191
Liszt 58
Loen, von 200
Logau, Frd. von 135
Lortzing 58
Lothar III. 9
Ludwig der Römer 166
Ludwig I. von AK 129 f.
Ludwig IV. 166
Ludwig XVIII. von Frankreich 160
Ludwig Emil v. AK 140
Luise v. AD 184, 192, 212 siehe auch Henriette W. Luise !
Luther 129, 156, 218
Lutze, Arthur 141f.

Maenicke, Hermann 154
Magnus von A 129
Mantzsch, Jörg 178f.
Marcus, J. Rud. 168 f.
Margarethe v. A 204
Marie Eleonore von AD 191
Mathilde 54
Matthisson, Fr. v. 192
Mechthild von Plötzkau 83
Mendelssohn, Moses 110, 116
Mendelssohn-Bartholdy 58
Merian, Matthäus 129, 134
Meyerheim, Ed. 55
Melanchthon 218, 220
Moholy-Nagy, L. 208
Möbius, Hugo 148
Moritz von Oranien 191
Moritz von Sachsen 213
Mozart 170
Muche, Georg 208
Müller, Heinrich 26
Müller, Wilhelm 188f.
Müntzer, Thomas 57

Napoleon 176, 200
Nassau, Fürst v. 200
Naumann, Ernst 141
Naumann, Jh. Andreas 137 f.
Naumann, Joh. Friedrich 137f.
Niuron, Peter 169
Nüßler, Wilhelmine Charlotte 31

Oechelhäuser, Wilhelm 203
Opitz, Martin 135
Otto (Erzbischof) von Magdebg. 166
Otto (Markgraf) 74, 149 f.
Otto der Reiche v. Ballenstedt 9, 83, 88
Otto I. 53f., 72, 82, 144, 164
Otto II. 53, 73
Oxenstierna 130

Paldamus (Arzt) 39
Palucca, Gret 207
Pappenheim 170
Paris, Em. Philipp 31
Paul, Gottfr. 148, 160
Paul, Jean 207
Peters, Rich. 36
Philippe, Gerard 180
Philipp Wilhelm von Oranien 191
Piccolomini 130
Pietsch (Arzt) 197
Pozzi, C. J. 180
Prätorius, Joh. 150
Preiß, Jutta 223

Quast, Ferd. von 55
Quermann, Heinz 126
Quitzow, v. 163

Ramler, Karl Wilh. 111
Rath, Gisela v. 126
Ratke, W. 132f.

Rauh (Pastor) 49
Rebmann, G. F. 213
Recke, Elisa u. Dorothea 196f., 217
Rehbock, J. 164
Reupsch, J. F. L. 48, 85f.
Richelieu 9, 67
Richter, Paul 120
Richter, Ludwig 5, 21, 24, 52
Richter (Arzt) 44
Rist, Joh. 135
Romanos II. 53
Rottermund, Lorenz 153
Rousseau 213
Rudolf I. 10
Rudolf von Sachsen 166
Rudolf von AZ 132
Ruppin, Gräfin v. 152
Rust, F. W. 213
Ryckwaert, C. 184

Sander, Enno 141
Schinkel, K. Fr. 43
Schlegel 146
Schlemmer, Oskar 206f.
Schlüter (Bergrat) 20
Schnurbein, M. 127
Schoch, Luise 196 f.
Schoppe, Walter 207 (siehe auch
   Schlemmer)
Schubart, J. Chr.115
Schubert (Bildhauer) 201
Schuchardt, Johann Tobias 63
Schulze, Henriette 159
Schweitzer, A.195, 197
Schwind, Moritz v. 58
Seelhorst, von 59
Sehring, Bernh. 124
Siebigk, F. 66
Siegfried (Sohn Geros) 53f.
Sigfried I. v. A 11
Sigmund I. v. AZ 20
Sonnenberg, Ernestine u. Dorothea 25

Sophia von Barby 155
Sophie Auguste v. A 219
Sophie Auguste Friederike v. AZ 160
   siehe auch Katharina II.
Spiegel, von 51
Stahl, Georg E. 80
Starke, G.W. Chrph. 49
Stirner, Max 141

Tasso, Torquato 135
Thankmar 83
Theophanu 53
Theuerjahr, Marlies 128
Thietmar (Markgraf) 71, 77
Tilly 94, 170
Tizian 220
Tornemann, Cord 93
Tremaux 178
Tutein, Helena 210

Udo von Freckleben 83
Ulrich II. von Lindau-Ruppin 153
Unter, Anton 124

Victor Amadeus v. AB 31, 62f. 67, 90
Victor Friedrich v. AB 32, 50, 84
Völlger, Iruta 157

Wäschke, Hermann 117f. 154
Wagner, Richard 58, 90, 141
Waldemar 164
Walkhoff, J. Fr. 110
Wallenstein 67, 130, 170
Wallwitz, von 163
Weber, Carl Maria von 43
Weber, Karl Julius 16
Wekwerth, Manfred 126
Welck, von 65
Weltzel Hanns 168

Werder, Dietrich v. d. 130f.
Werder, Paris v. d. 130
Wigman, Mary 207
Wilcke, Anna Magd. 126
Wilhelm von A-Harzgerode 30f.
Wilhelm I. 39
Wilhelm I. von Oranien 191
Wilhelm II. 205
Wilhelm von A 129
Wilhelm II. von Nassau-Oranien 192
Wilhelm Ludwig v. AK 135
Will 190
Winkler, Johannes 203
Wolfgang I. vonMühlingen 145f.
Wolfgang v. A 62, 219
Wolfgang, Gerhard 112
Wolfram, Gerhard 126
Wouwermann 220
Wulff, M.B. 112
Wulfhilde (Billung) 9
Wulstorp, Ernst 152
Wuthenau, von 119f.

York von Wartenburg 176

Zacharias, Fr. W. 34
Zeidler (Diakon) 126
Zerbst, v. 167
Zesen, Philipp von 181
Zincken, Joh. L.C. 24, 33

Ortsregister

Aderstedt 79
Aken 7, 142, 152
Alexisbad 8, 21, 33, 35f., 52f., 167
Alikendorf 66 f.
Alsleben 69, 82, 86
Altenburg (bei Nienburg) 79
Altjeßnitz 174
Amsterdam 30, 44
Aschersleben 11, 50, 62, 64, 83, 88, 150, 218

Badegast 138
Bad Suderode 50
Bärenthoren 162
Ballenstedt 8f., 11f., 20, 24f., 26, 36, 52, 84, 88f., 98f., 219
Barby 145f., 152, 157
Batavia 159
Berlin 13, 30, 35, 42, 80, 124, 127, 137, 213, 224
Bernburg 11, 25, 32, 48, 59, 68, 70f., 87f., 91f., 110, 117, 127, 142, 148, 172, 199, 202, 218
Bitterfeld 173, 176, 202
Blankenburg 35
Bräsen 164
Brandenburg 69, 88, 152, 166f., 219
Braunschweig 20, 35, 66
Bremen 155
Breslau 137, 209
Bründel 79
Buchholz 100
Budicza 73
Buko 162
Burg 167

Calbe (Saale) 78, 144, 202
Clausthal 30, 35
Coalbrookdale 217
Coswig 50, 85, 100, 106, 148f., 162, 172, 211f., 218, 224

Dammersfeld 49
Dessau 11, 13f., 48, 68, 91, 94, 107, 110f., 131, 142, 148, 154, 161, 167, 172, 176, 198f.
Dörnitz 167
Dornburg 144f., 189
Dresden 137, 141, 192, 202
Düben 164
Düsseldorf 36

Edderitz 119, 124
Eggersdorf 145 f., 147
Eichholz 137
Eickendorf 144
Eilenburg 11
Eisleben 42, 59
Elend 40
Erfurt 16, 48
Erichsburg 44

Falkenstein 46, 54
Florenz 117
Frankenhausen 34
Frankfurt (Main) 134
Freckleben 82
Frenz 117 f.
Friederikenberg 184
Friedrichsbrunn 42
Frose 71, 64f., 72

Gatersleben 64
Gerlebogk 119
Genz 139
Gernrode 11f. 20, 27f., 47f., 69, 70, 85, 89, 99
Goslar 35, 153
Gröbzig 49, 100, 109f., 130
Grimschleben 73f., 170
Großalsleben 66f., 72,
Großbeeren 136
Großmühlingen 143 f.
Groß Paschleben 117f.
Güsten 49

Güterglück 154
Güntersberge 31, 33, 49, 99

Hadmersleben 67
Hagenrode 28, 73
Halberstadt 11 f., 35, 49, 62f., 90, 154f
Halle (Saale) 11, 13, 25, 29, 85, 110, 127, 142, 154, 179, 193, 202
Hamburg 30, 79, 137, 157, 172
Harzburg 47
Harzgerode 8, 14 f., 20, 22, 26f., 39, 45f., 88, 98
Hasselfelde 55
Hattingen 36
Hayn 32
Hecklingen 83, 96, 114
Heinrichsburg 20
Helmstedt 93
Hettstedt 28 f.
Hoym 12, 14, 50, 56f., 97
Hundeluft 104f., 161f.
Huysburg 58

Ilsenburg 59
Jeber-Bergfriede 162f.
Jerusalem 150
Jeßnitz 112, 173f., 223
Jonitz 172, 196
Jüterbog 168

Karlsbad 42, 126
Kew Garden 186
Kleckewitz 178
Kleinalsleben 66
Kleinpaschleben 121
Klötze 115
Köln 44
Köselitz 163
Köthen 11, 23, 48, 68, 70f., 83, 94, 100, 112, 115, 117, 123f., 131, 152, 169, 179, 202, 218
Konstantinopel 94
Krottorf 68

Kunda 179

Lausigk 121
Leiden 81
Leipzig 127, 137, 141, 157, 176, 202
Leitzkau 219
Leopoldshall 95f.
London 141
Luckau 152
Ludwigsfelde 136
Lübeck 157, 172
Lugano 169
Luisium 194 f.

Mägdesprung 5,15f.,33,35f.,45, 97,217
Magdeburg 11, 13, 46, 50, 59, 66, 137, 142, 144, 147, 172, 202, 219
Mansfeld 28
Marburg 131
Meisdorf 20, 50
Meißen 174, 220
Mosigkau 106, 188f.
Mühlbeck 176
Mühlberg 219
Mühlstedt 166 f.
Mühlingen (Grafschaft) 144 f.
München 137
Münster 12

Nachterstedt 64
Neapel 215
Neubrandenburg 82, 94
Neudorf 14, 22, 32, 36, 62
Neuer Teich (Suderode) 52
Neundorf 96
Neustrelitz 82
Nienburg 11, 28, 71 f. 100f., 170f., 182
Nischwitz 182 f.
Nordhausen 23, 44, 141
Nürnberg 155

Odessa 203
Oranienbaum 105, 182f.

Oranienstein 184
Oschersleben 35, 66f., 72
Osnabrück 12

Paris 81, 141, 204
Petersburg 59
Plötzkau 11, 29, 79f. 100
Potsdam 49, 111, 213
Prag 94, 137
Preußlitz 180
Priorau 180
Pyrmont 42

Quedlinburg 36, 40, 42, 50, 52 f., 58 f., 144, 154, 169
Querfurt 154

Radegast 49
Radisleben 29
Ragösen 164
Raguhn 173f.
Reinsdorf 135
Reppichau 179
Rieder 62
Rom 54, 64, 217
Rosenburg 145, 147
Roßdorf 175f.
Roßlau 49, 74, 153f., 163, 165f., 199, 202, 222
Rübeland 37

Scherenstieg 15
Schönebeck 144f.
Schweinitz 168
Schwenda 32
Seesen 44
Sieptenfelde 98
Silberhütte 31f.
Spa 42
Staßfurt 73, 95, 147
Stecklenberg 53
Sternhaus 18, 51
Stolberg 20, 38

Straßberg 20, 32, 34, 97
Stuttgart 207
Suderode 36, 50 f.

Teufelsmühle 50 f.
Thale 40, 44
Thankmarsfelde 71f.
Theresienstedt 96
Thießen 105, 164, 167f.
Tilkerode 22
Treuenbrietzen 167

Unseburg 145

Venedig 174
Viktorshöhe 49 f.

Waldau 82, 89f.
Walternienburg 145, 147f.
Warschau 203
Wartburg 10
Waterloo 200
Wegeleben 11
Weimar 206, 213
Weißandt-Gölzau 170
Werdershausen 114, 130
Wernigerode 45
Wien 94, 115
Wiesenburg 163
Wilkendorf 208
Wittenberg 157, 176, 179, 202,219,224
Wörbzig 144
Wolfen 174
Wolfenbüttel 48
Wolmirstedt 166
Würzburg 176

Zerbst 13, 48, 94, 83, 100, 106, 121, 127, 129, 145, 149f., 167, 169, 184, 189, 219
Ziebigk 123 f.
Zittau 142
Zorge 20, 35

231

HISTORISCHES MUSEUM KÖTHEN/ANHALT
UND BACH-GEDENKSTÄTTE

Museumsgasse 4/5 · Innerer Schloßhof · ☎ 2627 · 2546

AUSSTELLUNGEN u.a. zu Ur- und Frühgeschichte · Bach · Franz Krüger · 1848 · Homöopathie · Industriegeschichte · Alltag nach 1945 · Städtebau

Geöffnet: Dienstag bis Freitag, Sonntag

KUNSTVEREIN SCHLOSS RÖDERHOF e.V.

O-3601 Röderhof

Der Kunstverein hat seinen Sitz im Schloß Röderhof am Fuße des Huy.

Ausstellungen 1992

März/April	Edition Grimm
Mai/Juni	4 Berliner Künstler
Juli/August	Günter Grass: Grafik
September/Oktober	afrikanische Künstler

Besichtigungen: Sa/So von 13.00 - 18.00 Uhr

In den Monaten März-Oktober findet an jedem 1. Sonntag im Monat um 15 Uhr eine künstlerische Veranstaltung statt.

Der Kunstverein führt ein Gastatelier, das bildenden Künstlern, Kunstwissenschaftlern, Schriftstellern und Musikern offen steht. Im September bietet ein Herbsttreffen unter dem Titel "Metamorphosen" wieder die Möglichkeit der Begegnung.

Interessenten können jederzeit Mitglied des Vereins zu werden.

Anhaltischer Heimatbund e.V.

Umwelt Landschaft Denkmal

Gemeinnützig . Unabhängig . Überparteilich

- Förderung und Unterstützung von Heimatvereinen
- Pflege von Heimatbewußtsein und Heimatverbundenheit
- Wahrung anhaltischer Traditionen

Anhalt - Region mit Zukunft

Anhaltischer Heimatverein e.V.
Antoinettenstraße 26
4500 Dessau

GRÜNDE ZUR GRENZENLOSEN FREUDE

Schranken fallen, und die Welt wird offener. Die Möglichkeiten, Land und Leute kennenzulernen, werden vielfältiger. Das macht das Reisen nahezu zur grenzenlosen Freude.

Damit Sie Ihre Reise ungetrübt genießen können, brauchen Sie auch das richtige Reisegeld, das Ihnen über alle Grenzen hinweghilft. Dies und wichtige Tips bietet unser ReiseService.

Kreissparkasse Oschersleben

Bücher aus dem
DR. ZIETHEN VERLAG
Friedrichstraße 15a, O-3230 Oschersleben

Martin Selber; Ick ... un mien Bartchen

Es sind alltägliche Begebenheiten, die Martin Selber erzählt. 31 Geschichten, wie sie einem Mann mit seiner Frau passieren: ein neues Telefon, das für Fehlverbindungen sorgt, kein Parkplatz in der Stadt, so daß man sich einen Kistentrick einfallen lassen muß, das neue Auto... Sie erhalten ihren besonderen Reiz, weil sie im Bördeplatt erzählt werden, einer Sprache, die immer lebendig geblieben ist, sich aber auch zunehmend neuer Beliebtheit erfreut.

ISBN 3-928703-01-3 120 Seiten, 9,95 DM

Wolfgang Schreyer, Alpträume

Wolfgang Schreyer ist ein bekannter Erzähler, aber er stellt sich hier in einer Weise vor, die ihn für manchen neu und anders erscheinen läßt. Durch 13 bizarre Träume, "erotische Geschichten mit kriminellem Hauch", geistert beklemmend der Drang nach Unterwerfung, die Lust an geheimer Grausamkeit. Der Clou: All diese Triebtäter sind Menschen wie du und ich. Im Alltag sitzt ihre Maske fest, bis ihr Schöpfer - der einräumt, selbst nicht besser zu sein - daran rührt.

ISBN 3-928703-03-X, 130 Seiten, 9,80 DM

Helene Löffert, ... aber das Heimweh blieb.
Erinnerungen an eine Kindheit in der Magdeburger Börde

Eine Frau denkt zurück. Es ist ein weiter Bogen, den sie schlagen kann: 60, 70 Jahre werden im Geiste übersprungen, Menschen, Episoden, Eindrücke wieder lebendig, die lange schon kein Leben mehr haben. Die Geschichten in diesem Band sind freundliche Lektüre, sie sind aber auch Zeitgeschichte, lebendige Wiederspiegelung von Verhältnissen und Bindungen, denen so mancher in unserer unruhihen und gehetzten Zeit nachtrauert, wohl wissend, daß sie auch keine Paradiese waren und nicht mehr zurückzuholen sind.

ISBN 3-928703-02-1, 106 Seiten, 9.80 DM

KRAUT UND RÄUBEN KALENDER
für Altmark, Börde und Harz,
die alten Lande Jerichow sowie an Ohre und Aller und Anhalt

ISBN 3-928703-04-8
Preis 12,40 DM
142 Seiten

KRAUT UND RÜBEN - so nannte ein Spötter den Zusammenschluß von Altmark, Herzogtum Magdeburg und Fürstentum Halberstadt mit sächsischen Landesteilen im April 1816 zur Provinz Sachsen, der 1945 noch der Freistaat Anhalt hinzugefügt wurde.

KRAUT UND RÄUBEN (denn eine Prise Niederdeutsches gehört zur Würze) nennen wir deshalb den Heimatkalender für das neuentstandene Sachsen-Anhalt - ein vergnügliches Allerlei aus regionaler Geschichte und Volkskunde, Literatur und Kunst, Folklore und Humor, der bereits im ersten Jahr seines Erscheinens (1. Ausgabe 1992) zahlreiche Liebhaber und Freunde gefunden hat. Zusammengestellt und herausgegeben wurde er von **Hanns H. F. Schmidt**. Der Kalender erscheint jährlich im September.

HISTORISCHER HOF- UND ADELS- ALMANACH

1. Ausgabe für 1993
142 Seiten
Preis 14,80 DM

Der Herausgeber Hanns H. F. Schmidt hat historische und eigene Texte zur Kulturgeschichte des Hof- und Landadels zu einem unterhaltsamen und vergnüglichen Lesekalender zusammengestellt. Die zahlreichen Beiträge betreffen die Königreiche Preußen, Hannover und Sachsen, die Großherzogtümer Mecklenburg-Schwerin und Sachsen (Weimar-Eisenach), die Herzogtümer Anhalt, Braunschweig und Lüneburg, Sachsen-Altenburg, Sachsen-Coburg-Gotha, die Fürstentümer Reuß, Schwarzburg-Rudolstadt und Schwarzburg-Sondershausen.

Im Kalendarium werden historische Damenmoden und Uniformen vorgestellt. Lyrik von und über den Adel, Auszüge aus Briefen, Memoiren und Urkunden gehören zum Mosaik. Größere Beiträge widmen sich u.a. den Königsjagden, Maskenfesten und Festtafeln (mit Rezepten!)

Franz Kowolik

Das alte Staßfurt.
Eine Industriestadt in alten und seltenen Bildern

Franz Kowolik, aus einer Familie stammend, die sich aus Liebe zu dem ihnen Heimat gewordenen Staßfurt schon über Generationen mit der Geschichte der Stadt befaßte, hat dieses Erbe aufgearbeitet und Bilder zusammengestellt, die beispielhaft das Werden einer mitteldeutschen Industriestadt zeigen, zugleich ihren Reiz und ihre Geschichte aufzeigend.

Sichtbar wird, wie Staßfurt durch die Industrie geprägt wird. Die Bilder bewahren Ausblicke, die so schon lange nicht mehr zu finden sind.

240 Seiten
Preis 29,80 DM

HALBERSTÄDTER DRUCKHAUS GmbH

Graphik-Design
Offsetdruck
Fotosatz
buchbinderische
Weiterverarbeitung
Versandservice

Prospekte, mehrfarbig und mehrsprachig
Kataloge und Werbezettel
Broschüren und Zeitschriften
Etiketten und Anhänger
Geschäftsdrucksachen und Formulare
Plakate und Poster
Privatdrucksachen

– fachgerechte Beratung – kundenfreundliche Bedienung –

Halberstädter Druckhaus GmbH
Lichtengraben 4–5, Postfach 432, O-3600 Halberstadt
Telefon: (HBS) 2 30 03 / 2 30 25 • Telefax: (HBS) 2 30 47

ANHALT

1536 - 1586 besitzt seit 1570 ANHALT
1603 teilten sich die lebenden Söhne (aus zwei Ehen hatte er 16 Kinder) erneut den Besitz; es erhielten:

Christian I. (1568-1630) — ANHALT-BERNBURG (1806 Herzogtum)

- **Christian II.** (1599-1656)
  - **Friedrich** (1613-1670)
    - **Victor Amadeus** (1634-1718) — ANHALT-HARZGERODE (1643 - 1709) erloschen
      - **Wilhelm** (1643 - 1709) erloschen
    - **Karl Friedrich** (1668-1721)
      - **Lebrecht** (1669 - 1727)
        - **Adolf** (1693 - 1772)
      - **Victor Friedrich** (1700-1765)
        - **Friedrich Albrecht** (1735-1796)
          - **Alexius Friedrich Christian** (1767-1834)
            - **Alexander Karl** (1805-1863) erloschen; Besitz an Anhalt-Dessau

HOYM-SCHAUMBURG — Victor-Amadeus
- **Karl Ludwig** (1723-1806) **Franz Adolf** (1724-1764)
  - **Friedrich** (1767-1812) erloschen; Hoym kam zu Anhalt-Bernburg, danach Grafen von Schaumburg zu Oldenburg
  - **Joseph** (1769-1807)

Johann Georg I. (1567-1618) — ANHALT-DESSAU (1807 Herzogtum)

- **Johann Casimir** (1596-1660)
  - **Johann Georg II.** (1627-1693) dessen Gattin Henrietta Katharina führte die Regentschaft 1693-98
    - **Leopold I.** (1676-1747)
      - **Leopold II. Maximilian** (1700-1751) = Regentschaft durch Dietrich
        - **Leopold III. Friedrich Franz** (1740-1817)
          - **Leopold IV. Friedrich** (1794-1871)
            - **Friedrich I.** (1831-1904)
              - **Friedrich II** (1856-1918)
              - **Eduard** (1861-)
                - **Joachim Ernst** (1901-1947?) erloschen; Besitz fiel an Pless
              - **Ludwig Emil** (1802-1818) erbte 1818 Anhalt-Köthen
              - **August** (1769-1812) kinderlos, es folgte der Sohn eines Bruders: Ludwig Emil (1802-1818)

Ludwig (1579-1650) — ANHALT-KÖTHEN (1807 Herzogtum)

- **Wilhelm Ludwig** (1638-1665) erloschen; Besitz an Anhalt-Plötzkau
- **Lebrecht** (1622-1669) erbte 1665 Anhalt-Köthen erloschen
  - **Leopold** (1694-1728)
    - **August Ludwig** (1697-1755)
      - **Emanuel Ludwig** (1726-1728) erloschen; Besitz an Anhalt-Köthen-Plötzkau
  - **ANHALT-PLÖTZKAU**
    - **Karl George Lebrecht** (1730-1789)
      - **Friedrich Erdmann** (1731-1797)

KÖTHEN-PLESS
- **Ferdinand** (1769-1830)
- **Ludwig Emil** (1802-1818) erbte 1818 Anhalt-Köthen
- **Heinrich** (1778-1847) erloschen; fiel an A.-Dessau

August (1573-1653) nahm 300000 Taler Abfindung; erhielt 1611 ANHALT-PLÖTZKAU

- **Emahuel** (1631-1670) erbte 1669 Anhalt-Köthen
  - **Emanuel Lebrecht** (1671-1704)
    - **August** (1677-1742) **ANHALT-KÖTHEN-PLÖTZKAU**

DORNBURG
- **Sophie Auguste Friederike** (1734-1793) = Katharina II. von Rußland
- **Friedrich August** erloschen; Besitz fiel an Anhalt-Dessau
- **Christian August** (1690-1747)

Rudolf (1576-1621) ANHALT-ZERBST

- **Johann** (1621-1667) erbte von der Mutter JEVER
  - **Karl Wilhelm** (1652-1718) erloschen; Besitz fiel an Dornburg
  - **Johann Ludwig** (1656-1704)
    - **Johann August** 12. 11. 1913 Abdankung